やさしく学べる
心理療法の基礎

窪内節子・吉武光世 共著

培風館

本書の無断複写は，著作権法上での例外を除き，禁じられています。
本書を複写される場合は，その都度当社の許諾を得てください。

はじめに

　21世紀に入って，ますます情報化や都市化が進行し，私たちの生活は便利にはなったが，毎日，多くのこころを痛める問題を目のあたりにして過ごしているのが現状である。そのうえ，ハイテク化による人間性の疎外，人間関係の希薄化，未婚，非婚者の増加による家族関係の変化や社会保証制度の崩壊，子育てにまつわる問題など，人々のこころにかつてないほどの大きな負担がかかり，何らかのこころの病や不適応感をもつ人が増加している。

　このようにバランスを崩してきた現代社会のなかで，本当の「人間らしさ」や「こころとは何か」などといった人間としての生き方や癒しを求めて，哲学，宗教，心理学を学ぼうとする人が増えてきている。しかし，心理学に関していえば，入門書の多くは基礎心理学に重きをおき，既刊の臨床心理学に関する本は心理療法の理論中心で，実際にその理論をいかに使うかについて書かれているものは少ない。心理療法に関する本もそれぞれの専門家が分担して執筆しているため，統一がとれているとはいえず，各理論の専門家には理解可能だが，わかりやすいというものは少ないというのが現状のように思う。また，カウンセリングと銘打った本になると，今度は執筆者の考えや経験を中心に書かれていることが多く，臨床心理学の基盤となる理論的背景が学習者に身につく感じがもてないまま，学んでも学んでもよくわからないのがカウンセリングという不全感を抱いている人が多い。このような現状を打破して，複雑な理論をわかりやすく，だからといってレベルを下げることなく執筆に取り組んだのが本書である。そのために以下のような特徴をもっている。

▶ 各心理療法の基本的知識を理解するのに重要と思われる部分に焦点をあて，初心者にもある程度の熟練者にも，興味をもって読めるよう配慮した。そのために各章にサイコセラピー練習という項目を設け，各心理療法の課題をこなしていくことで自然と心理療法の理論が学べるしくみを取り入れた。

▶ また，本書作成にあたっては，現在発展中の心理療法の成果を積極的に取り入れることや，視覚的な理解を得られるようできるだけ図や表などを用いるよう配慮した。

▶ 著者らは，心理療法家として長年大学の学生相談室，少年鑑別所，開業メンタルヘルスクリニックなどで力を尽くしている。その日ごろの臨床体験から得られた実践から，机上の空論的な理論学習にならないよう工夫してある。

▶ コラムという頁をつくり，各心理療法から出た派生的な療法やその理論を理解するための知識を加え，より深く，より全体的理論が学べるよう工夫した。

以上のように，この本は心理療法の理論と実際について，体験的にわかりやすく楽しく学べるよう工夫したものである。しかし，心理療法というものが理論と技法がわかれば，よい心理療法家になれるわけではない。最後は臨床家としてのカンとか自発性と生き方が問われることを忘れてはなるまい。

「最後に，精神療法を学ぶ者が是非とも身につけねばならない最も重要な能力について説明したいと思う。それは今自分と患者の間にどのような関係が起きているか常に的確に把握する能力のことである。なぜこれが重要かというと，治療者は患者との関係がどうなっているか理解できなければ，真の意味で患者を理解することができないからである。」（土居健郎，1967 『精神療法の臨床と指導』 医学書院）

最後に，この本の出版に際して，いつも私を支えてくれる夫と娘に感謝すると同時に，何かと甘えお骨折りを頂いた培風館編集部の近藤妙子さんと小林弘昌さんにこの場をお借りして深く感謝したい。

2003年2月

窪 内 節 子

目　次

0章　セラピストは何をするのか——心理療法の進め方 — 1
- 0-1　心理療法とは　*1*
- 0-2　セラピストに期待されるもの　*2*
- 0-3　場面構成　*3*
- 0-4　心理療法の実際　*4*
- 0-5　セラピストの倫理　*6*
- 0-6　サイコセラピー練習　*8*

1章　こころの探究——精神分析の理論と技法 — 14
- 1-1　精神分析の基礎理論　*14*
- 1-2　フロイトの精神分析概観(1)——無意識の理論　*20*
- 1-3　フロイトの精神分析概観(2)——性の理論　*24*
- 1-4　フロイトの精神分析概観(3)——こころの構造とその機能　*29*
- 1-5　心理療法としての精神分析　*32*
- 1-6　サイコセラピー練習　*39*

2章　こころの探究のその後(1)——フロイトからの分派 — 46
- 2-1　A. アドラー——劣等コンプレックスと権力への意志　*47*
- 2-2　C. G. ユングと分析心理学　*47*
- 2-3　サイコセラピー練習　*53*

3章　こころの探究のその後(2)——フロイト理論の発展と修正 — 56
- 3-1　M. クラインに始まる対象関係論　*56*
- 3-2　遊びのもつ創造性に注目したD. W. ウィニコット　*61*
- 3-3　サイコセラピー練習　*63*

4章　人間関係を分析する——交流分析 — 67
- 4-1　交流分析とは　*68*
- 4-2　自我状態と構造分析　*68*
- 4-3　交流パターン分析　*72*
- 4-4　ゲーム分析　*74*
- 4-5　脚本分析　*77*
- 4-6　サイコセラピー練習　*77*

5章　クライエントを尊重する――クライエント中心療法 ―――― 83

- 5-1　クライエント中心療法の誕生の萌芽　*84*
- 5-2　ロジャーズ理論の歴史的展開　*84*
- 5-3　クライエント中心療法の基本的な考え方　*89*
- 5-4　サイコセラピー練習　*95*

6章　クライエント中心療法の発展――フォーカシング ―――― 99

- 6-1　フォーカシングとは　*99*
- 6-2　フェルト・センス　*100*
- 6-3　フォーカシングの基本的ステップ　*100*
- 6-4　フォーカシングをよりよく行なうための五つのスキル　*101*
- 6-5　サイコセラピー練習　*102*

7章　適切な行動を再学習する――行動療法 ―――― 106

- 7-1　行動療法とは　*107*
- 7-2　行動療法の歴史　*107*
- 7-3　行動療法で用いられている学習理論　*108*
- 7-4　行動療法の諸技法　*110*
- 7-5　行動療法の特徴　*114*
- 7-6　サイコセラピー練習　*114*

8章　身体をリラックスさせる――自律訓練法 ―――― 119

- 8-1　自律訓練法とは　*119*
- 8-2　自律訓練法の歴史　*119*
- 8-3　標準練習　*120*
- 8-4　自律訓練法の諸技法　*123*
- 8-5　自律訓練法の特徴　*125*
- 8-6　サイコセラピー練習　*126*

9章　思い込みを修正する――認知行動療法 ―――― 129

- 9-1　認知行動療法とは　*129*
- 9-2　認知行動療法の歴史　*130*
- 9-3　認知行動療法の主な理論　*131*
- 9-4　認知行動療法の特徴　*139*
- 9-5　サイコセラピー練習　*141*

目　次　　v

10章　個人の悩みを家族で解決する――家族療法 ———————— 147
- 10-1　家族療法とは　*147*
- 10-2　家族療法の歴史　*148*
- 10-3　家族療法の諸理論　*150*
- 10-4　家族療法の特徴　*157*
- 10-5　サイコセラピー練習　*158*

11章　自己を表現して癒す――芸術・表現療法 ———————— 162
- 11-1　芸術・表現療法とは　*162*
- 11-2　芸術・表現療法の歴史　*163*
- 11-3　芸術・表現療法の実際　*163*
- 11-4　芸術・表現療法の特徴　*173*
- 11-5　サイコセラピー練習　*174*

12章　日本で生まれた心理療法(1)――森田療法 ———————— 178
- 12-1　森田療法とは　*178*
- 12-2　基礎理論　*180*
- 12-3　治療理論　*181*
- 12-4　森田療法の実際　*183*
- 12-5　森田療法の特色　*185*
- 12-6　サイコセラピー練習　*185*

13章　日本で生まれた心理療法(2)――内観療法 ———————— 188
- 13-1　内観療法とは　*188*
- 13-2　内観療法の歴史　*189*
- 13-3　内観療法の実際　*189*
- 13-4　内観療法の効果　*190*
- 13-5　内観療法の特徴　*192*
- 13-6　サイコセラピー練習　*192*

14章　人の集まりを考える――集団心理療法 ———————— 195
- 14-1　さまざまな集団心理療法　*195*
- 14-2　精神分析的集団精神療法　*197*
- 14-3　心理劇(サイコドラマ)　*201*
- 14-4　サイコセラピー練習　*203*

索　引 ———————————————————————— 209

0章

セラピストは何をするのか

心理療法の進め方

　近年，セラピストの活躍が新聞やテレビで報道されるだけではなく，ドラマなどでも取り上げられるようになり，心理療法に対する人々の関心が高まってきている。かつては人目を忍んで治療を受けに来ていた人たちも，他人に知られるのを恥ずかしいとは考えなくなり，誰でも気軽に心理療法による援助を求める時代になってきている。そのようなことから，少し前までは，「仕事は何ですか？」と聞かれて，「カウンセリング（心理療法）をやっています」と答えると，何かいかがわしい仕事のように思われていたのが，最近では，どんなこころの問題でもすぐに解決する平成のスーパーマンや，ひと目見ただけで人のこころを見透かす超能力者のように思われ，「カッコイイ！」を連発されることが多くなった。また，友だちの恋愛相談にのったり，愚痴を聞いてあげたらそれをカウンセリング（心理療法）と思い込む人も多く，カウンセリング（心理療法）やセラピストの仕事の実態が人々に理解されるにはまだまだ時間がかかるようである。

　心理療法についてはさまざまな理論が展開されているが，この章では，多種多様な理論の基本となる心理療法の展開の仕方，セラピストの仕事，セラピストに求められている資質などを概観し，心理療法に対する理解を深めたい。

0-1　心理療法とは

　心理療法とは，「心理的援助の理論と技術に習熟したセラピストが，心理面での問題に直面しているクライエントに対して，面接によってその問題解決を援助する営み」と定義される。心理療法は，精神科医フロイト（S. Freud）に

よって始められ，当初の治療対象は神経症のクライエントであった。その後，心理学者ロジャーズ（C. R. Rogers）のクライエント中心療法をはじめとしてさまざまな理論が提唱され，治療対象も子どもから老人まで，障害の軽い人たちから重い人たちまで広がりをみせている。また，多くの人たちが，単に現在の苦痛からの解放だけではなく，人格的な成長や現在よりもよりよい未来を獲得するためにセラピストを訪れるようになってきている。

現在，心理療法の種類はセラピストの数だけある，といわれるほど多種多様である。しかし，どのような理論的立場をとるとしても，治療の基本は，セラピストとよばれる人とクライエントとよばれる人が治療の場において形成した人間関係（信頼関係）をもとに相互作用をくり返しながら，クライエントの幸せ，自律性，人間的能力の促進を目指すことにある。治療的変化は，クライエントが治療関係そのものの中で，個人的に意義深く，情緒的にも重要な新しい経験をすることによって生じるものであり，そのためには，セラピストの特定の技法よりもセラピスト-クライエントの関係がより重要なものとなってくる。

0-2　セラピストに期待されるもの

お互いがそれぞれ異なる個性をもつ人間として出会い，クライエントの人としてのあり方そのものにかかわるテーマを取り上げていく治療の過程では，セラピスト自身のあり方も常に問い直し続けざるをえなくなる。したがって，セラピストは専門家として理論や技法に習熟していなければならないことは言うまでもないが，それとともに，このような作業を遂行していけるだけの資質を要求される。

ロジャーズは，セラピストの基本的な資質として，
▶ 人間関係に感受性をもった人
▶ 他人の反応をあるがままに観察できる人

をあげている。そして，このような基本的資質の上にみられる，優れたセラピストに本質的な態度として，客観性，個人に対する尊重，自己理解，心理学的知識があるという。ここでいう客観的な態度とは，クライエントに対して，冷たく距離をおいた態度のことではなく，共感能力，受容的で誠実な関心をもった態度，相手の感情を深く理解するという意味が含まれている。そうかといって，友だちや家族のようにクライエントを慰めたり，同情的に話を聞いてあげたり，やさしく重荷を肩代わりしてあげることは治療的変化にはつながらな

い。セラピストは常にクライエントと心理的距離を保ち，つかず離れずの関係を維持しなければならない。このように，相手の感情と自分の感情を混同させないで接していくこと，つまり，共感的に理解していく接し方が求められている。次に，クライエントに対して深く根ざした尊重が必要となる。クライエントは好き好んで問題を起こしているわけではないので，セラピストはクライエントの経験しているすべての側面を温かく受け入れ，クライエントを潜在能力のある人間として敬意を払っていくことが必要である。自己理解とは，セラピストが自分の情緒的パターンや限界，欠点などについて健全な理解をしていることである。自分自身について正確な理解ができていなければ，クライエントを先入観や偏見でみてしまうことになる。自分自身を理解し，受け入れることによって初めて，クライエントの理解も十分にできるようになる。セラピストが自己理解を深める方法としては，自分自身がカウンセリングを受けたり，スーパービジョンを受ける方法がある。最後に，人間の行動に関する知識など心理学的知識なしには満足な活動ができないのは自明の理である。

0-3 場面構成

心理療法の場におけるセラピストとクライエントの関係は，クライエントがこれまでに経験したどのような人間関係とも異なるものである。したがって，その後の面接を円滑に展開していくために，初回面接での場面構成は重要である。一般的な心理療法場面での場面構成は表0-1のとおりである。

心理療法を行なう部屋は，プライバシーが守られる必要があり，声が外に漏れず落ち着いた雰囲気で話ができることが条件となる。面接は，1回50分で，週に1回のペースで行なわれることが多い。時間の制限があることにより，ク

表 0-1 心理療法での場面構成 (内山ら，1984)

1. 相談面接の場所を設定すること
2. 相談日時についての取り決めをすること
3. 相談費用についての情報を提供すること
4. 時間の制限をすること
5. 相談された内容は一切秘密が保持されること
6. 相談を行うことによって得られる一般的な結論を伝達すること
7. セラピストの責任を伝達すること
8. 相談場面でのクライエントの話題や感情表現は自由であること

ライエントは，限られた時間を有効に使うため自分にとって最も重要なことを話そうとし，より大きい問題に対決するようになる。費用は，児童相談所などの公の機関では無料のことが多いが，民間の機関では有料になっている。セラピストとクライエントの双方がそこで行なわれる行為に責任をもつという意味で，クライエントの経済的な負担にはなるが有料のほうがよいとされている。心理療法では個人の秘密に関する事柄が取り上げられるので，秘密の保持には十分な配慮が必要となる（0-5節参照）。

　セラピストはクライエントとともに目標に向かって努力することになるが，目標の達成を保証することはできない。初回面接でクライエントに伝えられることは，過去の例などを出して，心理療法を行なうことによって得られる一般的な結論を伝えることである。心理療法中のセラピストの役割や，これからクライエントとの関係の中で行なおうとしていることも伝えておくことは重要である。治療関係は許容的な関係として特徴づけられるように，治療場面でのクライエントの話題や感情表現が自由であることを保証しなければならない。しかし，セラピストへの暴力や面接室内での破壊的な行動は制限されなければならない。また，賛美や好意などの感情表現は自由であるが，性的な交渉は当然のことながら禁止される。

0-4　心理療法の実際

◻︎ 初回面接

　何ごとにおいてもはじめは肝心である。特に心理療法ではクライエントとセラピストとの関係の始まりである初回面接は重要である。お互いに相手がどのような人間なのか，二人の関係がどのようなものになるのかを探り，理解する過程を含んでいる。クライエントはさんざん迷ったあげく，ようやくの思いでセラピストを訪れることが多い。初めて会うセラピストがどのような人なのか不安と緊張を感じている。また，理解してほしい，よくなりたいという気持ちと，いまのままでいたい，変わりたくないという気持ちの間を揺れ動いていることが多い。

　初回面接の目的は，このようなクライエントと信頼関係を形成し，クライエントの抱える問題についての情報を収集し，変化しようとするクライエントの決意を支援するとともに，治療的枠組みを明らかにしてクライエントと治療契約を結ぶことにある。

中心期

目標に向かって進んでいく時期であるが，クライエントが何回か継続して来所したにもかかわらず，面接が中断されたり，抵抗や転移（1章参照）が生じたり，クライエントの沈黙にセラピストが不安に陥ったり，といった難しい問題も生じる。

この時期，クライエントに共通してみられる心理的特徴として，セラピストとの関係に対する葛藤がある。面接を継続することへの迷いやセラピストを信頼しようとする一方で，自分が気づいていない原因を暴露されるのではないかという不安と恐れ，セラピストの鈍感さに立腹する反面で的確な助言には感謝する，といったものである。また，治療効果についての疑問も生じる。セラピストはその時々のクライエントの気持ちを見逃さず，的確に受けとめていくことで，クライエントの自己理解が深まり，治療関係は発展していく。

終　結

人生において出会いがあれば必ず別れがあるように，クライエントとよい関係が保たれていた心理療法も，一定の目的が達成された時点で終結されなければならない。

河合（1970）は「非常に気持ちのいい終結」の目安として，
- ▶ 自己実現という観点からみて，クライエントの人格に望ましい変化が生じたこと
- ▶ クライエントの訴えていた症状や悩みなど，外的な問題についても解決されたこと
- ▶ 内的な人格変化と外的な問題解決の関連性がよく了解されること
- ▶ 以上の3点について，カウンセラーとクライエントが話し合って了解し合い，カウンセリングによってなした仕事の意味が確認できること

の4点をあげている。

具体的なクライエントの変化としては，外見的には容姿や服装が自然なものになり，落ち着きがみられるようになる。また，自分に対する見方が変化してありのままの自分を受け入れられるようになり，自分以外のものごとや人間に対する見方も現実的で合理的なものになってくる。そして，成長していく人間としての自分に気づき，将来の展望が開けてくる。クライエントのこのような変化に伴い，クライエントとかかわりをもつ人々の行動もよい方向に変化し始める。

最終面接では，セラピストもクライエントも何かを失うような感じをもつことが多い。しかし，セラピストは，再出発していこうとするクライエントを温かく見守り，別れを告げなければならない。実際の終結は急激にしないで，段階的に面接回数を減らしていくのが理想的である。また，別れていくクライエントに対して，「もしまた必要が生じたら，いつでも来るように」と伝えておくことを忘れてはならない。

0-5　セラピストの倫理

　こころの専門家として，セラピストはクライエントや社会に対して重大な責任を負っている。セラピストが守らなければならない事柄は，臨床心理士倫理綱領に規定されているが，ここでは，セラピストが治療の場で知りえた情報を他人に漏らしてはならない，という守秘義務について触れておこう。

　クライエントは自分の秘密が守られるという保証があるからこそ，治療の場で自由に自分の感情を表現し，非常に私的な事柄までも話すことができる。もし，それが少しでもセラピストによって外に漏らされていることがわかれば，苦労して築いてきた信頼関係は一瞬のうちに崩れ去ってしまう。たとえ，クライエントの家族が心理療法を受けているかどうかを問い合わせてきたとしても，クライエントの同意がなければ教えることはできない。しかし，クライエントが自殺しようとしたり，人に危害を加えようとしていることが明らかになったような場合はどうであろうか。アメリカでは守秘義務に関する法律があり，守秘義務の例外について規定されている。地域により細かい点は異なっているが，おおむね次の四つの状況下では守秘義務を守らなくてもよいことになっている。

　▶ クライエントが自発的に，セラピストが情報を開示することへの許可を与える場合——クライエントが子どもの場合，両親の承諾のもとにセラピストが学校の先生に話をするようなことがあてはまる。

　▶ 子どもあるいは老人のネグレクトや虐待——アメリカでは，セラピストがネグレクトや虐待のケースを知った場合には報告することが法律で決められている。クライエントが加害者の場合でも被害者の場合でも，家族を罰するためではなく，子どもや老人の安全のためであることを説明してから報告することが大切である。

　▶ クライエントがセラピストに対して医療過誤に対する訴訟を起こした

コラム　心理学関連の資格

セラピストの活躍する場の広がりとともに，社会的に重要な責任を負った臨床現場の仕事にふさわしい人材を確保する必要が生じ，資格制度の整備が緊急の課題となっている。現在，日本の免許制度には，

- ▶ 国家資格といわれる，関係官庁の長が認定するもの
- ▶ 関係官庁の許認可を得て組織された財団法人などが認定する資格
- ▶ 任意の関係学会などの民間団体が認定する資格

の3種類がある。

現在ある心理学関係の資格は下の表のとおりである。残念ながら臨床心理士はまだ国家資格になっていないが，将来の国家資格化に向けて検討が進められているところである。

表　心理学および関連領域の資格（小林，2001を改変）

	資格名	認定機関
学会認定	心理リハビリテーション資格	日本リハビリテーション心理学会
	認定カウンセラー	日本カウンセリング学会
	認定催眠技能士	日本催眠医学心理学会
	認定バイオフィードバック技能士	日本バイオフィードバック学会
	家族相談士	日本家族相談士資格認定委員会
	自立訓練法指導資格	日本自律訓練学会
	学校カウンセラー	日本学校教育相談学会
	認定行動療法士	日本行動療法学会
	認定応用心理士	日本応用心理学会
	認定健康心理士	日本健康心理学会
	学校心理士	日本教育心理学会
	キャリアカウンセラー	日本進路指導学会
	認定教育カウンセラー	日本教育カウンセラー協会
	音楽療法士	全日本音楽療法連盟
	大学カウンセラー	日本学生相談学会
法人認定	臨床心理士	日本臨床心理士資格認定協会・文部科学省認定
	認定心理士	日本心理学会・文部科学省認定
	産業カウンセラー	日本産業カウンセラー協会・厚生労働省認定
国家資格	精神保健福祉士	厚生労働省
	言語聴覚士	厚生労働省

とき——クライエントが心理療法中のことでセラピストを訴えた場合，セラピストは自分を守るために治療の詳細を明らかにすることが認められている。

▶ クライエントに自傷他害の恐れがあるとき——クライエントが自殺の計画を話したり，人に危害を加えようとしていることが明らかになった場合は明らかに差し迫った危機と考え，家族や病院，警察などに連絡しなければならない。

日本では守秘義務について法律で明文化されていないが，心理療法の場では，関係のできるだけ早い段階，たとえば，初回面接のはじめにクライエントの了解を得ておくことが望まれる。

0-6　サイコセラピー練習

☐ サイコセラピーを始める前の自己点検

セラピストになるには，まず，自分をよく理解していることが大切です。ここでは，次の六つの角度から自分の対人関係の特徴を点検してみましょう。

▶ しっかりとした自己概念をもち，自分自身に対して正当に向き合っているか。
▶ よい聴き手として援助できるか。
▶ 自分の考え，体験を明らかにし，明確に伝えることができるか。
▶ 自分の感情を適切に把握してコントロールできているか。
▶ 自分を相手に正直に開示できているか。
▶ 人に誠実で，その人と深い結びつきをつくろうとしているか。

さあ，あなたも自己点検に出発GO！

1. 次の質問を読み，「はい」「いいえ」「時には」の該当するところを○で囲みましょう。

[対話的関係の検討表]

		点数	カテゴリー
1. 人はよくあなたの話をきいているように思いますか　はい　いいえ　時には			
2. 人の話を退屈しないできけるほうですか　はい　いいえ　時には			

0-6　サイコセラピー練習

3. 話しだすとあれもこれも説明しはじめて話が長くなる方ですか	はい　いいえ　時には		
4. あなたの言葉や語尾はきき取りやすい方ですか	はい　いいえ　時には		
5. 人の変化や成長の可能性を信じられますか	はい　いいえ　時には		
6. もっと違った自分であればと思いますか	はい　いいえ　時には		
7. 他の人のあなたに対する評価は正しいと感じられますか	はい　いいえ　時には		
8. 自分の失敗や欠点は隠して話をする方ですか	はい　いいえ　時には		
9. 相手よりよくしゃべる傾向がありますか	はい　いいえ　時には		
10. 人がつらい話をすると相手の気分を引き立てる方ですか	はい　いいえ　時には		
11. 話をする時相手の反応を確認する方ですか	はい　いいえ　時には		
12. よく知らない人とでも気楽に話ができる方ですか	はい　いいえ　時には		
13. 過去の失敗がいつまでも気になる方ですか	はい　いいえ　時には		
14. 人から非難されると，長い間不機嫌になったり，落ち込んだりしやすいですか	はい　いいえ　時には		
15. うれしくても，照れ臭くてうれしさを素直に表現しにくい方ですか	はい　いいえ　時には		
16. 相手に怒りを感じた時，その理由を冷静に考えられる方ですか	はい　いいえ　時には		
17. 相手にくつろいで話をさせることができる方ですか	はい　いいえ　時には		
18. あなたが，心から心配している人がいますか	はい　いいえ　時には		
19. 深い，満足した話し合いを，持ったことがありますか	はい　いいえ　時には		
20. 人はあなたの気持ちや状況を理解していると思いますか	はい　いいえ　時には		
21. いろいろなことを打ち明けて話せる人を持っていますか	はい　いいえ　時には		
22. 自分のありのままでは人に受け入れられるのは無理だと思いますか	はい　いいえ　時には		
23. 大したことはできないと，自分に悲観しやすいですか	はい　いいえ　時には		
24. 反対されると，自分の考えは間違っていると思って，意見を変える方ですか	はい　いいえ　時には		
25. 難しい局面では言いたいことを言わずに済ませる方ですか	はい　いいえ　時には		

26. 傷ついてもめったに怒らない方ですか	はい　いいえ　時には			
27. 人前ではあがりやすく，うろたえる方ですか	はい　いいえ　時には			
28. 人がうまくやったり，自分にできないことに成功すると，ケチをつけたくなりますか	はい　いいえ　時には			
29. 実際にはきいていなくても，きいているふりをする方ですか	はい　いいえ　時には			
30. 相手の話の曖昧な点や不明な点を確認しながらきく方ですか	はい　いいえ　時には			
31. 約束の時間がきても悪いような気がして，いつまでもきいている方ですか	はい　いいえ　時には			
32. 自分の発言で相手に大きな傷を与えた時，そのことで，その人と話し合う方ですか	はい　いいえ　時には			
33. 要領よく自分の考えを説明できる方ですか	はい　いいえ　時には			
34. 話し合って決定したことや自分が発言したことに，責任を強く感じる方ですか	はい　いいえ　時には			
35. 人に相談することで，理解してもらえたり，考え方が変わるような経験をする方ですか	はい　いいえ　時には			
36. あらかじめ用意した答えが役に立たなくなっても，対話を続けられますか	はい　いいえ　時には			
37. 人がわかってくれないと恨む方ですか	はい　いいえ　時には			
38. あなたの意見や返事は曖昧なことが多いですか	はい　いいえ　時には			
39. ちょっとしたことで大声で怒鳴ったり不機嫌になりやすいですか	はい　いいえ　時には			
40. 自分の考えを伝えて，ひどい目にあったことが多かったと思いますか	はい　いいえ　時には			
41. 「いや」と上手に断れる方ですか	はい　いいえ　時には			
42. 相手に気に入られるように，自分の気持ちを表現するのを抑えるほうですか	はい　いいえ　時には			
43. トラブルが起きた時，それについて，怒らずに話し合いができる方ですか	はい　いいえ　時には			
44. 相手の話をきいて，感想や意見，時には批判を言う方ですか	はい　いいえ　時には			
45. 自分の経験を伝える時，脚色して話す方ですか	はい　いいえ　時には			
46. 怒っている人や気に入らない人の話でも辛抱強くきける方ですか	はい　いいえ　時には			
47. 話し合った後に，相手はたいてい満足していますか	はい　いいえ　時には			
48. 自分のやったことに言い訳をたくさんする方ですか	はい　いいえ　時には			

0-6 サイコセラピー練習

2. 点数換算表に従って，各項目に点数を記入しましょう。また，右端のカテゴリーの欄にも A～F のカテゴリーを記入しましょう。

[点数換算表]

点数 項目	は い	いいえ	時には	カテゴリー	点数 項目	は い	いいえ	時には	カテゴリー
1.	3点	0点	2点	C	25.	0点	3点	2点	C
2.	3	0	1	B	26.	0	3	2	D
3.	0	3	1	C	27.	0	3	2	D
4.	3	0	1	C	28.	0	3	1	A
5.	3	0	1	F	29.	0	3	1	B
6.	0	3	1	A	30.	3	0	2	B
7.	3	0	2	A	31.	0	3	1	B
8.	0	3	1	E	32.	3	0	2	F
9.	0	3	1	B	33.	3	0	2	C
10.	0	3	2	B	34.	3	0	1	F
11.	3	0	2	C	35.	3	0	2	F
12.	3	0	1	E	36.	3	0	2	F
13.	0	3	2	A	37.	0	3	1	C
14.	0	3	1	D	38.	0	3	1	C
15.	0	3	1	D	39.	0	3	2	D
16.	3	0	2	D	40.	0	3	1	E
17.	3	0	1	F	41.	0	3	2	A
18.	3	0	1	F	42.	0	3	1	D
19.	3	0	2	F	43.	3	0	2	D
20.	3	0	2	E	44.	3	0	2	E
21.	3	0	1	E	45.	0	3	1	E
22.	0	3	1	E	46.	3	0	2	B
23.	0	3	2	A	47.	3	0	2	B
24.	0	3	1	A	48.	0	3	1	A

3. カテゴリー別採点表に点数を記入し，カテゴリー別の合計を出してみましょう。

[カテゴリー別採点表]

A．自己概念	
項目	点数
6.	
7.	
13.	
23.	
24.	
28.	
41.	
48.	
合計	

B．傾聴	
項目	点数
2.	
9.	
10.	
29.	
30.	
31.	
46.	
47.	
合計	

C．明確な表現	
項目	点数
1.	
3.	
4.	
11.	
25.	
33.	
37.	
38.	
合計	

D. 感情の取り扱い	
項目	点数
14.	
15.	
16.	
26.	
27.	
39.	
42.	
43.	
合計	

E. 自己開示	
項目	点数
8.	
12.	
20.	
21.	
22.	
40.	
44.	
45.	
合計	

F. 責任性	
項目	点数
5.	
17.	
18.	
19.	
32.	
34.	
35.	
36.	
合計	

4. 3の合計点を対話的関係プロフィールのそれぞれの軸にプロットし、プロフィールを完成させましょう。

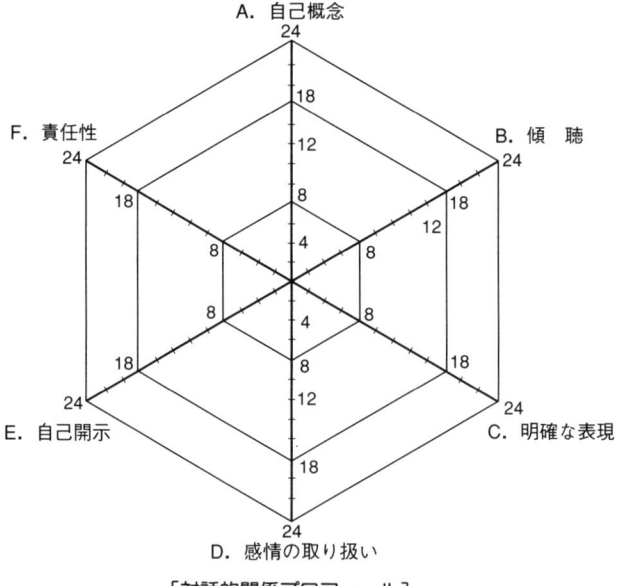

［対話的関係プロフィール］

5. 自分の対話の特徴について気づいたことを書き出しましょう。

6. 点数の低かったカテゴリーについてその原因を考えてみましょう。また，それを改善するにはどうしたらよいか考えてみましょう。

ここで紹介した自己点検は，日精研心理臨床センター編（1992）の『実践カウンセリング・ワークブック』から引用したものです。もっと学んでみたい人は，ぜひ読んでみましょう。

◆◇◆◇◆　0章の引用・参考文献　◆◇◆◇◆

福山清蔵 監修／日精研心理臨床センター 編　1992　『実践カウンセリング・ワークブック』　金子書房.

ハーセン, M.・ヴァンハッセル, V. B. 編　1998／深澤道子 監訳　2001　『臨床面接のすすめ方――初心者のための13章』　日本評論社.

河合隼雄　1970　『カウンセリングの実際問題』　誠信書房.

小林重雄 監修・編　2001　『総説臨床心理学』（講座臨床心理学1）　コレール社.

コーチン, S. J.　1976／村瀬孝雄 監訳　1980　『現代臨床心理学』　弘文堂.

岡堂哲雄 編　1993　『心理面接学――心理療法技法の基本』　垣内出版.

内山喜久雄・高野清純・田畑　治　1984　『カウンセリング』（講座・サイコセラピー1）　日本文化科学社.

1章

こころの探求

精神分析の理論と技法

　20世紀の科学技術の進歩は，私たちに多くの恩恵をもたらした。しかし，その変化の急速さゆえに，私たちは多くのストレスにさらされ，こころのゆとりや豊かなこころといったものを失うことになってしまった。このような流れに逆らうかのように，人間本来の生きている喜びや幸福感を取り戻そうと21世紀を迎え，わが国では心理学やカウンセリングを学ぶ人が増加の一途をたどっている。そのような人が必ず学び接することになる理論と技法の一つに，19世紀末にフロイト（S. Freud）によって創始された精神分析がある。精神分析とは，人間のこころに潜むあらゆる事象の無意識的な意味を解読する心理学的な解明方法のことをいう。精神分析の考え方はその後も発展を遂げ，人間のこころの解明ばかりでなく，芸術，文化，思想などにもその影響は及んで現代に至っているほどの心理学の一大思想体系である。このように，心理療法の中で非常に大きな存在であり，現在も発展し続けている精神分析について，ここでは学んでみよう。

1-1　精神分析の基礎理論

❏ 人間フロイトと精神分析

　ジクムント・フロイト（Sigmund Freud）が創始した精神分析は，彼が多くの苦悩を体験しながら，自己分析や治療的な実践の経験の中で自己洞察を進めていった結果生まれたものである。それゆえ，精神分析という理論体系には，フロイトの生き方そのものが反映されている。ここでは，精神分析学へと昇華していったフロイトの生涯を概観してみよう。

◆ フロイトの幼少期

　フロイトは，1856年5月6日，かつてのチェコスロバキア領であるモラヴィアの小さな町，フライベルグに生まれた。父のヤコブは，ユダヤ人の羊毛商人で，フロイトの母となるアマリー・ナターンゾーンとは3度目の結婚であったといわれている。結婚時，ヤコブは40歳で，アマリーは20歳であった。先妻との間の二人の異母兄は成人していて，長兄エマニエルは結婚してヨハンというひとり息子までいた。エマニエルの家族はフロイト一家と同居していたため，フロイトにとって1歳年上の甥ヨハンは幼少期の競争相手であったし，同年代の異母次兄のフィリップとアマリーの二人を夫婦と考えていた時期もあった。このような複雑な家族関係が幼いフロイトに与えた影響は大きかったといわれている。

　その後，フロイトには，5人の妹と二人の弟が生まれた。しかし，母親のアマリーは，羊膜をかぶって生まれてきたフロイトは，将来は大物になると老婆やたまたま出会った芸人に言われたことを固く信じてフロイトを特別視し，深い愛情を注いで育てた。フロイトはジクムントのドイツ語読みのジギスムントから「ジギ」と呼ばれ，アマリーはフロイトに孫が生まれるころになってもまだ「ジギ，私の宝物」と呼んでいたという。母親から与えられたこのような揺るぎない愛と信頼は，幼いフロイトのこころに強い印象を与え，生涯にわたって彼の自信の強力な支柱となっていった。

　後年になってフロイトは，2,3歳ごろの忘れられた記憶を想起して自己分析を試みている。その中で両親の寝室に入り込んで父親の怒りを買ったこと，寝小便を叱るのはやさしい母親ではなく父親であったこと，母の裸体を見て引かれたこと，1歳半のとき11か月の弟が亡くなったこと，その弟との体験を通して弟に母の愛情を奪われることへの嫉妬と敵意，弟の死によって願望がかなってしまったのではないかという自責感などを思い出している。それらの体験は，家族内の対人関係についての洞察から生まれたエディプス・コンプレックス（1-2節参照），幼児における父親の意義，幼児期の性や同胞葛藤の概念などに結実していった。

　フロイトの父ヤコブは事業に失敗し，フロイトが3歳のとき，やむなく一家は，ライプツィヒに一時的に住んだ後ウィーンに移り住む。その移住途中のことを，後に親密な交流をするフリース（W. Fliess）に宛てた手紙で「ライプツィヒ移住の途中，ブレスラウの駅を通過したのだが，そこで生まれて初めてガス燈を見て，それを地獄で燃える亡霊のように感じ，非常に恐ろしい思いが

したのだった。はっきり言えないのだが，多分，今はなんとかおさまった，かつての私の旅行恐怖症は，この体験を関係があるのだろう」（『フリースへの手紙』）と書いている。フロイトは，30歳ごろから「汽車恐怖症」で苦しむが，それはこのときの故郷から引き裂かれる不安や，先行きの心細さ，貧困やそのための家庭崩壊の恐怖と関係していた。

◆ ウィーンでの少年時代，医師という職業選択

ウィーンでの一家の生活は経済的に貧しかったが，両親はフロイトによい教育を受けさせようと配慮し，家族の中で彼にだけ個室を与え，ロウソクの代わりに石油ランプの使用を許した。フロイトの学校での成績は抜群で，普通より1年早く高等学校へ入学し，ほとんどのクラスを首席で通して，17歳で最優等の成績で卒業した。また，語学の才があり，ドイツ語，ラテン語，ギリシャ語はもちろんのこと，英語を含めて計8か国語に通じていた。特にシェークスピアの作品を好み，何度も読み返して文章を自由に引用できるほどであった。

しかし，ユダヤ人であった一家は，陰に陽に反ユダヤ主義の迫害を受けるのが常であった。特にそれまで家長としての威厳に満ちていた父ヤコブが，毛皮の帽子を泥の中に投げ捨てられてもいっさい抵抗せず，ただ頭を下げているばかりの姿を見て，フロイトは迫害への激しい怒りと父親への同情を覚えた。当時のウィーンのユダヤ人が，このような偏見と闘っていくには，お金になる仕事，つまり実業か法律か医学を選ぶ以外に道はなかった。フロイトはダーウィンの学説を知るに及んで，やがて自然の中における人間の位置と，人間の身体構造について学びたいと考えるようになり，医学を志すようになった。

◆ 学生時代，婚約，臨床医へ

ウィーン大学医学部へ入学したフロイトは，広い知的好奇心を満足させるかのように，医学そのものよりも動物学，生理学，哲学，心理学と幅広く勉強した。そのこともあってか，フロイトは3年遅れて医学部を卒業した。しかし，大学3年生のときに書いたウナギの睾丸（こうがん）の研究で認められ，当時高名な学者であったブリュッケ（E. W. Brucke）教授の生理学研究室に4年生で入ることができた。この研究室には助手として，後にフロイトの協同研究者になるブロイエル（J. Breuer）もいた。ブリュッケ教授は厳しいが，指導に差別がなく，才能を示す学生にはやさしく助言と庇護を与えた。フロイトは，卒業後も生理学研究室に残り，大きな業績をあげたが，相変わらず一家の経済状態は悪く，折からの恋愛を結実させるためにも，開業医として生計を立てる決心をしなければならなかった。

1882年，大学を卒業したばかりのフロイトは，自分の家族と楽しそうに話している少女の姿を見て恋に落ち，わずか2か月後にその少女，マルタにプロポーズした。しかし，経済的現実は厳しく，実際に結婚できるまでには4年あまりの歳月が必要であった。婚約中，フロイトは900通に及ぶ手紙をマルタに書いている。それらの手紙から，フロイトは非常に激しい情熱と独占欲をもった嫉妬深い人であったことがわかっている。

◆ フランス留学から精神分析の初期概念確立へ

マルタと婚約した年（1882年）にフロイトは，まず臨床経験を得るためにウィーン総合病院に就職した。彼は寸暇を惜しんで研究に従事し，神経病理学の正規のポストをもたない私講師という資格を獲得した。評価されている反面，当時のフロイトはその興奮作用からコカインこそ神経症の画期的な治療薬であると確信し，友人や婚約者のマルタにも勧めたりしていた。ところがコカインは「奇跡の薬」ではなく，使い始めた人はしだいに使用量が増え，薬なしには生きらず，不眠・幻視・妄想などをもつ中毒精神病に陥る恐ろしい薬だったのである。そのためフロイトは，不当治療の唱導者として，ウィーンの医学会から危険人物としてみられることになってしまった。後に，フロイトが精神分析の理論を携えて再びウィーン医学会に登場したときの疑惑と拒絶は，このことが尾を引いていたのである。

1885年，フロイトはブリュッケ教授らの尽力により，奨学金を得てパリの高名な神経病理学者シャルコー（J. M. Charcot）のもとに留学した。シャルコーは，当時，催眠研究に没頭し，催眠によってヒステリーの諸症状をつくり上げたり，消失させたりする実験が行なっていた。翌年，30歳になったフロイトは，ウィーンに戻って個人開業した後，結婚した。開業したフロイトはシャルコーのもとで勉強した催眠暗示や，友人ブロイエルが発見したカタルシス療法を行なっていた。このカタルシス療法というのは，ヒステリー症状を呈する患者に催眠を施し，気持ちを苦しめていることを語るように仕向け，患者がそれに応じた空想や回想を物語ることができると精神状態は軽快し，不安が治まることをいう。しかし，このカタルシス療法は，催眠にかからない患者には無効なうえ，患者が医師を信頼できないと効果がないといったように医師と患者との個人的感情関係に左右されることもわかった。そこでフロイトは，催眠を使わない自由連想法という方法を編み出した。それは，患者を寝椅子につかせ，治療者は患者から見えないところに座って，「頭に浮かぶことを，そのまま，その順序でみな話してください」と指示し，悩みや病気と関係あることや

こころの負担になっていることを話させる方法である。フロイトは，自由連想法を施行することにより，初期の精神分析の概念を確立した。

フロイトはブロイエルと協同で1895年に「ヒステリー研究」を出版したが，ヒステリー発症の背後には性的な事柄がある，いわば幼児期の性的外傷体験が関与しているとするフロイトの見解にブロイエルは同調できなかった。そのため二人の関係は悪化し，フロイトは長い間，師であり親友であり，あるいは父親代理とも解釈できるブロイエルとのいっさいの関係を断ち切ってしまうのである。

◆ フリースとの交友から自己分析への道へ

ブロイエルと決別したフロイトは，フリースへと傾倒していく。フロイトはベルリンに住む耳鼻科医であったフリースとの友情関係に支えられ，自己分析という苦痛に満ちた困難に耐え，神経症回復への鍵を発見していくのである。

この自己分析の結果が，『夢判断』（1900年），『日常生活の精神病理』（1901年），『性欲論3篇』（1905年）などの著作を生み，精神分析の基礎理論が完成する。

中年といってよいフロイトが，フリースに示した極端な依存心は，まるで時期遅れの青年期が来たかのようであった。ブロイエルと別れ，孤独であったフロイトが性的な問題にたじろがず，はっきりとして自信があり，考え方を飛躍させて一般化させていくフリースを得て，精神分析をより深めることができたともいえる。フリースとの手紙のやりとりで，フロイトが1896年（40歳）に父親を失ってからといわれているが，フロイトは内面の強い抵抗を打ち破って，父親に対する自らの隠れた敵意（エディプス・コンプレックス）を発見する。その結果，フロイトはある程度過去のとらわれから自由になり，自分の神経症から脱却できたのである。しかし，しだいにフリースへの依存感情の背後に，父親に対するのと同様に，隠された敵意が存在していることを自覚し，「自分の十字架は自分で背負わなければならない」と考え，フリースから自立していくのである。

◆ 心理学水曜会から国際学会へ

フロイトがフリースから独立したころから，彼の論文がしだいに評価されるようになった。1902年（46歳）には，精神分析に興味をもつ4人（カハーネ M. Kahane, ライトレル R. Reitler, シュテーケル W. Stekel, アドラー A. Adler）が水曜日に集まり，研究会をもつまでになった。その後，フェダーン（P. Federn），ランク（O. Rank），フェレンツィ（S. Ferenczi），タウスク

(V. Tausk) といった精神分析学の歴史上重要な人物が参加するようになり，1908年にはウィーン精神分析協会を名乗るまでになった。フロイトの名声は国内よりも国外で鳴り響くようになり，特にスイスのチューリヒ大学教授のブロイラー[1] (E. Bleuler) から認められたことが大きな自信となった。ブロイラー教授の主任助手であったユング (C. G. Jung) を，「後継ぎ息子」と呼んで期待を寄せた。1908年には第1回国際精神分析学会が開かれるまでになった。

このように順調に発展してきたかのようにみえる精神分析運動も，一方では一般の精神医学者からの批判は相変わらず激しく，内部からもランク，シュテーケル，アドラー，ユングといった人たちの離反が相次ぎ，フロイトに与えたショックは計り知れなかった。精神分析にはエディプス・コンプレックスとよばれる基本的仮説が存在するが，離反者はそれぞれのエディプス感情を師であり，父親的な権威者であるフロイトに振り向け，彼に対決して，それぞれの道を歩んでいったともいえる。

◆ メタサイコロジーから自我心理学へ

高弟たちに背かれた後，フロイトは彼らの学問を彼なりに受けとめ，自分の学問体系の発展に生かしていった。彼は研究を総括してウィーン大学で講演し，それを『精神分析入門』(1917年) として刊行した。その内容は，錯誤行為から始まり，夢を語り，最後に神経症理論に至る構成で，フロイトの前半の精神分析による人間理解の方法が論じられている。精神分析の理論はフロイトの命名によってメタサイコロジーとよばれる。メタとは「超」「変化」などの意味で，当時の心理学が意識を取り扱う心理学であったことに対して，無意識を取り扱う心理学の意味である。

その後，第1次世界大戦が終わって2年後の1920年に愛娘のゾフィーの死という打撃を受けるが，それにより死の本能論，反復強迫といった新たな概念を提出し，1923年の『自我とイド（エス）』の中で，エス，自我，超自我という組織からなるこころの構造論を打ち立てた。ここで，それまでの何が抑圧されているかという抑圧された内容を問題にすることから，どのように抑圧しているかという，全人格の構造と機能を重視する自我心理学へと大転換するのである。加えてこの年，フロイトに上顎ガンが発見され，1939年に83歳で亡くなるまでの16年間に33回もの手術を受けることになる。

---

1) schizophrenia（精神分裂病；現在では総合失調症という訳語に変更されている）という名称を最初に用いた人物。

◆ ガンとの闘いの中で精神分析体系をまとめる

1930年にフロイトの母アマリーが95歳で亡くなった後，ガンの状態がいっそう深刻になった。さらに，1934年には，ヒットラーのユダヤ人弾圧と精神分析に対する迫害が身近に迫ってきた。フロイトは最後までウィーンを離れることを望まなかったが，1938年に国際的支援のもとロンドンへ亡命した。フロイトは，ガンとの闘いを続けながらも，最後まで著作活動をやめなかった。そんな状態の中，死を前にして書いていたのが『精神分析概説』である。この論文は完成されることなく途中で終わっているが，フロイトが一生かけて研究した精神分析の理論や技法をまとめて解説している。

1-2 フロイトの精神分析概観（1）──無意識の理論

無意識の存在

無意識というのは，意識がないことである。意識している精神以外に，無意識の精神が存在するとすれば，意識のないものをどうやって論じればよいのだろうか。フロイトは無意識の精神作用が存在する証拠として，いろいろな臨床的な事実の観察から得た失錯行為，夢，催眠術，神経症の分析経験などをあげている。それらのことから，一見，些細で無意味にみえるあらゆる心的現象が，無意識的な，本人にもわからないような意味をもつ事実を発見した。このことが，フロイトによる精神分析における第1の発見であった。

フロイトは，「無意識」という言葉を次の二つの意味で用いている。

▶「無意識に何かをする」「無意識的なこと」のように，形容詞や副詞として，人が気づいていないこころを記述する場合。

▶ 人のこころを，意識，前意識，無意識と三つの領域に局所的（構造的）に分けて考える場合。

前意識というのは，普段は忘れていて意識しないが，注意を向け，思い出そうとすれば，容易に意識できるようなこころの領域をいう。それに対して，無意識というのは，催眠や自由連想，あるいはある種の薬物などを用いない限り，その内容が意識化されないように深く抑圧されているこころの領域をいう。無意識をこのように実在的に用いているが，脳の中にそのような部分が実在しているわけではなく，あくまでも人間のこころを考えるうえでの作業仮説として用いている（図1-1参照）。

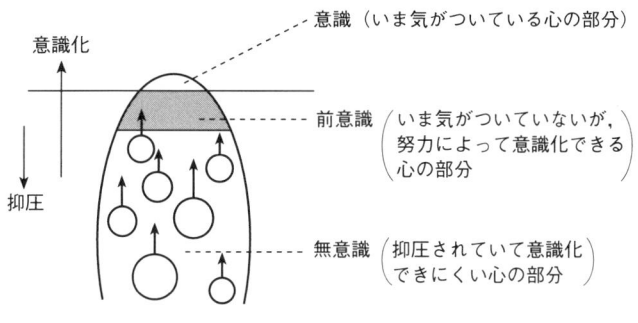

図1-1　こころの局所論 (前田, 1985)

▢ 無意識の解読方法——夢判断とその理論

　フロイトは1909年の講演で、「夢判断は、人間の心の営みの中にある無意識的なるものを知るための王道である」と述べている。フロイトが、この夢判断の学説を打ち立てたことで、精神分析が純粋な臨床医学の領域を越えて、無意識心理学（深層心理学）として確立していく道をたどっていくことになったのである。

◆ 夢の理解

　すべての夢に共通しているのは、夢は睡眠中の精神活動で、目覚めているときとは違って睡眠と覚醒との中間状態にあり、視覚像として体験されるものである。

　睡眠下では、抑圧の力が弱まり、無意識に抑圧されていた欲求の力が強まり、そのままの形で意識に上ろうとする。しかし、この無意識過程がそのまま意識化されることは少なく、何らかの形で歪曲された夢を見る。つまり、フロイトが「夢は刺激をたんに反映するだけでなく、それを加工し、暗示し、それをある関連の中にはめ込み、あるものによって置き換える」といったように、夢は変形され、意識可能な形に加工された夢を私たちは見るのである（図1-2参照）。この夢の加工を検閲といい、その過程を夢の「仕事」とよぶ。また、加工される以前の夢の内容を潜在思考、夢として意識される夢の内容を顕在夢という。

　夢がその形成過程で加工される傾向、すなわち夢の仕事のあり方は、個人によって異なるが、一般的には「圧縮・凝縮」「移動・編成換え（置き換え）」「劇化・視覚化」などがある。

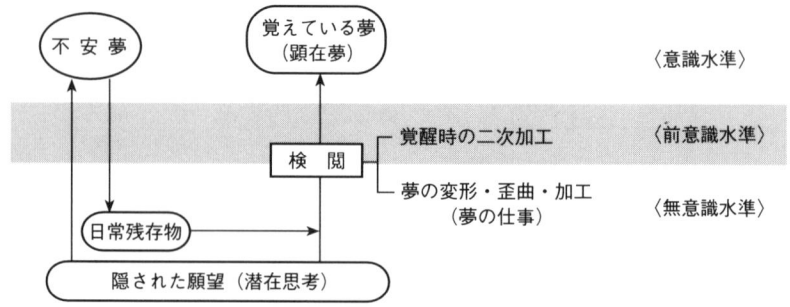

図 1-2　夢の形成作業　「夢は願望充足である」というフロイトの考えから導かれた夢の形成過程に関するモデルである。夢は，夢の中で形成や歪曲され，さらに覚醒時に物語となって，私たちが覚えている夢となる。唯一，不安夢は願望が直接的に表現されたものといえる。

▶ **圧縮・凝縮**——潜在思考のある要素が省略されたり，断片だけが現れたり，いくつかの要素が合併融合，凝縮されて顕在夢に現れること。

▶ **移動・編成換え（置き換え）**——潜在思考の焦点がずれて，顕在夢では置き換えられ，カムフラージュされた重要でない要素が強調される。

▶ **劇化・視覚化**——観念や思想が根元的な視覚像に置き換えられて表現されること。抽象的な内容を具体的なイメージで表すこと。

▶ **象徴化**——夢の潜在思考の特定内容が，顕在夢では別の具体的表現となって現れること。フロイトは夢に一定の意味をあてはめることで，その象徴的意味を無意識独特の言葉であるとした。フロイトは象徴的表現の実例を数多くあげ，その意味を明らかにしている。

◆ **夢判断の観点**

夢は本来，願望充足を意味している。しかし，夢の仕事と加工によって，直接的なその意味は曖昧になっているが，一定の解釈方法を用いれば，その無意識的な意味を理解することができる。その際，次のような観点が考えられる。

▶ **現実生活と結びついた夢**——昼の残り物とよばれる前日の生活体験や治療状況と結びついた夢は，その体験や状況のもつ無意識的な意味が理解でき，特に治療で初めて語られる夢は意味があることが多い。

▶ **複雑に加工された夢や強い否定的情動を伴う夢**——一般に潜在思考と夢の検閲との激しい葛藤に伴う過大な自己防衛がはたらいていることを意味する。激しい本能欲動や破壊衝動がみられる夢が連続するときは，重篤な自我障害の場合があるので，夢判断の制限や中止が必要となる。

▶ **夢は個別的なもの**——夢の象徴は，その人の内面的な歴史の流れの中で独自の意味をもっている。それゆえ，それぞれの夢の構成要素について，その人の経験や歴史に照らして考えていくことが重要となる。

失錯行為の無意識的な意味

フロイトが夢判断の次に注目したのは，失錯行為だった。普通にはなかなか考えつかない，誰にでもある些細な失敗の中にも隠された無意識的な動機のあることを，1901年に出版した『日常生活の精神病理』で明らかにした。失錯行為は，言い間違え，読み違い，書き違い，ど忘れ，置き忘れ，紛失などといわれるもので，考えて目指した計画や意図の代わりにしてしまうもので，思いがけない行為やふるまいをいう。たとえば，会議の進行に自信のない議長が開会にあたって，「ここに閉会を宣します」と言い間違えてしまったとしよう。これは開会を宣するつもりでも，会議を開きたくないという反対の気持ちが意図した行為に代わって現れたと考えられる。言い換えれば，失錯行為は，本来の意図（開会する）と，それを妨害する意図（本人は意識してしない，会議を嫌う気持ち）がこころの中で衝突し，干渉し合って生じるものと説明できる。ある意志的意図が無意識的意図を誘発し，そのために歪められてやり損ないが起こる。

また，一般に"クセ"とよばれるもの，たとえば頭をかいたり，鼻をならしたり，貧乏ゆすりといった本人の気がつかないままに反復している行為を「症状行為」という。これらは第2の隠された意図が，本来の行為と衝突したり，妨害されたりしないで，ただ付け加えられたり，置き換えられたりして出現してくるものとフロイトは考えた。失錯行為は多くの場合，本人の意志に反して現れる欲望で，本人には自覚できない。このことからも，人間には本人の自覚のないまま活動する意図が存在すること，すなわち無意識の存在を仮定せざるをえないのである。

また失錯行為には，
▶ その「妨害する意図」が本人にわかっている場合
▶ 「妨害する意図」が自分の気持ちであることは認められるが，言い間違えの直前には気がつかない場合
▶ 「妨害する意図」を解釈されると否定する場合

の三つがある。

1-3 フロイトの精神分析概念（2）——性の理論

❏ フロイトの性概念

　フロイトは，『夢判断』『日常生活の精神病理』に続いて，彼の性に関する理論の集大成として『性欲論3篇』（1905年）を書いた。その中で学問体系の根幹に，人間の基本的，根源的欲動（本能）の目指すものは性の満足であると主張したことで，当時の世の中から反感を買い，協同研究者であったブロイエルと別離することにもなった。よくフロイトの理論は「汎性欲説」，すなわちすべての問題を性欲に還元して説明する，と批判されるが，フロイトのいう性欲とは世間一般で考えている性欲とは本質的に異なり，もっと広い意味で「性」をとらえている。一般に「性的なもの」とは，性器的結合を目的とした大人の性行為を考えるが，フロイトはこれを「性器的」（genital）とよんで「性的」とは区別し，彼は性欲動（性の本能）を発現させる力をリビドーと名づけた。フロイトのいう性の本能とは，出生時から人間の精神性発達の源泉としてはたらくリビドーであり，自己保存の本能や他者とのかかわりを求める気持ちと密接につながるものなのである。

❏ 幼児期の性的要素の重視

　フロイトは，神経症は忘却された過去の心的外傷体験によって引き起こされると考え，自由連想を用いて，患者の心的外傷体験をさかのぼっていくと，幼児期にまで連想を進めていく傾向のあることに気づいた。そこでフロイトは，この幼児期にこそ，神経症の素因を形成する何かがあると考えた。さらにフロイトは，患者の連想する多数の記憶が，過去の性的体験に関連していくことにも気づいていった。

　しかし，フロイト以前には，性欲は幼児には存在せず，思春期になって第二次性徴の発達とともに出現してくると考えられていた。そのような時代に，フロイトは，幼児にも出生後から3，4歳までの間に性欲の活動がみられると主張し，これを幼児性欲と名づけた。ただし，幼児性欲は次の点で成人の性欲と異なると考えた。

　　▶ 性器的ではなく，性的であり，前性器的であって，発達段階に応じて，口唇，肛門，男根などに性愛部位が変化していく——幼児の性欲は，性行為を目的にする以前の性愛である。たとえば，乳児は空腹を感じると，自己保存欲求から母親の乳房を吸う。やがて空腹感が満たされても，乳房を

しゃぶり続け満足して寝入っていく。これらのことから、乳児にとって母乳を飲むことだけでなく、しゃぶる動作自体に性的な快感があり、それは口唇に由来する性衝動を満たしていると考えた。発達とともに性感帯は、口唇、肛門、男根などへと推移していき、各性感帯に応じる発達段階に分かれる。

▶ その欲動は、基本的な自己保存本能を満足させることを基盤にして出現する——たとえば、口唇は乳を吸うという自己保存本能を満たしながら、乳房を吸うことによる性的満足を得て、その機能を発展させていく。

▶ 欲求の対象を自分の身体やその内部に求めようとするのが自体愛である——おしゃぶり、指しゃぶり、排泄の快感、幼児の手淫などである。

▶ 幼児性欲目標は、性器に限らず多様である——のぞき見、露出症など、倒錯的な傾向をもつ。

▶ 人間の最も根源的な本能衝動ゆえに、後の性格形成や神経症の発生に大きな影響を与える。

精神の発達段階

　幼児の性欲動は、性器の結合を目的とする大人の性行為に到達するまでに、一定の順序で身体の各粘膜部位（口唇、肛門、男根、性器）に向けられていく。これに対応して、フロイトは、人間の精神の発達が性欲動に関係し、それが段階的変化しながら発達していくという理論を体系化した。これをリビドーの発達段階という。すなわち、精神の発達段階を、口唇期、肛門期、男根期、性器期の四つに区別し、一時的に性欲動が不活発になる時期（潜伏期）の存在も明らかにした。ただし、それぞれの部位に向けられた性欲動の時期を過ぎてしまえば、直ちにそこからリビドーが撤去されて、性欲動の対象ではなくなるというわけではなく、全身的に性感帯として分布しているなかで、目立って優位な特定の部位が推移していくと考えた。

　次に、各発達段階を詳しくみていくことにする。

◆ 口唇期

　フロイトのリビドー発達理論の第1段階にあたり、通常は出生から1歳半くらいまでの時期をいう。主として授乳や食物摂取による口唇、口腔粘膜、舌などのリビドー興奮が性的な快感と結びつく。乳児の乳を吸うという行動の第1の目的は栄養補給にあるが、一方で乳房をしゃぶることで口唇的快感に伴う性的満足も味わっている。この満足の経験が、母親という対象への愛着を生じさ

せ，母親と合体したい（取り込みたい）という願望をもつようになる。つまり，口唇期には，外界を自己の中に取り入れ，取り込み，合体するはたらきと，自己の不快な感覚や存在を外界に吐き出し，投げ出し，自己（快）から非自己（不快）を分離する自我のはたらきが芽生えてくるのである。

アブラハム（K. Abraham）は，乳児が生後6か月から1歳半ごろになって乳歯が生え，離乳が始まると，吸う口唇活動からかむ口唇活動へと変化してくるといっている。この段階になると，乳児は授乳が自分の思うようになされないときには，かむことで仕返しするようになる。つまり，かむことが対象を破壊したいという攻撃性の現れであると同時に，かむこと自体が快感をもたらすという両価的な関係となる。この時期を口唇サディズム期とよび，口唇期を2期に分けた。口唇期で適度な欲求充足が得られず，口唇期固着の強い人を「口唇性格」とよび，一般に，他者から愛情を注がれていないと自尊心を保てず，落ち込みや癇癪を起こすことをいう。

◆ 肛門期

リビドー発達の第2段階にあたり，おおよそ2歳から4歳の間に肛門や尿道の括約筋を支配する神経が完成することで，ある程度自分の意志で大小便の保持・排出が可能となる。同時に，それに伴う感覚的刺激を楽しむようになる。肛門・尿道の括約筋のはたらきの第1は大小便がたまっても外部に漏れないようにしまっておくことであり，第2は適当な場所と時期にこれを排出することである。このはたらきを社会的慣習に従って行なえるよう導くのがしつけであり，たいてい母親によってなされる。しつけようとする母親と幼児の間に相互的信頼関係が成立していれば，幼児は母親の愛情に応えるために，新しく覚えた快感をコントロールして大小便を適切に行ない，自分を制することを学ぶのである。この過程を通して，清潔・几帳面・自己コントロールなどの自我のはたらきの訓練が行なわれる。幼児が母親のしつけに従って大小便を出すことは，母親に対する幼児の愛情を示す「贈りもの」である。この「贈りもの」によって，幼児は母親の愛情を勝ち取ることもできれば，母親を困らせることもできるのである。フロイトは，倹約と几帳面と頑固の三つの性格が同一人にみられることに着目して，これを「肛門性格」とよんだ。いずれの性格も肛門期におけるしつけをめぐる母親との関係から生じたものである。

◆ 男根期

幼児の性欲動発達は，口唇期・肛門期を経て，男根期に達する。この段階では，男女ともその関心は男性器の有無に集中していく。たとえば，3歳ごろに

1-3 フロイトの精神分析概念（2）——性の理論

なると、幼児はペニスをもてあそぶようになるが、女児にはペニスがないので、ここに至って、子どもは男女差を体験する。このペニスだけを認め、ペニスを絶対視する心性を「男根優位」とよぶ。

リビドー発達上の男根期は、3, 4歳から6, 7歳まで続く。幼児はこの時期に入ると、性の区別に目覚め、異性の親に性的な関心を抱くようになる。その反面、同性の親に対しては異性の親をめぐる競争心や攻撃心を向ける。特に男の子は、母親に対して性的欲望を感じて父親に嫉妬し、父親の不在や死を願うようになる。しかし一方で、男の子は父親に愛情をもっているので、自分の願いに苦痛を感じたり、このような思いをもつ自分を父親が処罰するのではないかという不安を抱くようになると考え、それを去勢不安といった。このような、異性の親に対する愛着、同性の親への敵意、罰せられる不安の3点を中心として発展する観念の総体を「エディプス・コンプレックス」という。このエディプスという言葉は、ギリシャ悲劇に登場するエディプス王の物語に由来している。

また、男の子のエディプス・コンプレックスに相当する女の子の母親への敵意や父親への愛着を、ユングはエレクトラ・コンプレックスとよんだ。男の子の場合は、依存対象であった母親がそのまま性的願望の対象になる。しかし女の子の場合は、依存対象であった母親から愛情が父親に移し変えられて、母親が憎悪の対象になる点と、エレクトラ・コンプレックスが男根羨望を経て開始されていくという点に特徴がある。

エディプス・コンプレックスには陽性と陰性の2種があり、陽性では、男の子が母親に愛着を感じて父親を憎悪し、女の子は父親に愛着を感じて母親を憎悪する場合をいう。これに反して陰性エディプス・コンプレックスでは、この関係が反対になる。前者は正常な幼児の成長段階でみられ、男の子は父親に対する敵意を抑圧して、父親への同一化を行ない、男らしさを確立していく。ところが、後者の場合、たとえば男の子の女性性に向かう本能素質が強いときには、去勢不安に脅かされると、母親を愛して父親と競争するよりは、父親への敵意や競争心を放棄して、母親に同一化することによって父親に愛されようとして、男性性を失って同性愛傾向を強めていく。男根期が終わるに従って、エディプス・コンプレックスも消えていくが、その解消の仕方が、性格形成、性同一性の確立、超自我の形成、神経症の発症などに重要な関連をもつとフロイトは主張した。

◆ 潜伏期

　幼児性欲は男根期をもって終わりを告げ，潜伏期に入る。この時期は5，6歳ごろから思春期初め（11, 12歳）までの，いわゆる児童期にあたる。口唇期に始まった一定の身体的部位に性欲動が向けられていたものが，一時的に不活発になる時期である。しかし，「この潜伏期においても，性的興奮の産出はけっして停止することなく継続されて，エネルギーの貯えをつくり出すのだが，この貯えは大部分，性的目的以外なものに使用される。つまり一方では性的成分を社会的感情に対して与えるために，他方では後年の性行動の枠を作るために使用されるのである」（『性欲論3篇』）とフロイトが書いているように，性欲動が低下しているというよりは，児童期に急激に拡大する知的・社会的関心のために相対的に性的関心が低下しているようにみえると考えたほうが妥当だろう。

　また，この時期に超自我に著しい発達がみられる。すなわち，男根期に始まるエディプス・コンプレックスを克服していく過程で，子どもは異性の親への近親的な愛情を断念していくのは，同性の親の（去勢の）脅かしや処罰への不安，あるいは愛情を失うことなどの不安のためである。その過程で禁止者としての同性の親が自我の中に取り入れられ，超自我になっていく。このようなエディプス・コンプレックスの放棄と超自我の成立が，子どもが一人の社会的存在になっていくうえで不可欠なことである。

◆ 性器期

　「潜伏期」が終わるころから，身体的成熟とともに性欲動が急激に高まるに及んで，幼児性欲のそれぞれの部分欲動が性器性欲すなわち生殖活動という目標のもとに統合されていく時期である。生物学的にみて性器が本来の機能である生殖作用を営めることから，この時期を「性器期」という。この時期は，一般的には思春期，青年期に相当する。これに反して，これまでの口唇期，肛門期，男根期，潜伏期をひっくるめて「前性器期」とよぶ。人間の性生活は，潜伏期を境に，性欲動が自体愛的な子どものものと，性対象が存在する大人のものと区別される。大人の性生活は思春期に始まるが，性対象との情愛的関係と性器の結合を通じての性欲動の充足という肉感的な性目標の二つが合致して，初めて正常な性生活の満足が得られる。この満足を得るためには，自分と同じ一人の独立した人格である相手と精神的身体的な交わりがもてることが前提となる。ここに自分と他人とを調和させるという最も困難な仕事が課せられているのである。

1-4　フロイトの精神分析概観（3）——こころの構造とその機能

　フロイトは当初，人間のこころをまず，意識，前意識，無意識の3層に分けて考える局所論的観点に立っていた。しかし，研究を進めるうちに，これらの区別だけでは不十分，不適当と考えて，1923年に『自我とイド』を著し，局所論に加えて，人間のこころが自我，イド，超自我という三つの心的な組織からなるという構造論を明らかにした（図1-3）。

☐ 本能欲求としてのイド

　イドは，人間のこころの中にある無意識の生物的・本能的エネルギーに満ちた，衝動的なこころの部分をさしている。フロイトはドイツ語のエス（es）という言葉を使用しているが，英語の非人称代名詞であるitにあたり，私という人称に属さない混沌とした不可知なものという意味である。英訳でイド（id）としたため形あるものが存在しているかのような錯覚を与えている。イドは系統発生的に与えられた本能エネルギーの貯蔵庫であり，快楽原則だけに従い，無意識的で現実原則を無視して，ひたすらその満足を求め，論理性に欠き，時間をもたず，社会的価値を無視する。このイドのエネルギーが意識の領域に侵入すると，初めて感知できる形となり，願望や空想，外界への興味やはたらきかけとしてのエネルギーが発散される。性的願望や破壊的行動はそれらの代表である。

☐ 自我のはたらき

　生後まもなくの乳児のこころは，ほとんどイドで占められていると考えられるが，乳児の絶え間ない外界との接触により，両者の関係を保持，調節するものとして出現し，成長してくるのが自我である。すなわち，自我とされるものは，快感を追求し衝動を満足させようとするイドからの突き上げをコントロールし，外界の現実と調和していく人格の中枢的役割を果たすものである。フロイトは，自我をドイツ語で私の意味である「Ich」を用いているが，英訳では「ego」とされたため，ややメカニックなニュアンスが含まれた感が否めない。イドが快楽原則に従ってはたらくのに対して，自我はイドからのエネルギーをより生産的で秩序だったものに変えて，日常の行動がその人間の人格として統合されたものとなるようにはたらく。フロイトが「イドあるところに自我をあらしめよ」と言ったゆえんである。

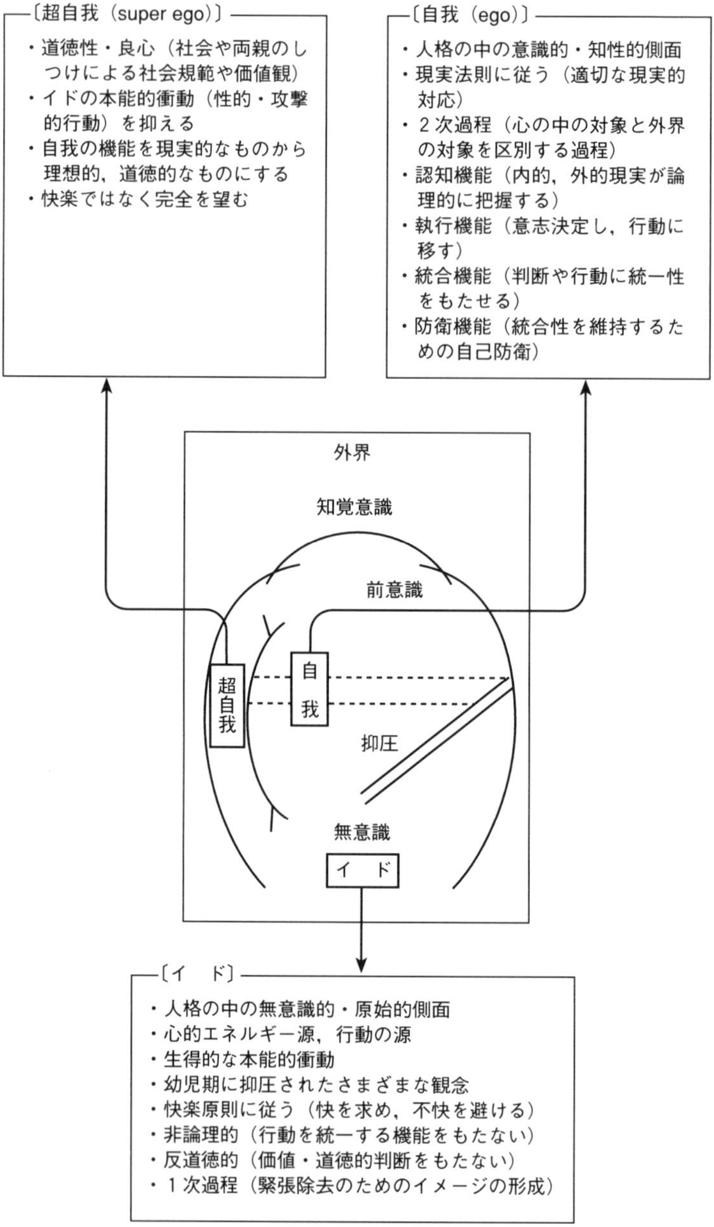

［超自我（super ego）］
・道徳性・良心（社会や両親のしつけによる社会規範や価値観）
・イドの本能的衝動（性的・攻撃的行動）を抑える
・自我の機能を現実的なものから理想的，道徳的なものにする
・快楽ではなく完全を望む

［自我（ego）］
・人格の中の意識的・知性的側面
・現実法則に従う（適切な現実的対応）
・2次過程（心の中の対象と外界の対象を区別する過程）
・認知機能（内的，外的現実が論理的に把握する）
・執行機能（意志決定し，行動に移す）
・統合機能（判断や行動に統一性をもたせる）
・防衛機能（統合性を維持するための自己防衛）

外界
知覚意識
前意識
超自我
自我
抑圧
無意識
イド

［イ ド］
・人格の中の無意識的・原始的側面
・心的エネルギー源，行動の源
・生得的な本能的衝動
・幼児期に抑圧されたさまざまな観念
・快楽原則に従う（快を求め，不快を避ける）
・非論理的（行動を統一する機能をもたない）
・反道徳的（価値・道徳的判断をもたない）
・1次過程（緊張除去のためのイメージの形成）

図1-3 フロイトの性格構造論（瀧本，1990）

1-4 フロイトの精神分析概観 (3)——こころの構造とその機能

　また，自我は，イドに由来する本能衝動を外界にとっても自分にとっても害にならない形でうまく加工する「防衛機制」というはたらきをもっている。防衛機制の多くは，幼少期の未熟で弱い自我が，不満や不安を処理するために用いてきたものである。これらの機制が幼少期を過ぎた後も，しばしば慢性的に用いられるようになると，自我がその機制にしがみつき，偏った人格に固定化していくことになる。このように，防衛機制はうまく用いられると適応に役立つが，下手に用いられると不適応のもとになる。表1-1に主な防衛機制をあげておく。

表 1-1　防衛機制（A. フロイト，1900を改変）

抑　圧	意識に上らせないようにすること （例：忘れる）
反動形成	認められない気持ちがあるときに反対の気持ちをもつ （例：好き→嫌い）
隔　離	体験のなかで感情だけを失う （例：悲しくない近親者の死）
リビドー転移	性的な感情が，別のものや人に向かうこと （例：Aさん→Aさんの友人が好き）
抑　止	衝動的な感情を表面に出ないようにする （抑圧とほぼ同じこと）
退　行	年齢的に前の段階へ戻る （例：困ったときの子どもっぽい反応）
逆　転	正反対の態度に変わる （例：能動的→受動的，愛→憎しみ）
投　影	自分の感情を自分以外のものに転嫁する （例：相手が不愉快→相手は自分が嫌い）
取り入れ	相手の行動を自分の一部に取り込むこと （例：母親似）
打ち消し	前の行為を反対，あるいは別の行為によって打ち消す （例：攻撃していた相手に妙にやさしくする）
自己への反転	自分の中に閉じこもる，あるいは自分に感情を向ける （例：閉じこもりと自責）
昇　華	衝動を社会的に有用なことに使う （例：露出傾向が優れた俳優）

1-5 心理療法としての精神分析

　フロイトの人間理解の方法としての精神分析学は，主としてヒステリー患者との面接を通して生まれてきたことはすでに述べてきた。ここでは，心理療法としての精神分析について学んでいこう。精神分析の面接では，二人の人間，クライエントとセラピストが一定の契約に基づき，クライエントが抱える問題を解決するための自己洞察を目的として，言語交流を軸とする人間関係が形成される。その人間関係のなかで展開されるさまざまな力動的現象を手がかりに，こころの深部の無意識層に光をあて，丁寧に理解しながら継続的に面接を行なっていく。その面接を維持するためには，一定の枠組みが必要となってくる。クライエントと面接者は，この枠組みに支えられて言語交流を発展させていく。それは，面接の枠組みを共有することで，面接関係が目的をもった専門的な関係であることが互いに自覚できるようになるからである。

◻ 面接の開始

　精神分析の面接は，伝統的には週3〜5回，1回50分寝椅子を用いて，思い浮かぶことを何でも話す自由連想法を行なう。しかし，わが国ではほとんどの場合，週1回，1回50分，椅子に座り対面法を用いた精神分析的心理療法が行なわれているのが現状である。いずれにしてもそれらの面接を1〜3年程度継続することが必要となる。このように，面接は長時間を要するだけでなく，その過程でさまざま心理的変化による感情の動揺，症状の推移をみるだけに，クライエントにとっても，セラピストにとっても，非常に負担のかかる心理療法である。そのため面接を始めるにあたっては，精神分析が最も適切な面接方法であるかどうかを決定してから行なうのが通例である。そのために数回の予備的な面接を行ない，クライエントの抱えている問題の内容や質を把握し，その由来についての理解，面接動機の吟味，内面の状態を言語化する力，面接者との関係を維持し深めていく力，不安・欲求不満・抑うつに耐える力などを検討する。

　診断面接においてクライエントの情報を集めるポイントとその情報を整理するためのチャートと，精神分析的心理療法に適したクライエントであるかを判断するための観点を参考までに載せる（表1-2，表1-3参照）。その結果，精神分析的心理療法が適当であると判断したら，面接者はクライエントの問題についてのおおよそ理解，心理療法の進め方，目標などについて説明する。そし

表 1-2 診断面接で情報を整理するためのチャート(菊地, 1993)

① 受診動機と病歴
② 生活歴
　# 幼稚園まで：最早期の思い出
　# 小学校低学年
　# 小学校高学年：ギャングエイジ，初潮・精通現象など
　# 中学校：友人（中学親友），初恋
　# 高校：高校親友，異性交際，クラブ，対人関係の特徴など
　# 大学，社会人としての生活：患者にとっての重要な人物，恋人の存在，社会的同一性など
③ 家族
　# 両親の性格と関係：患者が幼少時からどのような関係であったか
　# 父親，母親と患者との関係：良い思い出，悪い思い出
　# 両親の生い立ち：どれだけ話せるか，祖父母についてどれだけ話せるか
　# 兄弟姉妹など：患者との関係，両親との関係
④ 夢
　# 治療者へのある種の転移を表現することがある
　# 内的対象関係の質を表現することがある
　# 内的世界に目をむけ語る力の1つの指標となる
⑤ 性的発達
　# 異性愛対象選択
　# masterbation phantasy：対人関係の乱れが表現されやすい

表 1-3 精神力的診断・分析可能性の評価のためのチャート(菊地, 1993)

① 対人関係
　# 関係性：
　　・一定期間にわたって，特定の対象と安定した関係を持てているか
　　・自己コントロール感を対象に一時任せられるか
　　・治療関係を保持し発展させられるか：面接の連続性を保持する能力や，治療者を取り込み同一化する能力
　# 自己愛
　# 対象恒常性（分離に対する耐性）
② 自我機能：現実検討能力，昇華能力，適応的退行，防衛機制，思考過程
③ 超自我
④ 情緒組織：不安・欲求不満・抑うつに対する耐性，衝動コントロール（特に自己破壊的行動化をしない能力）
⑤ 知的能力・言語化能力
⑥ 心理的なことに関心を向ける能力
　# 思考，感情，行動の関係，経験と行動の理由を知りたいという意欲，およびそれらを同定する能力
　# 共感能力：一時相手の立場に身を置いて，その考え・感情を吟味し認められる能力
　# 自らの認知を吟味する能力
　# 外在化しない能力
⑦ 性格傾向
⑧ その他：症状の程度と質，併存する身体疾患，環境の危機，過去の外傷的出来事，二次的疾病利得，治療継続のための経済的・時間的・地理的事情，過去の治療体験と実績

て，心理療法を行なう面接の枠組みについて話し合われ，両者の合意によって契約がなされる。面接の枠組みについては，小此木啓吾（1990）がその臨床治療をもとに発展させてきた「治療構造論」の考え方がある。ここでは心理臨床の立場から「面接構造」(structure of interview) とよぶ。

◆ 心理療法の枠組みとしての面接構造

面接構造とは、具体的にはどのようなものだろうか。まず、小此木によれば、面接構造とは、セラピストとクライエントの「交流を規程する様々な要因と条件が構造化されたもの」をいう。その要因と条件の中身は、セラピストの側からみた面接構造として、第1にセラピストが意図的に設定するもの、たとえば、面接の時間や回数、場所などといった時間的、空間的条件、およびクライエント-セラピスト間の交流を行なっていく面接上のルールなどの基本的な枠組みをいう。第2にそれぞれの職場や臨床現場特有の物理的、制度的な制約といったような、あらかじめセラピストの意図を越えて与えられている要因である。第3に面接経過中に自然に形成される面接構造として、たとえば、セラピストの服装や面接室の調度品、最寄の駅や受付、面接室から見える風景といった諸条件などの要素も、クライエントにとっていつの間にか面接関係を経験していく上での構造的な条件として体験されていくものとなる。クライエントは、セラピストと面接構造について話し合って提案された契約に合意し、力を合わせて、クライエントの神経症という内的な敵に向かって闘いを挑み、無意識に対する自我の支配を確立し、健康なこころを取り戻していく作業にとりかかるのである。このような面接者とクライエントの協力関係を精神分析療法では、作業同盟とよぶ（表1-4参照）。

では、なぜこのような面接構造を設定する必要があるのだろうか。面接の枠組みを設定するということは、クライエントに、いわばある種の「制限」や「制約」を課すことであり、それはクライエントの感情のままの行動や退行を阻止することを意味する。そこで、面接者自身の安全感が保たれ、脅えや恐れを感ずることなく面接を継続でき、結果としてクライエントにとって、役立つことになるのである。したがって、面接構造は、面接におけるかかわり方のベースになるものであるから、クライエントの発達と水準をよく吟味し、面接者が最も有効に機能できる枠組みを設定するべきである。基本規則だから何としても守るべきものではなく、あまりに簡単に変更するのも問題だが、個々の実情に応じて柔軟に解釈され、修正を加えて適用する必要もある。

◆ 面接者の面接関係において守るべき態度

面接構造を構成する面接者の基本的態度については、小此木による"フロイト的態度"と"フェレンチ的態度"の2分類がある。フロイト的態度とは、フロイトが技法についての論文で説いている面接者のあるべき姿、とるべき態度である。それは、フロイトのいう「医師としての分別」であり、面接者がクラ

表1-4 分析療法の枠組み (古村, 2000)

「(古典的) 精神分析の治療契約」
1. **時間の規定**……約束したスケジュールの厳守。欠席しても支払い義務がある
   (抵抗のあらわれである) 遅刻・サボタージュの防止
2. **料金の規定**……金銭を媒介とした「治療者／患者」関係の位置づけ
   分析療法が現実的・職業的行為であることの自覚
3. **治療場面の設定**……治療構造の形式を検討
   例:「古典的方法」＝患者は寝椅子に横たわる
     :「対面法」＝患者と治療者が相対する
4. **基本規則の遵守**……合意された確認事項
   - 第一規則＝「患者は，治療者と (批判や選択を交えず) 正直に会話する」
   - 第二規則＝「患者の依存願望＝期待や要求が決して満たされてはならない」
   → 「禁欲規則」とりわけ，性的な事柄について「行動化」を認めない
   → 治療者の「中立性」価値観を押しつけず，患者に決定の自由を与える
     (＝「医師としての分別」)
   - 治療関係の確立　患者に関する一切の秘密を厳守する
              臨床場面以外での私的関係を禁ずる

「作業同盟」
　治療者は，患者の「知性」と連帯して，分析療法という共同作業を遂行する
　その究極的な目標は，無意識に対する自我の支配を確立し，心を再構成することこと

イエントとの交流の過程で，面接者としての職業的人間関係の限界を踏み越えないように慎重に配慮することをいう。面接者がクライエントを心配するあまりに，約束時間外に一緒に食事をしたりすることは，面接関係を混乱させ，面接者の立場を危うくする危険性がある。後に，この「医師としての分別」を実践するための特別な注意として，キュビー (L. Kubie) は，面接者は可能な限りクライエントとに私的な考えや私生活を知られないようにすべきだという「分析の隠れ身」という考え方を説いた。フロイト的態度のもう一つの特徴に，分析的中立性というものがある。これは価値の中立性のことで，クライエントに面接者が自分の理想や宗教的・道徳的価値を押し付けることを禁止し，クライエントの主体性に任せようという態度をいう。また，分析の受動性とは，面接者は，まずクライエントの訴えを理解することに努め，クライエントの人間性をありのままに共感し，受容しようとする態度をさす。

一方，フェレンチ的態度とは，ハンガリーの精神分析医のフェレンチ（S. Ferenczi）によって提唱された態度で，精神分析療法の適応範囲を精神病，児童，人格障害などに拡大し，治療意欲に欠けるクライエントを対象として発展してきたものである。クライエントの病態や状態に合わせて，面接者が積極的，能動的にはたらきかけ，人間的な温かみや愛情を強調し，情緒的共感交流を重視していく，フロイト的態度とは反対の態度である。精神分析療法では，前述のフロイト的態度が精神分析療法の基本だが，面接者は状況に応じて主体的かつ柔軟に適応することも必要となっている。

面接過程でのこと
◆ 抵　抗

心理療法の面接で，クライエントは「思いつくまま自由に話す」よう指示されて話し始めるが，その態度や内容にしだいにその人らしさが現れてくる。意識的には自己理解を深めることを目的に来室しているのにかかわらず，面接中に黙ってしまったり，約束の時間に遅れたり，連絡なく来室しなかったりするようになる。このような面接に対する否定的な，反発的な態度を抵抗という。フロイトは，抵抗を次の五つに分類した。

- ▶ 抑圧（防衛）抵抗――忘れ去った過去を思い出すと危険が感じられるために，「もう話すことがなくなりました」「つまらないことです」という形で，沈黙を守ったり，話題を変えたりすること。
- ▶ 転移抵抗――自己理解が深まってくると，クライエントは内心のさまざまな欲求を面接者にぶちまけ，その充足を求めようとするが，それを満たすことは不可能なことなので，面接者に失望し，不満を起こし，面接意欲が揺らぐこと。
- ▶ 疾病利得抵抗――こころの病に悩み，それを治すことを求めているクライエントが，病になったことで得をし，その得のために，こころの病を治すことに抵抗を感じること。
- ▶ 反復強迫抵抗――精神分析が進み，クライエントの無意識の葛藤への洞察が行なわれていたかにみえていたものが，再び幼児的欲求が出現し，困難な状況がくり返し起こること。
- ▶ 超自我抵抗――超自我が厳しい懲罰要求をもっているとき，面接でクライエント自身が楽になることを許さないために，面接が順調に進行しないこと。

1-5 心理療法としての精神分析

◆ 転移と逆転移

面接の進展につれて、クライエントは面接者に愛情、信頼、尊敬、時には性的欲求などを向けてくる。このような陽性の感情を向けることを陽性転移といい、恨み、非難、反抗、敵意など破壊的な感情を向けてくることを陰性転移という。面接者は、中立性の原則から、これらの欲求や願望に応じてはならない。この状況は、クライエントが幼児期に両親との間で繰り広げた葛藤を、面接者との間で再現し、クライエントが抑圧してきた衝動が解放されてきたことを意味する。しかし、それを禁止されたことで、再び症状を起こしてしまうことがある。このようにかつて両親との間につくられた神経症を、人工的に面接者との間につくることを転移神経症という。

転移こそクライエントを理解するために実際に観察できる重要な情報である。つまり、幼児期の葛藤が心理療法的かかわりによって、初めて転移として意識化される糸口が得られ、たとえば、幼児期に自分がいかに母親を支配的な人であるかと感じていたか、などを体験的に理解できるのである。

クライエントのさまざまな転移感情が面接者に向けられると、それに対して面接者のほうにもさまざまな感情や空想が引き起こされるが、それを逆転移という。この逆転移を洞察したり、コントロールすることがクライエントの抵抗と転移を正しく認識し、操作していくうえで不可欠の要因となる。精神分析療法を行なう心理療法家は、教育分析を受け、自己分析を重ねて、自己自身を認識するよう心がける必要がここにある。

◆ 解　釈

面接が進むに従って、それまでクライエントが目をそらしていたさまざまな空想や思い、感情といったものがしだいに姿を現してくる。しかし、そのままでは、面接者への転移が、単に面接者-クライエント間のことになってしまったり、せっかく現れてきた無意識を抵抗の出現で分析できなくなってしまったりする。そこで、面接者は、いま起こっているさまざまな空想や感情が、幼児期に抑圧したクライエントのこころの奥深くに隠されたものから出現していることを悟らせ、その隠された奥の意味を見いだせるようにクライエントに言葉や説明を与える。それが、「解釈」である。その結果、クライエントは、幼児期に抑圧した葛藤の隠された意味を理解し、無意識的なこころの動きの洞察を得ることができるのである。

そのやり方としては、クライエントが無意識に盲目的・機械的に反復して現れていることを指摘して気づかせるものから、いまここで出現している現象の

無意識的動機とその因果関係までを説明するものまである。いずれにしても，解釈は「いつ」「どのようなタイミングで」「何を」「どれくらい深く」行なうかを考慮して，クライエントに「ああ，そうだったのか」というある種の驚きとか，安心感という感動とともに理解が深まるような洞察を起こさせることが重要である。この，「ああそうだった体験」こそ，クライエントが抵抗を克服して自分の姿を直視し，自分の誤った記憶を正し，間違った夢から覚まされたしるしなのである。このような解釈と洞察はらせん状に深まっていき，得られた洞察がクライエントの出発点となって，自己理解が拡大し，クライエントに変容が起こっていく。このことを「徹底操作」（ワーキング・スルー）とよぶ。

◆ 終　　結

　一般に病が治るというのは，まず，症状がなくなること，さらに病の原因がとれること，生活上の機能が十分に果たせることであると考えられる。では，フロイトは，分析療法の終結についてどのように考えたのだろうか。彼は1937年，「終わりある分析と終わりなき分析」という論文の中で，終結の条件を次のように述べている。「その第1は，患者がもはやかれの症状に苦しまなくなり，また不安も障害も克服したというとき，第2は，患者にとって問題となっている病的現象が，今後くり返しておこる可能性をもはや恐れる必要がなくなった程度にまで，抑圧されていたものが意識化され，理解し得なかったものが解明され，内的抵抗が除かれたと分析医が判断したときである」。

　第1の条件はともかくとしても，第2の条件の判断はなかなか困難なものである。理想的にいえば，十分に自己理解が深まり，面接者もクライエントも分析の時間をもつ必要がないこと確認して，話し合って面接をやめるのがよい。しかし，実際はそれほど簡単にはいかないことが多い。面接を終了するということは，クライエントがひとり立ちしていくことを意味する。終結の時期が近づいてくると，「まだ治っていない」「一人でやっていく自信がない」とか，消失した症状が再び現れたりすることがある。このような抵抗が現れても，ある時期には終結することが重要である。クライエントにとって終結は，大きな試練だが，クライエントが面接者への依存傾向を断ち切り，不安を感じつつも現実へ対処していくことは，自我の再統合を促し，自我の成長を図るものだからである。そのために面接者は，面接者は面接の回数を徐々に減らしたり，一定期間中断したり，旅行を進めたりといったさまざまな工夫をして，クライエントが一人で考え，ものごとを処理できるよう促すことが必要となる。

　以上述べてきたことが，フロイトのいう「終わりある分析」にあたる部分で

ある。それでは後半の「終わりなき分析」とはどういうことをいうのだろうか。精神分析では，神経症の症状がなく，健康な人並みの生活をしているからといって，その状態を正常とは考えない。正常とは，自我が，エス・超自我・外界からの自律性を獲得して，こころが自由でいることが前提であり，そのために常にエスに支配されない自我であり続けることである。このような完全な自我を目指した分析に終わりがないように，精神の絶対的な正常ということは存在しないと考えるのが，精神分析の見方なのである。

1-6　サイコセラピー練習

☐ 心理療法──精神分析を体験してみる

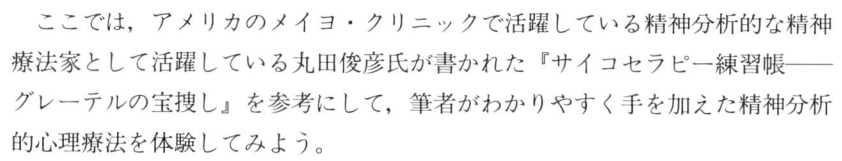

　ここでは，アメリカのメイヨ・クリニックで活躍している精神分析的な精神療法家として活躍している丸田俊彦氏が書かれた『サイコセラピー練習帳──グレーテルの宝捜し』を参考にして，筆者がわかりやすく手を加えた精神分析的心理療法を体験してみよう。

　丸田氏の本では，グリム童話の「ヘンゼルとグレーテル」の主人公，グレーテルが18歳になったときに，サイコセラピーを受けにきたという想定で，サイコセラピーとは何かが読者にわかるようになっている。

　さあ，あなたもまずは「ヘンゼルとグレーテル」のお話を読んで，サイコセラピー体験に出発 GO！

「ヘンゼルとグレーテル」のあらすじ

　　大きな森の近くに，木こりとその妻が，二人の子どもたちと一緒に住んでいました。あるとき，貧しいこの一家の母親が，父親に「このままでは4人とも飢えて死んでしまうので，森の中に置き去りにして子どもを捨てよう」ともちかけます。この継母が父親と話し合っているのを，空腹で眠れなかった二人の子どもたちは聞いてしまいました。そこで，兄のヘンゼルが近くの河原で拾った白い石を道に落としながら森に歩いて行ったおかげで，兄妹は無事に家に戻ることができました。

　　が，しばらくして，一家に食べるものがなくなり，また捨てられることになりました。今度は石を拾いに行くことができなかったので，継母がくれたパンを粉にしてまいておいたのですが，鳥がそのパンくずを食べてしまい，今度は家に戻ることができませんでした。

　　お腹を空かせた兄妹が捨てられた森の奥深く入っていくと，そこにお菓子でできた家が一軒建っていました。兄妹は夢中になって家を食べていると，その

家に住んでいるお婆さんが彼らを家に招き入れて，たくさんのごちそうを食べさせてくれ，ふかふかのベッドにも寝かせてくれました。

　実は，このお婆さんは恐ろしい魔女だったのです。

　二人が寝ている間に魔女は，兄のヘンゼルを檻の中に閉じ込めてしまいます。そして，グレーテルをたたき起こし，ヘンゼルを太らせるためにごちそうをつくらせ，つらい家事もすべてグレーテルにやらせるのです。

　魔女は目が悪かったので，ヘンゼルの太り具合を確かめるために，毎日ヘンゼルに指を出させ，触って確かめていました。ヘンゼルはごちそうの鳥の骨を自分の指の代わりに出していました。

　いつまでたってもヘンゼルが太らないので業を煮やした魔女は，とうとうヘンゼルを食べる決心をします。そして，グレーテルにかまどに火をおこさせます。実はこのとき，魔女はグレーテルも一緒に焼いて食べてしまおう，とたくらんでいたのです。

　「火が十分まわったかどうか覗いてみておくれ」とグレーテルに命令します。魔女の魂胆を悟ったグレーテルは「どうやったらいいのかわからない」と答えます。魔女が「こうやるんだよ」とかまどの中を覗きこんだ瞬間，グレーテルは魔女をかまどの中に突き飛ばし，かまどの蓋を閉めてしまいます。

　そうして魔女を殺したグレーテルは檻の鍵を開け，ヘンゼルを救い出して，魔女の家にあった宝石や金貨をポケットに詰め込んで，魔女の家を後にします。帰る途中大きな川に出ますが，アヒルの背中に乗せてもらい，無事に家に帰りつきます。家には父親が一人でいました。継母は死んでしまったのです。

　そして，親子3人仲よく暮らしました。

というお話です。

　当時，この「グレーテル事件」はヨーロッパ中で話題になり，成長したグレーテルがサイコセラピーを受けることになるバーガー先生もこの事件を知っているという前提で面接が進んでいくという設定になっています。

　おう吐と空腹感に悩まされるようになったグレーテルは，グリム先生に勧められて，サイコセラピストのバーガー先生のところを訪れました。数回の予備面接で，おう吐がヘンゼルの婚約パーティから始まったことを知ったバーガー先生は，グレーテルにサイコセラピー（精神分析的心理療法）を提案し同意を得ています。このように，精神分析的心理療法を行なう際，クライエントとセラピストの間で，心理療法の面接契約を取り交わします。面接の料金，日時，頻度など，いわばこころの秘密を解くための条件（詳しくは1-3節参照）といったものと考えるとわかりやすいかもしれません。

1-6 サイコセラピー練習

☐ 練習問題　自己理解を深めるワーキング・スルー

　バーガー先生との心理療法は順調に進み，グレーテルのこころに微妙な変化が起こっています。症状がなくなっていくプロセスは，どのように起こってくるのか少し学習してから，面接内容に入っていきましょう。

　面接では，いつも「そのときどんな気持ちでしたか」とか「その気持ちは，あなたの症状と関係していますか」とクライエントへの質問や直面化がくり返されます。そのうち，面接者への同一化が起こって，自分自身で面接者がいなくても，同じような作業が行なえるようになります。その結果，しだいに無意識の世界に押し込んでいたものを冷静にみることができるようになっていくのです。

　次に面接者に向けられていた，過去のグレーテルの重要な人物，たとえば，ヘンゼル，魔女，継母などであった面接者像が，だんだん現実のバーガー先生に近づいてくる。すなわち，面接者に向けられていた転移を理解していくことができてきます。それとともに，日常の対人関係に変化が起こってきます。たとえば，ヘンゼルを見る目が，森に迷ったときのグレーテルのではなく，18歳のグレーテルの目へと変わっていくのです。

　第3に，この新しい目で過去を振り返ると，それまで思いもしなかった体験が，意味あるものとなってきます。幼かった日の何のことだかわからず恐怖におののいて無意識へとしまい込んだこころの傷が，いままったく違った意味をもってよみがえってきます。

　第4に，こころの傷を無意識の中に押し込めておいたエネルギーが解き放たれ，こころに自由がよみがえり，まわりにいる人への感謝や愛を感じ，相手の幸せを喜べる，より現実的なものへと変わっていくのです。

　以上のようなプロセス（ワーキング・スルー）を時間をかけて経ていくうちに，自然と症状は消失していくのです。

　さて，面接開始後半年を経た面接をみてみましょう。文中のアナカはヘンゼルの婚約者の名前です。

第41回面接（治療開始後半年）

　バーガー先生　「何か話したいことがあるんですね」
　グレーテル　　「ええ。治療中，先生がおっしゃったことをずっと考えてみたんです。昨日，ヘンゼルとアナカが遊びにきました。私は台所にアナカと一緒にいましたが，その時吐き気がしたんです。でもね，待てよ，って自分に言い聞かせました。『もしバーガー

　　　　　　　　　先生がここにいたとしたらなんて言うかな。吐き気がする直前，何を考え，何を感じていましたかって言うんじゃないかな』。そう考えているうちに昔のことを思い出しました。よこしまな魔女をオーブンの中に押し込んだ時のことです。そこで自分自身に聞いてみました，なぜそれを思い出したかって。──（得意そうに）──答えは簡単。私たちは台所にいて，オーブンのすぐ側で──それが魔女のオーブンにそっくりなんです」

バーガー先生　「その時二人がしていたことをもっと詳しく話してくれますか」
グレーテル　　「ただ料理してただけ。アナカが前かがみになって，ロールパンを取り出してました」
バーガー先生　「魔女みたいに，前かがみになっていた」
グレーテル　　（ビックリしたように）「え！」（真剣な顔になって）「アナカをオーブンの中に押し込んだりしっこありません」
バーガー先生　「アナカに対してどんな気持でした」
グレーテル　　「そうですね」（目を光らせ本当に怒ったような顔つきで）「彼女は私を時どき，コンチキショーって感じにさせるんです。失礼。──でもホント，彼女を見ていると私，本気で怒り出しちゃうんです。──（背筋がゾクゾクするような顔つきになって）──いつもヘンゼルにベターっとくっついて，いつもあちこち，ベタベタ触りまくって。（さらに気持悪そうな顔をし，いやなことを思い出した感じで）──トンマでヨボヨボの魔女が，オリの近くにやってきては，ヘンゼルの指を撫で回し，どのくらい太くなったか調べているみたいに」
バーガー先生　「ヘンゼルの指を撫で回した？」
グレーテル　　（決めつけるように）「何を言わせようとしているのかわかっています。大体精神科医っていうのは，すぐ性的なイメージを思い浮かべるんだから」
バーガー先生　（いつもと同じ調子で）「どんな性的なイメージを私が指していると思ったんですか」
グレーテル　　（恥ずかしそうに）「魔女はヘンゼルの指がどのくらい太くなったか知りたがってたけど，同じように，パンツの中の物がどのくらい大きくなっているかも知りたかったんじゃないかしら。あのいやらしい目つきで，いつもヘンゼルを見てました」
バーガー先生　「ヘンゼルに対してそんな興味を持ったことがありますか」
グレーテル　　（バーガー先生を時どき横目で見ながら，恥ずかしさのあまり

	消え入るようなか細い声で)「時どきは――特に森の中で二人そろって迷子になった時に――(言い訳するように少し強い調子で)――でも何もしませんでしたよ――(しみじみと)――ただ彼のことを身近に感じ，好奇心を持ったんです。それだけです」
バーガー先生	「すると，魔女がヘンゼルに関し，あなたと同じような考えを持ってたんで，苦痛になったんですね」
グレーテル	「ええ」
バーガー先生	「気がついたんですが，今日は，魔女や森の中でのことがよく話に出てきますね。これまでの面接では，それについて，ほとんど話したことがなかったのに。どうしたんだと思いますか」
グレーテル	「そうですね――ずっと長いこと，あの頃のことは考えたことがありませんでした。つい最近です――考えるようになったのは。それに胃がむかつく代わりに，怖くなったり，寂しくなったりするんです。――(しみじみと寂しそうに)――寂しいわ，ヘンゼルと森と迷った時のことを思い出すと――あんなに仲良しだったのに――ヘンゼルはもう――いない」

☐ 練習問題――こころの変化が起こる

◆ **問題1**　グレーテルのこころに何が起こっているでしょうか？

◆ **問題2**　どうしてグレーテルは，「胃がむかつく代わりに，怖くなったり，寂しくなったり」し始めたのでしょう。

◆ **問題3**　アナカについて話したとき，グレーテルは背中がゾクゾクするような顔つきをしたり，気持ち悪そうな顔をします。なぜでしょうか？

▶ **問題1の解答例**　グレーテルは，いつのまにか兄のヘンデルにこころひかれていました。そんなヘンデルが，自分以外の人を愛して，結婚して離れていくことなんてとても受け入れがたいことでした。許せない，憎らしいと思っても，愛する人を憎むことはできません。それがはっきりする婚約発表の日，葛藤処理の妥協案として出現してきた症状が「吐き気」でした。この「吐き気」のおかげで，グレーテルの関心はヘンゼルのことから身体症状へと移りました。また，「吐き気」のために，婚約発表のように見たくない，聞きたくないことを無意識のうちに避けることも可能になりました。それが，いま，面接の進展の結果，少しずつグレーテルがいなくなったことを受け入れ始めています。その悲しみは深く，「悲哀の仕事」さえ連想させています。

▶ **問題2の解答例**　答1に述べたように，グレーテルは，「症状形成」（吐き気）という妥協により，葛藤を処理して「ヘンゼル喪失」に直面することを避けてきました。ところが，いま，ヘンゼルとの別離を受け入れることができるようになったことで，吐き気は「脱身体化」（身体化されていたこころの問題がこころの問題へと戻ること）され，一人になる怖さ，さびしい気持ちを素直に感じ，浸ることができるようになってきたのです。

▶ **問題3の解答例**　ヘンゼルに対し，アナカと同じような異性としての関心があり，それがグレーテルのなかでとても受け入れられない，思ってはいけない性質のものであったからです。

　さあ，どうでしたでしょうか？　少しでもこの練習問題が，あなたの精神分析的心理療法の理解に役立てば幸いです。
　練習問題は，筆者が丸田俊彦氏の本の一部を引用して，手を加えたものです。ぜひ，もっと深く理解を深めたい方は丸田氏の本を手にとって学習してみて下さい。

◆◇◆◇◆　**1章の引用・参考文献**　◆◇◆◇◆

馬場謙一　1989　「精神分析療法」　伊藤隆二 編　『心理治療法ハンドブック』　福村出版．
土居健郎　1988　『精神分析』　講談社学術文庫．
フロイト, A.　1996／黒丸正四郎・中野良平 訳　1982　『自我と防衛機制』（アンナ・フロイト著作集第2巻）　岩崎学術出版社．

1章の引用・参考文献

フロイト, S. 1975 『終わりある分析と終わりなき分析』（フロイト著作集） 人文書院.

古村竜也 2000 『図解 深層心理分析マニュアル』 同文書院.

浜川祥枝・生松敬三・馬場謙一・飯田 真 編 1978 『フロイト精神分析物語』 有斐閣（有斐閣ブックス）.

ジョーンズ, E. 1961／竹友安彦・藤井治彦 訳 1964 『フロイトの生涯』 紀伊国屋書店.

菊地孝則 1993 「わかりやすい精神分析療法(3)——診断面接と治療への導入」 心身医療, 5.

クリュル, M. 1979／水野節夫・山下公子 訳 1987 『フロイトとその父』 思索社.

前田重治 1985 『図説 臨床精神分析学』 誠信書房.

前田重治・小川捷之 編 1981 『精神分析を学ぶ』 有斐閣（有斐閣選書）.

丸田俊彦 1986 『サイコセラピー練習帳——グレーテルの宝捜し』 岩崎学術出版社.

妙木浩之 2000 『フロイト入門』 筑摩書房（ちくま新書）.

中西信男・河西真記子・松山公一 1997 『精神分析的カウンセリング』 ナカニシヤ出版.

名島潤慈・鑪幹八郎 1990 「精神分析学」 小此木啓吾・成瀬悟策・福島 章 編 『心理療法1』（臨床心理学大系7） 金子書房.

小此木啓吾 1973 『フロイト——その自我の軌跡』 日本放送出版協会（NHKブックス）.

小此木啓吾 1989 『フロイト』 講談社（講談社学術文庫）.

小此木啓吾 1990 「治療構造論」 小此木啓吾・成瀬悟策・福島 章 編 『心理療法1』（臨床心理学大系7） 金子書房.

小此木啓吾 2002 『フロイト思想のキーワード』 講談社（講談社現代新書）.

小此木啓吾 編集代表 2002 『精神分析事典』 岩崎学術出版社.

牛島定信 編 1995 『フロイト入門』（こころの科学61） 日本評論社.

鑪幹八郎 監修 1998 『精神分析的心理療法の手引き』 誠信書房.

2章

こころの探求のその後（1）
フロイトからの分派

　フロイトの生み出した精神分析は，19世紀後半という時代の一大精神思想といわれても過言ではないものであった。精神分析は，それまでの宗教，政治思想，哲学にとって変わって，科学が，新しいもの，よきものを発見し，未来を約束するのではないかという強い期待を時代的背景として生まれた。しかし，精神分析には常に無理解と批判が向けられ，絶え間ない攻撃を受けてきた。それらは，学問的な批判に限らず，政治的な迫害も含んでいた。なぜなら，フロイトをはじめとして，その弟子のほとんどは，ユダヤ人であったために，常にナチスから迫害を受ける対象であったからである。そのためほとんどの精神分析学者は英米へと移住・亡命し，精神分析は新たな発展を遂げることになった。そこで，精神分析の歴史は，フロイトのウィーン時代と，ナチスの迫害から逃れてロンドンへ亡命した以後の展開となる英米時代に分けることができる。

　現代におけるフロイト以後の精神分析は，フロイトの知性と意志をよりどころにした「自我」を中心におく個体論から，相互関係を重視した理論へと変遷し，発展してきている。

　フロイトにつづく精神分析の発展は，次の二つの流れに大別できる。その第1は，アドラーとユングに代表される「性」を根底に据えたフロイトの考えに意義を唱えて，フロイトから分派していく流れである。第2は，M. クラインやD. W. ウィニコットなどのように精神分析の枠内にあって，フロイトの考えを批判・修正して，より新しい精神分析の発展を目指す流れである。

　この章では，フロイト以降の精神分析の展開について，第1の流れであるアドラーとユングを取り上げ，その考え方について概観してみよう。

2-1　A. アドラー——劣等コンプレックスと権力への意志

　科学的な法則の発見と異なり，精神分析や臨床心理の学説は，その発見者の個性や生活史が，その学説に大きな影響を与えている場合が多くある。アルフレッド・アドラー（Alfred Adler）の学説も，彼が生まれつき病弱で，佝僂病のために4歳まで歩けなかったという身体的な劣等感が反映しているといわれている。

　1910年当時，フロイト（S. Freud）は性衝動の抑圧が神経症の病因であると考えていた。それに対して，アドラーは，人間を駆り立てる基本的衝動は，性衝動よりもむしろ劣等感を克服しようとする権力への意志であり，神経症の病因は，性的本能ではないことを主張した。彼は，精神分析の世界で，性的でない要因が神経症の病因となることを指摘した最初の人であった。

　劣等感を引き起こすものは，身体障害や病弱といったこととは限らない。大人に対する子どもの小ささや無力さ，男性に対する女性の肉体的弱さ，社会的地位の劣等さなど，人間はもともと弱く，不完全な存在で，それらを克服してより強く，完全になろうとする意志があるという。それらの劣等感を私たち人間はそれぞれ独自のやり方で克服していき，それが基礎となって成人後の性格が形成される。アドラーによると，一般に神経症者は劣等感にとらわれていて，現実に根ざした適切な生き方ができなくなっている。そこで，その人の問題となっている劣等感の源泉を突き止め，いかに誤った目標のもとに生活しているかをわからせ，適切な目標のもとに生活できるよう再教育することが重要であると考えた。

　フロイトから離反後のアドラーは，自らの学説を精神分析とは区別して「個人心理学」とよんでいる。

2-2　C. G. ユングと分析心理学

　1906年，カール・グスタフ・ユング（Carl Gustav Jung）は，著書『診断学的連想』をウィーンのフロイトに送った。このときから文通が始まり，1907年，両者は初めて会い，いきなり13時間も会話を続けたという。二人は急速に親しくなり，フロイトはユングを息子のようにかわいがり，ユングはフロイトを父親のように慕った。しかし，1912年，ユングがその著書『リビドーの変遷と象徴』でフロイトを批判。1913年，フロイトからの絶縁状をユングが

受け取り，二人の仲は決裂した。

　双方の立場には，はじめから根本的な相違があった。その相違の一つは，フロイトがリビドーを性的なものに限定したのに対し，ユングはもっと広い意味での心的エネルギーとして考えたことであった。二つめの違いは，無意識についてである。フロイトが個人的なものととらえていたのに対し，ユングは無意識を2層に分け，個人的無意識と普遍的（集合的）無意識を仮定したことである。両者の違いは，フロイトが主に神経症者を，ユングが精神分裂病者を，その治療対象としていたことから生じているともいわれている。

❏ ユングの臨床的着想

　ユングが，勤務していたスイス，チューリヒのブルクヘルツリ精神病院でのことだった。分裂病と診断され，長年入院している一人の老女がいつも同じように手と腕を動かしていた。当時，その奇妙な動作も，分裂病の一つの症状であるわざとらしい常同行動と考えられ，彼女がなぜそうするのか，何を意味しているのか考えられることはなかった。老女が亡くなり，その兄から，若いころ靴屋に恋して捨てられてからおかしくなり，それ以来ずっと靴をつくる動作をくり返していることをユングは知った。

　また，「抑うつ的性格を伴う分裂病」と診断された30代の女性が入院していた。ユングが主治医となり，当時彼が関心をもっていた言語連想検査を施行した。言語連想検査とは，100の連想語一つずつに対して，思いつく単語をできるだけ早く答えさせることを2回くり返して，その反応時間を測るものである。被験者は感情的に無関心な刺激語に対しては，すばやく「反応語」を答え，刺激語が何らかの被験者にとって感情的な意味をもっていると，口ごもったり，返答に困ったりとか，何らかの動揺のために「反応時間」の遅れが起こる。このことを指標に被験者の気づいていない無意識，すなわち，被験者も気づいていない感情的なわだかまりが何であるかについての示唆を得ることができる検査法である（表2-1参照）。

　言語連想検査の結果と彼女の夢から，昔，好きだった男性ハンスから好かれていないと思って別の男性と結婚したところ，ハンスも実は彼女を好きだったことを知り，抑うつ症状に陥ったことが明らかになった。その後すぐに自分の子どもが死んでしまった。ところが，子どもの死の原因が，汚水の入った風呂の水を飲むのをやめなかったことにあると彼女は自覚していなかった。それは，結婚のあらゆる痕跡を消し去って，かつて恋した相手のために自由であり

表2-1 ユング連想検査の刺激語 (河合, 1967)

1. 頭	21. インキ	41. 金	61. 家	81. 礼儀
2. 緑	22. 怒り	42. 馬鹿な	62. 可愛い	82. 狭い
3. 水	23. 針	43. ノート	63. ガラス	83. 兄弟
4. 歌う	24. 泳ぐ	44. 軽蔑する	64. 争う	84. 怖がる
5. 死	25. 旅行	45. 指	65. 毛皮	85. 鶴
6. 長い	26. 青い	46. 高価な	66. 大きい	86. 間違い
7. 船	27. ランプ	47. 鳥	67. かぶら	87. 心配
8. 支払う	28. 犯す	48. 落ちる	68. 塗る	88. キス
9. 窓	29. パン	49. 本	69. 部分	89. 花嫁
10. 親切な	30. 金持ち	50. 不正な	70. 古い	90. 清潔な
11. 机	31. 木	51. 蛙	71. 花	91. 戸
12. 尋ねる	32. 刺す	52. 別れる	72. 打つ	92. 選ぶ
13. 村	33. 同情	53. 空腹	73. 箱	93. 乾し草
14. 冷たい	34. 黄色い	54. 白い	74. 荒い	94. 嬉しい
15. 茎	35. 山	55. 子ども	75. 家族	95. あざける
16. 踊る	36. 死ぬ	56. 注意する	76. 洗う	96. 眠る
17. 海	37. 塩	57. 鉛筆	77. 牛	97. 月
18. 病気	38. 新しい	58. 悲しい	78. 妙な	98. きれいな
19. 誇り	39. くせ	59. あんず	79. 幸運	99. 女
20. 炊く	40. 祈る	60. 結婚する	80. うそ	100. 侮辱

　一応，ユングの用いていたものを訳したが，名詞を形容詞にするなど，やむなく品詞を変えたものがある。なお，こうしてみると文化的な差によって，わが国で用いるのが不適当なものがある。たとえば93の乾し草などで，これはたんに草としたほうがいいだろう。また，85は，こうのとりで，これはこうのとりが赤ちゃんを持ってくるお話は，ヨーロッパであれば誰でも知っているためであるが，一応，鶴に変えておいた。なお，英語のものは，文化差を考慮してドイツ語のときは少し変えてある。わが国でも，もし本格的に使用するときは，不適当なものは変えるべきであると思う。

たいという無意識の願望からの行動であり，子ども殺しを自覚する代わりに重い抑うつとなって自分を罰していることをユングは見いだしたのである。

　以上のようなユング自身の経験から，彼は精神分裂病者の妄想や幻覚内容を病的なものとして片づけてしまうのではなく，積極的に了解しようと試み，「診断は患者の役には立たない。決定的なものは物語である。何故なら，それだけが人間の背景と苦しみを示し，その点においてのみ医者の治療が作用し始めることが可能となるからである。」(『ユング自伝』より)と考えた。

❏ ユングの神経症理論——タイプ論とこころの補償理論

　ユングの神経症理論は，一般に神経症が劣等なものとされるのに対し，ポジティブな面を指摘し，人格の完成を目指すという目的性を見いだしたたいへん

ユニークなものである。ユングは，神経症にはフロイトのいう性理論で了解され治療可能なものがあり，アドラーの説く力への意志理論で了解でき，治療可能なものもあることを認めていた。その上，さらに神経症には他にも発症の基盤や意味があることを主張した。特に彼は，「神経症がなぜいまここで発症したか」を問題にした。なぜなら，フロイトのいうように神経症の原因のすべてが過去の体験によるものであるなら，なぜいま神経症が起こらねばならないかが説明できないからである。ここでユングは二つの独創的な考えを提出した。それが「タイプ論」と「こころの補償理論」である。

「タイプ論」は，なぜフロイトとアドラーがそれぞれ神経症を「性」と「権力への意志」という二つの異なる観点で説明したのかという疑問から発生した。ユングはその解答を，人間の基本的態度の相違を表す「タイプ論」で説明した。つまり，人には，関心や興味が外界の事物や人に向けられ，それらとの関係や依存に関心が向かいやすい人と，関心が自分のこころの世界に向きやすい人がいることに注目し，前者を「外向的」，後者を「内向的」とよんで区別した。こう区別したことで，ユングはフロイトとアドラーの見方の違いへ解答を得ることができたのである。すなわちフロイトが，理論の中心を周囲とのかかわり，とりわけ幼児期の両親とのかかわりにおいたのは，彼が「外向的」な人間であったためであり，アドラーが，自らのこころの内に潜む「権力への意志」ないしはその裏返しの「劣等感」に目を向けたのは，彼が「内向的」な人間であったためであるとユングは考えたのである。

また，以上のような一般的態度とは別に，ユングは，個人がそれぞれ得意とする心理機能をもっていると考え，「思考」「感情」「感覚」「直観」の四つの機能を想定した。たとえば，絵を見て何派の絵なのか，誰の影響を受けたのかなどと考えるのが思考タイプで，感情タイプの人は好きか嫌いか，あるいは快か不快を言い，感覚タイプの人は絵の色や形について的確に把握し，直観タイプの人は絵を見ていて突然何か他のことを思いついたりする人である。図2-1に示すように，思考-感情と直観-感覚がそれぞれ対立関係にある。したがって，思考機能がよく発達する人は，その対極にある感情機能が発達しにくく，逆に，感情機能がよく発達する人は，思考機能が未発達になりやすいという関係になると考えたのである。感覚と直観も同様の関係にある。このように人が得意とする心理機能を主機能，それに対立するものを劣等機能という。なお，劣等機能は弱いということではなく未分化ということである。ユングは，二つの一般的態度と四つの心理機能を組み合わせて，次の8タイプを想定した。

2-2 C.G.ユングと分析心理学

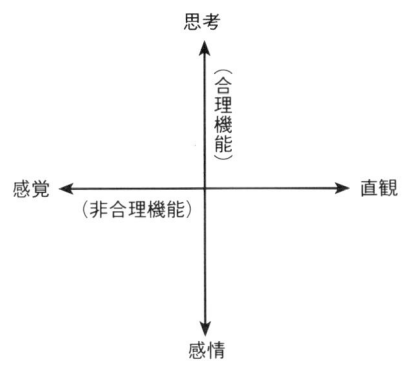

```
         思考
          ↑
       （合理機能）
          │
感覚 ←─────┼─────→ 直観
       （非合理機能）
          │
          ↓
         感情
```

図2-1 四つの機能（山中，2001）

▶ **外向的思考タイプ**——感情を押し殺して，気持ちよりも客観的事実を重視してものごとを判断する。創造的な考えよりも，常識的な判断に頼りがちである。

▶ **内向的思考タイプ**——知識を身につけることより，新しい見解を見いだすことが得意である。しかし，独創的ではあるが，ひとりよがりになりやすい。

▶ **外向的感情タイプ**——自分の気持ちに従ったふるまいが周囲と調和する社交的な人であるが，それが過ぎると主体性や個性を失うおそれがある。

▶ **内向的感情タイプ**——「静かな水は深い」という言葉がぴったりの人で，外見は控え目で無感情のようだが，深い同情や細やかな感情をもつ。

▶ **外向的感覚タイプ**——リアリストで，気楽な，そのときその場の楽しみを享受する人。

▶ **内向的感覚タイプ**——非社交的で適応するのに困難を感じやすい。外界からの刺激そのものより，それによって引き起こされる主観を重視する。

▶ **外向的直観タイプ**——現実の価値ではなく，可能性を求めて行動する。着想はいいが，持続力に欠けるので中途半端になりやすい。

▶ **内向的直観タイプ**——内向的感覚タイプ同様，外界に適応しがたい人。外界の出来事に無関心で，自分のこころの内の可能性を追求し，周囲からみると不可解で理解しがたい。

ユングは，フロイトとアドラーとの対比についての考察から，どちらの考えも相手の考えを排除しているゆえに一面的だが，両方の理論とも一理があると考え，次のような結論を導き出した。意識的態度に存しないものは，無意識のなかに認められ，夢や空想の分析から内向性には外向性が潜在し，その逆も同様である。すなわち，意識と無意識は互いに影響を及ぼし合って平衡を保つよう補償し合っていると考えたのである。そこで，それぞれ意識と無意識に対応するように内向-外向の基本的態度と主機能-劣等機能は相補的なはたらきをするというこころの補償理論を提唱したのである。また，ユングの分析心理学では，自我（ego）は個人の意識の中心であり，無意識と相補的関係をもち，意識（自我）と無意識を包括した全体としてのこころの中心を自己（self）とよんでいる。一般に人は，自我の得意な分野，機能を発達させながら成長する。その成長は，他の機能が常に相補することで発達している。それがうまくはたらかないとき，すなわち，自我が一面的になって，現在の環境や状態に適応できなくなったとき，たとえば，その人の主機能の発達が妨げられていたり，素質からいえば，せいぜい第2か第3の機能が無理やり主機能となってはたらいているようなときに神経症は発生するという。つまり，一方的に抑圧された側面が大きな感情を伴うコンプッレックスを形成し，それがその時点で意識を脅かして自我の座にとって代わることにより神経症となるとユングは考えたのである。以上のように考えると，神経症の発症理由として，現在の状況に適応できないことが加味され，神経症の原因を過去の問題に求めるフロイト理論では答えられない「なぜ，いまここで」神経症が発生するのかという疑問への答えを得ることができるのである。

　そしてまた，もし，そのときに心理療法家の協力を得て立ち向かい，神経症を克服できれば，人格の発展が起こり，それまでの一面的な生き方から，全体性へ向かって志向する人間，すなわち，そこにはユングのいう「自己実現」の発展をみるという神経症のポジティブな意味も込められているのである。

❏ 普遍的無意識と元型

　ユングは，無意識の研究を続けていくうちに，コンプレックスの背後にさらに深い層があると考えるようになった。そこで，無意識を層に分け，個人的無意識と普遍的無意識とに区別した。ただし，フロイトが「無意識」を原始的，衝動的で混沌としている領域だと考えたのに対し，ユングは，無意識は自然であり，一定の秩序があり，目的性や創造的な意味があると考えた。個人的無意

識は，個人の成育史や記憶に帰することのできるものであり，普遍的無意識は，人類が連綿と受け継いできた心的内容をいい，人類が種として生得的にもっている認識の傾向や，行動のパターンが蓄積されている。夢の分析や心理臨床では，神話のモチーフや物語の構造，人間関係のパターンなどに時代や民族を越えた一定の型があることによく出会う。普遍的無意識のなかに存在する，こうした生得的なパターンを発現させる傾向を，元型とよぶ。ユングが元型として取り上げたもののうち，特に重要なものには，ペルソナ，影，アニマ，アニムス，自己，太母，老賢者などがある。元型はファンタジーのなかの，イメージに間接的に現れてくるものであり，直接知覚することはできない。イメージから元型を見いだしてきたための方法の一つが，拡充法（サイコセラピー練習参照）といわれるものである。

2-3　サイコセラピー練習

☐ 心理療法――ユング心理学技法体験

　ユングはフロイトと決別してから，深刻な心理的な危機に陥りました。そこから回復するために，ユングは少年のころの建築遊びに没頭したり，次々と浮かぶファンタジーを記録したり，絵に描いたりしていきました。その過程で，しだいにユングは，情動をイメージに翻訳できればこころが静まっていくことを見いだしていったのです。その経験をもとにして，ユングは，人のこころについての見方を深め，心理療法における技法についても確立していったのです。ここでは，拡充法とよばれる夢分析を行なうときに用いられる方法を体験してみましょう。

　さあ，あなたも夢の意味を探るユング心理学の技法を身につけるために，サイコセラピー体験へ出発GO！

◆ 練習問題　　拡充法――夢の意味を深める技法

　最近見た夢で印象に残っている夢，あるいは子どものころ見た夢で，いまだに忘れられない夢があったら，何か一つ紙に書いてください。

　その夢から連想できることを書いてもらいますが，次の二つのやり方で連想してください。

　　▶ 見た夢のイメージAから始まって，A→B→C→Dと連想を深めて，行き着いたその夢の隠された意味を探ってみましょう。

▶夢は何かを隠しているのではなく,あなたのこころの中で生じているドラマの表現です。夢の主題をめぐって,さまざまな方向に膨らませてみてください。

いくつもの連想が描けるのではないでしょうか？

それらの連想から,最近の自分,あるいは夢見たころの子ども時代の自分と照らし合わせながら,その夢が自分に何を伝えようとしているのか考えてみましょう。

◆ まとめ

最初の連想の仕方は,フロイトの夢分析における連想法です。フロイトは,夢は日中満たされなかった願望を充足するために見るものと考え,夢分析では,超自我の検閲のために圧縮されたり置き換えられたりしている,隠された内容を読み解くことが重要と考えました。そのため,フロイトの連想法では,夢で見たAというイメージから出発して,夢を見た人が思いつくままにA→B→C→Dと連想を重ねて自由連想を深めていくことでした。そして,心理療法家の仕事は連想の流れが行き着いた先で,夢の隠された意味を探り,それを解釈していくことになります。

第2の連想の仕方は,拡充法というユング派に特徴的な夢分析のやり方です。ユングは,無意識をフロイトのような抑圧された願望の集積ではなく,普遍的無意識という深い層をもつものと考え,夢を一面的な自我のあり方に対する補償や元型の表現と考えました。そのためユングの連想法は,その隠された意味を探るのではなく,夢の意味を深めることを目的とします。その方法が拡充法とよばれるもので,夢の主題をめぐって,夢を見た人の連想を聞きつつ,心理療法家が神話や昔話などの知見を交えて,その主題を普遍的なものに基礎

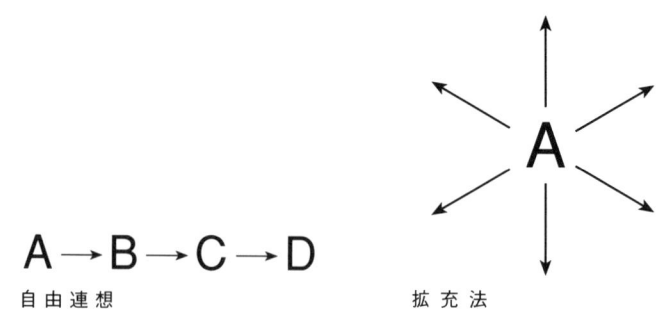

A→B→C→D　　　　　A
自由連想　　　　　拡充法

図2-2　連想の二つの方法 (山中, 2001)

づけていく作業を行なっていきます。その際，図2-2のように，連想は直線的にたどられるのではなく，Aという主題をめぐって行なわれ，一つのイメージを深めていくところに特徴があります。

◆◇◆◇◆ 2章の引用・参考文献 ◆◇◆◇◆

ヤッフェ 編　1963／河合隼雄 他訳　1972　『ユング自伝』(I)　みすず書房.
ヤッフェ 編　1963／河合隼雄 他訳　1973　『ユング自伝』(II)　みすず書房.
河合隼雄　1967　『ユング心理学入門』　培風館.
荻野恒一・相場　均 監修　1979　『現代精神病理学のエッセンス』　ぺりかん社.
山中康裕 編　2001　『ユング』　講談社（講談社選書メチエ）.
氏原　寛・小川捷之・東山紘久・村瀬孝雄・山中康裕 共編　1992　『心理臨床大事典』　培風館.

3章

こころの探求のその後（2）
フロイト理論の発展と修正

　精神分析はフロイト以後，大きな発展を遂げて現在に至っている。基本的な流れの姿勢としては精神分析の枠内にあって，フロイトの精神分析を批判・修正しながら，新しい観点を導入して，より新しい精神分析の発展が目指されてきている。そして，その流れには，フロイトの忠実な継承を目指している流れ（たとえば，自我心理学派）とフロイトに欠けた観点を導入し，積極的に問題点を修正していく立場（ネオ・フロイト派，対象関係学派）がある。ここでは，最近大きな影響を与え始めた対象関係論学派に入るメラニー・クライン（Melanie Klein）とドナルド・W・ウィニコット（Donald W. Winnicott）を取り上げ，簡単に彼らの考え方を概観してみよう。

3-1　M. クラインに始まる対象関係論

　対象関係学派というのは，一般にイギリス学派の理論的視点を表し，広義にはクライン派の理論的視点と独立学派であるフェアバーン（D. Fairbairn）とウィニコットの理論を代表している。

　現代のイギリスにおける精神分析に大きな影響を与えたクラインは，ユダヤ人の医者の末娘として，1882年ウィーンに生まれた。結婚して3人の子どもを生んだ後にフロイトの著作に接して，精神分析を本格的に学び始め，まずフェレンツィ（S. Ferenczi）から，次いでアブラハム（K. Abraham）から教育分析を受けた。そのこともあって当時，アブラハムが研究していた乳幼児の内的世界についての影響を受け，クラインが幼児と母親との関係性に着目した，

3-1 M. クラインに始まる対象関係論

きわめて対象関係的な視点を展開していくことは必然的なことでもあった。

その後，クラインはアブラハムから指導を受けながら，それまであまり研究されていなかった幼い子どもに遊戯療法を用いた精神分析を手がけ，フロイトの理論を受け入れながらも，より早期の母子関係に注目して，パーソナリティの基本構造や対人関係パターンなどについて独創的な理論を構築していった。

一方，フロイトの末娘で自我心理学の代表的な指導者であるアンナ・フロイト（Anna Freud）も児童分析を行なっていた。もともと成人の神経症者を対象に始められた精神分析の技法を児童に用いるには，クラインも A. フロイトも何らかの修正が必要と考えた。そこで，児童には成人のような言語表現やコミュニケーション能力がまだ備わっていないため，自由連想法を用いることはせず，児童との遊びを介して心理療法家との交流を図る方法である遊戯療法を行なったのである。しかし，その実践にあたっては内容的に大きく異なり，双方で激しい論争となった。A. フロイトが，現実的・支持的な見地から分析治療の前提条件として，子どもの超自我形成は4歳以後であると考え，子どもへの教育的配慮を強調し，親の協力と正しい指導が必要であることを強調した。それに対して，クラインは，子どもは自分の不安や幻想を言葉よりも遊びに表現し，自由遊びを自由連想のように扱い，表現の象徴性を重視し，子どもに遊びの意味の解釈を与えることを行なった。つまり，クラインは子どもとの間でも精神分析的関係が形成できると考えたのである。

ここでは，もう少し詳しくクラインの遊戯療法について解説してみよう。クラインの基本的な考え次のようにまとめられる。

- ▶ 児童の遊びや言語内容は，成人の自由連想と同様に，象徴的に分析家が中立性を保ちつつ解釈することができる。
- ▶ 分析家が児童にとって現実的に有用な存在であることなどといった特別な導入技法を用いる必要はない。
- ▶ 成人同様，子どもも分析者に対して感情転移が成立する。
- ▶ そのため，家族の治療参加も特に必要ではない。

というもので，クラインは，幼児の心的世界はそれまで考えられていたよりもはるかに活発なものであり，それを手がかりに治療を進めることができることを明らかにした。その結果，彼女は，幼児のこころの発達には，象徴作用が重要なはたらきをしており，2，3歳児には，すでにエディプス・コンプレックスがみられ，超自我が形成されることを見いだした。また，幼児の内的世界に注目し（内的対象），それがきわめて主観的な世界（幻想）であって，幼い子

コラム　遊戯療法

　お母さんが子どもに,「あなたは遊んでばかりいてしょうがないわね」とか「遊ぶ前に〇〇しなさい」って怒鳴っている姿を見かけることがあります。まるで,遊ぶことは,子どもの生活にとって悪いことのように思っているお母さんっているんじゃないでしょうか？

　ところが,子どもにとって遊ぶことの意味は,息をするのと同じくらい大切で,遊ばないあるいは遊べない子どもは,自然な成長ができないといっても過言ではないくらいです。つまり,遊ぶこと自体が子どもを自由にさせ,感情をあるがままに表現することで,イメージを広げ,自分の行動の意味を知り,外界の現実社会を豊かに受け入れることができるようになる,つまり子どもの成長や発達を促進させるものなのです。この遊びを子どもの心理療法として,用いるのが遊戯療法といわれるものです。遊びそのものに治療的意味合いや働きがあるのは事実ですが,遊戯療法という以上は,遊びの場にセラピストが存在し,ある場合にはその場の指導者になったり,傍らで静かに安全を確保する役割を果たしているときもあります。そして,子どもの自主性や自律性を重んじつつ,セラピストと子どもの心理的関係を基盤として,子どもの内面にあるさまざまな葛藤を遊びを通して外に映し出すきっかけをつくり,セラピストはそれがうまく進むようサポートし,エネルギーを与え,それらすべてを統括していく役割を担うのです。

　ここでは,この章で説明した精神分析の考え方に立ったA.フロイトやクラインとは視点を変えて,遊びを通した子どもの自己治癒力を最大に生かすために,アクスライン（Axiline, V.）が考えたプレイ・セラピストに必要な8原則をあげます。アクスラインは,クライエント中心療法の創始者であるカール・ロジャース（Carl Rogers）の考え方を取り入れ,より効果的な条件がそろえば,子どもは自ら成長していくものであると考えた。

　▶ セラピストは子どもと温かく友好的な関係をつくり,できるだけ早くラポートをつくる。

　▶ 子どものあるがままを受け入れる。

　▶ 子どもとの関係の中に自由な雰囲気をつくり,そこに感情を自由に表現させる。

　▶ 子どもの感情を読み取り,それを子どもに返すことによって,子どもが自分の行動に意味を知るようにする。

　▶ 子どもは自分で自分の問題を自ら解決し,成長していく能力をもっていることを知るようにする。

> ▶ 子どものすること，言うことをセラピストはじゃましない。子どもが率先し，セラピストはそれに従うこと。
> ▶ 治療はゆっくりとした歩みをもつものであるから，それを早めようとしないこと。
> ▶ セラピストの制限は次のようなものにとどめる。治療を現実の世界にとどめさせるのに必要なもの，治療関係の中で子どもがもつべき責任を忘れさせないようにするもの，などである。

どもの遊びによって表現されていく世界は，サディズムに満ちていて，原始的な対象世界であると考えた。

❏ クラインの対象関係理論

自我心理学派が，客観主義的に外的現実としての環境の意義を重視するのに対して，クライン派は，ひたすら無意識の世界を探求していくという特徴がある。こうした内的世界をより重視していくという見解は，クラインが1926年ロンドンに移住し，心理療法家のみならずウィニコットに代表される児童精神科医にも大きな影響を与えていった。1932年に『児童の精神分析』を刊行し，実際の臨床例を用いながら，児童分析の技法，早期エディプス・コンプレックスなどの基礎概念を明らかにした。さらに1935年に「抑うつポジション」，1946年に「妄想分裂ポジション」というクラインのオリジナルな心的発達の概念を提案していった。クライン自身は，フロイトの厳密な継承者であると考えていたようだが，彼女の理論にはフロイトの生理生物学的な側面はほとんどみられず，精神力動的で内的な世界を尊重し，父親優位の理論だったフロイトの考えに対し，母子関係を重視している。

◆ 妄想分裂ポジション

クラインによると，人間の最も早期の対象関係を特徴づけるのは，生後3，4か月ごろの乳児にとって，母親を全体的にとらえることができず，母親の乳房としか関係をもてない（部分対象関係）ことをめぐるものであるという。この時期をクラインは妄想分裂ポジション（paranoid schizoid position）と名づけ，精神分裂病や分裂パーソナリティは，このポジションの問題であると考えた。このポジションという概念は，人格の発達は段階や時期といった言葉で表現されるように，はっきりとした区別をもって発達していくものではなく，不安，衝動，防衛規制などのさまざまな関連によって変動，進展していくもの

で，ある時期を過ぎれば次の段階に移るというものではなく，状況によってはすぐこのような構えが生じてくるという点を強調して使い，ポジションという概念を発展させている。

このころの乳児にとって母親という一人の人物は存在せず（部分対象），物理的にいえば「乳房」との関係が乳児のこころの世界にきわめて象徴的な意味をもつという。そのうえ，時間的感覚も未熟で，欲求不満に耐える能力も低く，乳児は子宮内状態の喪失や身体的欲求の挫折による苦痛，母親からの授乳や温かさなどの刺激にさらされ，快・不快がめまぐるしく変化する。

そういう状態の中で，乳房が自分の欲求を充足させてくれるときはよい対象（good object）だが，それがいつも与えられるとは限らず，自分の欲するもの（乳房）を所有しているのに与えてくれない，あるいは与えようとしない悪い対象（bad object）に向けられる激しい怒りと欲求不満の感情が出現する。その自分の攻撃衝動を投影して，怒りと欲求不満は悪い対象（母親・乳房）から生じていると考え，それが母親と自分の双方を破壊してしまうのではないかと恐れるようになる。この恐怖を処理するために，対象および自己の分裂が起こる。すなわち，欲求充足の体験に関係してできる対象はよい対象（good object）で，それに対応するのはよい自己（good self）であり，欲求を充足できない体験に関係してできる対象は悪い対象（bad object）で，それに対応するのは悪い自己（bad object）であり，それらによって破壊されてしまうのではないかという迫害的な不安を防衛するために，本来は統合された一存在である対象，および自己を別個の存在として認知するのである。

発達のさまざまな状況が，適度に好ましいものであれば，乳児は外的なよい対象から与えられる満足に支えられ，徐々によい対象やよい自己が，悪い対象や悪い対象よりも強いものだと感ずるようになり，分裂状態を切り抜けていくと考えた。

◆ 抑うつポジション

生後4か月から6か月ごろからよい対象との同一化により，しだいに自分の自己が強いものであると感じられるようになってくると，分裂状態は減少し，自己および対象が統合に向かう力が優勢となってくる。そこで新しい発達段階である抑うつポジションが生起してくる。すなわち，幼児は母親を全体対象として認知できるようになり，対象のもつよい側面と悪い側面，愛すべき側面と憎むべき側面とが接近し，自分が攻撃性を向けていた対象と，理想化して愛情を向けていた対象とが同じ対象であったことに気づいていくのである。しか

し，攻撃性が愛する対象に向かうように感じられるということは，愛する母親を傷つけ，破壊することになり，今度は愛する対象を失うのではないかという恐怖や深刻な罪悪感，抑うつ的な不安が生じてくることになる。そこで幼児は自らの攻撃性を抑制しようとする。このように幼児は自らの両価性に直面するが，自己の衝動や対象の回復力を理解することによって，現実検討力を増大させ，抑うつ的ポジションを通過できると，さらに自我は統合され進展していくとクラインは考えたのである。

3-2 遊びのもつ創造性に注目した D. W. ウィニコット

　ウィニコット（D. W. Winnicott：1896〜1971）は，イギリスのプリマスに，裕福な商人の家庭に二人の姉をもつ3人きょうだい末子の長男として生まれた。父親は後にプリマス市長に選ばれ，ナイトの称号を得るほどの人であった。ウィニコットはケンブリッジ大学卒業後，小児科学を専攻し，2, 3の病院を経て，ロンドンのパディントン・グリーン小児病院に医長として着任した。以後40年間，同病院に勤務し，6万例を超える小児とその家族に接したという。彼の精神分析とのかかわりは，アーネスト・ジョーンズの紹介で1923年からストレイチー（J. Strachey）の教育分析を10年間にわたって受け，後にクラインから5年間スーパービジョンを受けたことに始まる。その後，彼は精神分析の児童精神医学への応用を普及させ，小児科医としても，精神分析家としても確固たる地位を築いていった。しかし，彼はクライン派に属することなく，独自の理論や観点を展開した。

　彼の理論の独創性は，彼が精神分析医であると同時に小児科医でもあったことと，正統的精神分析理論とクライン理論を学んだことによる。彼は，父，母，幼児の三者関係については，フロイトのエディプス・コンプレックスを，母と幼児の二者関係についてはクラインの抑うつポジションを全面的に認めたうえで，早期幼児期の母子関係の発達である，一者関係および一者関係から二者関係への移行期の世界の解明に努めた。次に，彼が構築した独創的な理論を紹介してみよう。

❏ 幼児が正常に発達するための環境

　ウィニコットは，恵まれない多くの子どもたちを世話するなかで，幼児が正常に発達していく環境を重視し，環境側の要因としての「母性的かかわり」を

論じ，その重要性を説いた。母性的かかわりが適切にできる母親を彼は，「ほどよい母親」（good enough mother）とよんだ。このほどよい母親とは，生後数週間育児に没頭でき，乳児の必要を感じとり，それに応えられる平均的で平凡な母親をさし，幼児の能力が徐々に身についくるに従って，しだいに母性的なかかわりを加減しながら手を引いていくことができる母親を意味している。

「ほどよい母親」としての「母性的かかわり」を，彼はおおむね「抱っこ」（holding），「あやし」（handling），「対象呈示」（object presenting）の行為とあり方に集約し，その大切さを指摘した。

▶ **抱っこ**——幼児の絶対的な依存段階において抱っこは自分が「ある」こと，自分が「生きている」ことを感じさせるものである。やさしく支え守られることで，幼児は存在の確かさを自分のものにしていくのである。

▶ **あやし**——むずがったり，恐がったりする幼児を母親は「よし，よし」とあやし，なだめられることで，幼児は自身が自分の身体の中に生きているという身体感覚を自分のものとしていく。すなわち，自分自身で「いる」ことを促し，個としての存在性を確かめていくのである。

▶ **対象呈示**——幼児が自分で何か主体的な体験を始めようとするときに，言葉，態度，物などを差し出すことである。それによって，幼児の自分で「する」ことを促し，保証してやることができる。こうして幼児が，現実社会に開かれていくことができるのである。

❑ 外的現実への橋渡し

幼児が生後6か月ごろになると，毛布の切れ端やおもちゃなどに固執する現象にウィニコットは注目し，これらを「移行対象」（transitional objects）といった。このころ幼児は，母親が常に自分の欲求を満たしてくれるとは限らないし，常にそばにいてくれるわけでもないことを理解するようになる。そのときに幼児は，移行対象を緩衝材のように利用して，この分離体験を処理しようとするのである。幼児は，内的現実と外的世界の中間領域を橋渡すものとして，移行対象を母親の象徴とするものやその身体の一部として扱ったり，外界の対象の一部として扱ったりする。それらをくり返しながら，幼児は，自分が母親と同一であるという「錯覚」（illusion）と，自分が母親とは別の人間であるという「脱錯覚」（dis-illusion）の体験を通して，徐々に外的対象や現実の認識を深めていくという。

3-3　サイコセラピー練習

❏ 子どもと対話するめの技法

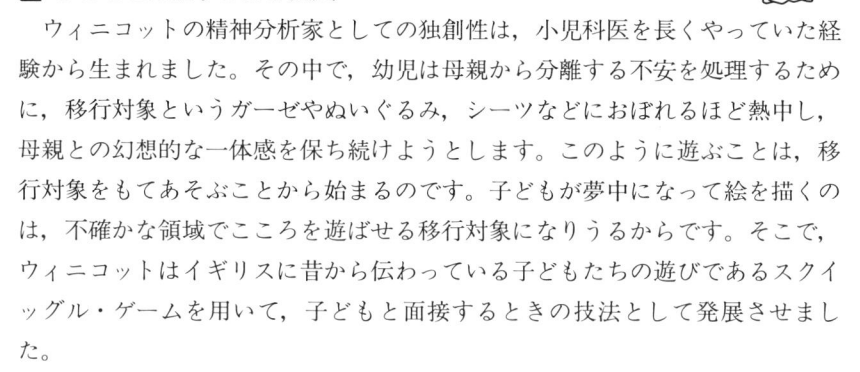

　ウィニコットの精神分析家としての独創性は，小児科医を長くやっていた経験から生まれました。その中で，幼児は母親から分離する不安を処理するために，移行対象というガーゼやぬいぐるみ，シーツなどにおぼれるほど熱中し，母親との幻想的な一体感を保ち続けようとします。このように遊ぶことは，移行対象をもてあそぶことから始まるのです。子どもが夢中になって絵を描くのは，不確かな領域でこころを遊ばせる移行対象になりうるからです。そこで，ウィニコットはイギリスに昔から伝わっている子どもたちの遊びであるスクイッグル・ゲームを用いて，子どもと面接するときの技法として発展させました。

　あなたもここで，スクイッグル・ゲームを用いて子ども（いない場合は誰でもよい）と対話してみましょう。さあ，サイコセラピー体験へ出発GO！

❏ スクイッグル・ゲーム

◆ 練習問題

　まず，あなたがA4程度の大きさの画用紙に1本および数本の曲線（好きな色のクレヨンでも鉛筆でもよい）を書いて，相手の人に投げかけてください。受け取った紙を見てもらい，相手の人（子ども）に，何か意味あるものになるように絵や線を加えてもらって下さい。今度はあなたがその絵に何かを加えて絵を描きます。これを何度か交互に2，3回くり返します。（紙は数枚使ってもかまいません。）

◆ まとめ

　これは，ウィニコットが子どもとの面接で，よく使ったといわれるスクイッグル・ゲームです。このスクイッグル・ゲームに関しては，ウィニコットの古典「子どもの治療相談」以外にあまり道しるべがありませんが，ウィニコットのやり方は，まず用紙に子どもの目の前で，なぐり描きをし，それを子どもの渡して「何に見えるか？」と問い，子どもが見いだしたものを加線してもらって完成させる。たとえば猫を見つけ出したなら猫の絵を，線を加えて完成してもらい，次は子どもの先に描いてもらったものに，面接者が線を加えて完成するということを何度かくり返すのです。

　ところで，描画法の中には，スクリブル（scribble）というものもあり，ス

クイッグル（squiggle）と混同されているように思います。ウィニコットのスクイッグルは、スクイッグル・ゲームの中で最初に投げかけるマークあるいは数本の不規則な線のことで，橋本（1987）は「走り書き」という訳をあてています。一方、スクリブルは、子どもの発達上みられる運動性の描画、すなわち「なぐり描き」に相当し、それには幼児にありがちなめちゃくちゃというニュアンスが含まれています。

ここでは、小児科医で子どもとコミュニケーションをとるためにスクイッグル・ゲームを用いている例を白川佳代子さんの本（2001）から引用して、スクイッグル・ゲームの例を紹介してみましょう。

母親の妊娠中に「カエルがくる，ヘビがいる」と突然脅えて泣く発作のために来院した3歳9か月の男児「ひろしくん」とのスクイッグル・ゲームを用いたやりとりです。

初回面接で緊張して不安げなひろしくんに、クレヨンと紙を並べながら「お絵かきしましょうか」と声をかけることから始まりました。そうすると、ひろしくんは水色のクレヨンで顔の絵を描き、「おかあちゃん」と答えました（図3-1）。2枚目も同じようにお母さんの顔を描いたので、面接をしている先生が桃色のクレヨンでメガネを描き加えました。実際にお母さんはメガネをかけていたからです（図3-2）。このようにして、スクイッグル・ゲームを始めていくのです。

絵に手を加えられたことを喜んだひろしくんは続けざまに4枚のお母さんの顔を描いていきました。その間、先生がメガネを描くとメガネを、髪の毛を描くと髪の毛を、というようにまねをして書き加えることをくり返したのです。そして4枚目の絵（図3-3）は、髪の毛のあるメガネをかけた実際の「おかあちゃん」そのものの絵となりました。つまり、ひろしくんの頭の中で思い描く「おかあちゃん」と、紙の上に描かれた「おかあちゃん」、さらに目の前にいる「おかあちゃん」が一致したのです。このように子どものこころの中にある「おかあちゃん」のイメージと現実の「おかあちゃん」の姿を一致させていくプロセスを通してひろしくんがまわりの世界を整理していっているということがわかります。

3-3 サイコセラピー練習

図 3-1 （白川，2001）

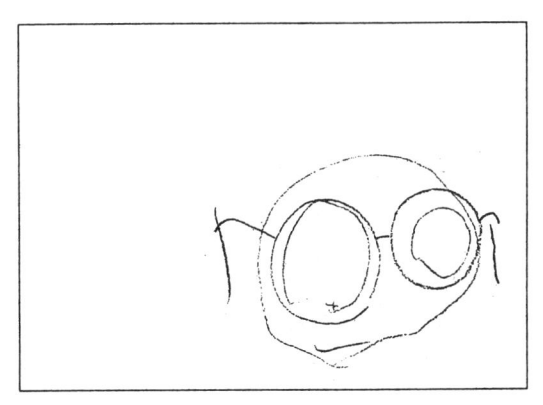

図 3-2 （白川，2001）

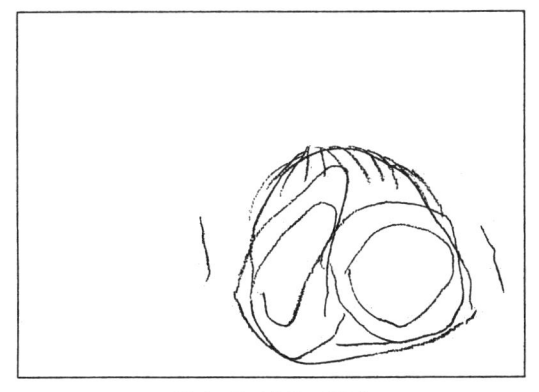

図 3-3 （白川，2001）

◆◇◆◇◆ 3章の引用・参考文献 ◆◇◆◇◆

福島　章 編　1996　『精神分析の知』　新書館.
衣笠孝幸　1999　「フロイト派——対象関係論」　氏原　寛・成田善弘 編　『カウンセリングと精神療法——心理治療』（臨床心理学①）　培風館.
前田重治　1994　『続 図説臨床精神分析学』　誠信書房.
小倉　清　1995　「プレイ・セラピィの基本的な考え方」　山崎晃資 編　『プレイ・セラピィ』　金剛出版.
小此木啓吾　1998　『現代の精神分析』　日本評論社.
スィーガル, H.　1974／岩崎徹也 訳　1977　『メラニー・クライン入門』　岩崎学術出版社.
白川佳代子　2001　『子どものスクィグル——ウィニコットと遊び』　誠信書房.
ストー, A.　1973／河合隼雄 訳　2000　『ユング』　岩波書店（岩波現代文庫）.
ウィニコット, D.W.　1971／橋本雅雄 監訳　1987　『子どもの治療相談①——適応障害・学業不振・神経症』　岩崎学術出版社.
ウィニコット, D.W.　1971／橋本雅雄 監訳　1987　『子どもの治療相談②——反社会的傾向・盗みと愛情剥奪』　岩崎学術出版社.

4章

人間関係を分析する

交流分析

　交流分析（transactional analysis）は，アメリカのエリック・バーン（Eric Berne）によって創始された心理療法の一つで，個人が成長し変化するためのシステマティックなアプローチに特徴がある。交流分析では，コミュニケーションを分析することで自分の問題に気づき，自分を変えることで真のコミュニケーションができることを目指している。

　ユダヤ系の医師であった父親と新聞の編集者で詩人であった母親との間に生まれたバーンは，10歳のときに父親と死別した後，父親と同じ職業である医師になり，1935年にカナダのマルギ大学から医学博士号を得て，バーンは精神分析に取り組み始めた。サンフランシスコ精神分析協会に籍を置いて分析医としての研鑽にいそしむかたわら，復員軍人病院にも勤務し，自宅での外来診療も行なっていた。この当時，バーンの希望と目標は，精神分析協会の会員になることだった。ところが，正統派精神分析を基礎にしているものの，複雑な人間のこころのしくみを理解するための単純化したバーンの考え方は危険だと批判され，1956年に精神分析協会への入会は却下されてしまう。このことをきっかけに，バーンは自ら交流分析という心理療法を創始したのである。交流分析は，精神分析の影響を大きく受けてはいるが，「誰にでも納得のいく治療法」を目指して，難しい理論をこねくり回すのではなく，クライエントにとって効果のあることを目標とした実際的な心理療法である。その効果は，実際にその恩恵を受けた多くの人たちによって立証され，交流分析学派としてバーン没後，現在も発展し続けている。しかし，早期の性格形成過程に問題のある人々には交流分析は大きな効果を期待することができないといわれている。以上のような背景をもつ交流分析についてここでは学んでみよう。

4-1 交流分析とは

　交流分析は，幼児期における性格形成の秘密を，自分自身で探りあてるための自己分析方法として，誰にでもわかるように，平易に解き明かした心理療法の一つである。バーンは，人のコミュニケーションのあり方に，その人の生育上の秘密が隠されていると考え，交流分析を「互いに反応し合っている人々の間で行なわれているコミュニケーションを分析すること」と定義し，対話を含めて人間どうしの全人的なふれあいを分析していくことに力を注いだ。そのために交流分析では，まず，パーソナリティとして，その人が心理的にどのような構造にあるかを自我状態モデルを使って説明する。次に，その人の対人関係におけるコミュニケーションのあり方を分析していく。そして，最後に交流分析の究極のゴールとして，その人が人生早期に身につけた「脚本」の修正を行なっていく。そこでは現在の生活パターンが，いかに子ども時代の体験に根ざしているかを明らかにし，私たちが成長してからも子ども時代に身につけた生き方を再演し続ける理由を説明し，修正していくのである。

4-2 自我状態と構造分析

☐ 自我状態とは

　私たちは，状況や相手により，態度や話し方などが変わる。たとえば，親として子どもを叱ったり，仕事で取引先と交渉したり，子どものように夫に甘えたりするとき，その時々で私たちは言葉づかい，身振り，立ちふるまいなどを変えることを自然に行なうのではないだろうか。このように交流分析では，人は誰でも三つの私をもつと考え，それを自我状態とよんでいる。自我状態は次のような三つからなっている（表4-1参照）。

　　◆ **親的な自我状態 P（Parent の略）**

　精神分析でいう超自我に対応する部分で，この世をよりよく生きていこうとするこころの営みにあたり，私たちのこころの良心に相当する。幼児に両親との交流を通して条件づけられた，禁止，自己処罰，罪悪感などのはたらきと，他者への思いやりや共感，理想の追求などのはたらきからなる。Pには次の二つの面がある。

　　　▶ **批判的な CP（Critical Parent の略）**——父親的な厳しさと権威をもつ面

4-2 自我状態と構造分析

表 4-1　各自我状態の特色

自我状態		性　　質
P	父親的な P (CP)	理想，良心，正義感，権威，道徳的
		非難・叱責，強制，偏見，権力
	母親的な P (NP)	思いやり，慰め，共感・同調，保護，寛容
		過保護，甘やかし，黙認，おせっかい
A		知性，理性，うまく生きていくための適応手段，コンピュータ（情報収集，事実に基づく判断，冷静な計算，現状の分析），分析的思考
		科学への盲信，自然無視，自己中心性，物質万能主義
C	自由な C (FC)	天真爛漫，自然随順，自由な感情表現，直観力，積極的，創造の源
		衝動的，わがまま，傍若無人，無責任
	順応した C (AC)	がまん，感情の抑制，妥協，慎重，他人の期待に沿う（努力・イイ子）
		主体性の欠如，消極的，自己束縛，敵意温存

注：網かけなしはポジティブな性質，網かけはネガティブな性質を示す。

▶ **保護的な NP（Nurturing Parent の略）**——母親的な共感と理解に満ちた面

　母親的な共感と理解，父親的な厳しさと理想という二つの面からのはたらきかけが，うまく調和したとき，人は生き生きとした成長と発展を遂げることができる。このようなはたらきかけに大きな偏りがあると非建設的な結果が生じる。表 4-1 にあげた各自我状態の特色の性質のうち，網かけ部分はそれぞれの自我状態が否定的にはたらく場合で，不適応や歪んだ性格をもたらすものである。

◆ **大人の自我状態 A（Adult の略）**

　精神分析の自我にあたる部分で，人格の統合者であり，管理者である。事実に則して情報を収集し，それらを整理，統合して，最終的な行動に移せるかどうかを判断する自律的にはたらくコンピュータのような部分である。理性と深く関係して，適応性や合理性をもち，冷静な計算に基づいて機能する。

◆ **幼児的な自我状態 C（Child の略）**

　主として本能や感情に関係する部分で，人間の生命活動のもとになるものであり，心身ともに健康になるために重要なはたらきをするものである。子ども時代と同じような感じ方，考え方，ふるまい方をする部分で，次のような二つの面がある。

▶ **自由な FC（Free Child の略）**——親のしつけを受けていない，生まれたままの自然な面である。また，創造の源となる好奇心，驚き，自由な発想など，ありのままの自然随順の営みである。

▶ **順応した AC（Adapted Child の略）**——成長する過程で親の影響を受けて形づくられた面をいう。子どもは，両親の愛情を失わないために，その期待に沿おうとして，さまざまな形で順応する方法を身につける。順応する C が，対人関係での適切な行動など，合理的に社会に順応していく方向に進めばよいが，自由な C を犠牲にして，本当の感情を抑え込み，「いい子」になったり，現実から逃避して，自閉的になったりする場合もある。

❏ 構造分析――P, A, C のバランス

交流分析では，前述したような「人は誰でも自分の中に親（P），大人（A），子ども（C）の三つの自我状態をもつ」という考え方を基本にしている。それらの自我状態のうちどれが主導権を握っているのか，心的なエネルギーの割り振りがどうなっているかなどを分析して，人格の構造を明らかにすることを構造分析という。

人間としてバランスのとれた適応を可能にするためには，前述した自我状態のはたらきを理解し，それらの調和を図るようなセルフ・コントロールが必要となってくる。そのために，私たちの思考，感情，行動を自我状態に基づいて分析する方法を用いて，客観的に性格傾向や行動様式を知り，「本来あるべき自分」に則した生き方に近づけていくのである。実際には，自分の P, A, C について次のような分析を行なう。

▶ P, A, C の三つのうち，どれが主導権を握っているのか。たとえば，私は C 主導型か，A 主導型か，あるいは P 未熟型か，A 不全型か。

▶ さまざまな生活状況，年齢などのもとで，P, A, C の主導性はどのように入れ替わるのか。たとえば，育児をする場合に，幼児を育むための母親的な P や，子どものこころに共感できる C が十分にはたらいているだろうか。

▶ 自分にとって特有の行動様式はどんなものであろうか。そこに反応の偏りはないだろうか。たとえば，些細なことですぐカッとする C 過剰型，何をするにも打算的・合理的に行動し，人間味に欠ける A 過剰型をしていないだろうか。

▶ 自分がこころから望んでいる本来の性格タイプとはどんなものだろうか。その本来の自分と，現実の自分の姿や行動様式との間には，どのようなズレがあるだろうか。

以上のような問いを検討していき，P, A, Cのありようを，チェックリストによって数値化し，グラフに表したものがエゴグラム（エゴ＝自我，グラム＝図表化する）である。エゴグラムの一例を図4-1に示す。

構造分析では，エゴグラムによって三つの自我状態を明確に識別し，自分の不調和の領域について検討することができる（図4-2）。たとえば，図4-2-aのようにPが強い人は，責任感が強く仕事面では有能だが，遊ぶことができないため（Cが小さい），ストレスが発散できず，いわゆる仕事中毒といわれる人に多いパターンである。また，Cが大きいために情緒不安定で幼児的な性

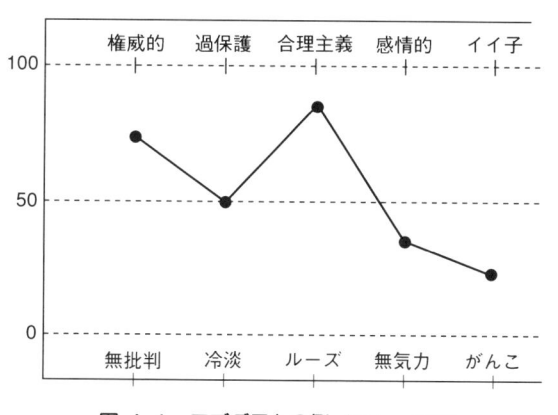

図 4-1　エゴグラムの例（桂ら，1984）

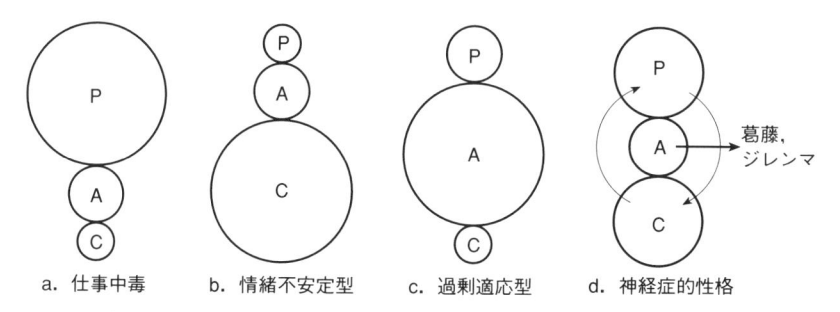

a. 仕事中毒　　b. 情緒不安定型　　c. 過剰適応型　　d. 神経症的性格

図 4-2　あなたのP, A, Cのバランスは？（桂ら，1984より改変）

格（図4-2-b），Aが強い人は，感情を表現することが苦手で理性の塊のような人などと，図式化（図4-2-c）することができる。また，いわゆる神経症タイプ（図4-2-d）はPとCとの間に葛藤やジレンマを感じていることが多いといわれている。

4-3　交流パターン分析

☐ 交流パターンの種類

　交流パターン分析では，その人の対人関係における交流の仕方として，スムーズな交流（相補的交流），行き違いの交流（交叉的交流），裏のある交流（裏面的交流）の三つに分けて，互いにどのように交流しているかを明確にしていく。相補的交流は，自分が発信する交流に対して期待どおりの反応が返ってくる交流をいう。したがって，相補的交流では図4-3のようにベクトルは平行し，情報交換，恋愛や新婚夫婦の会話や相互信頼の基づく医者・患者関係などの交流をいう。交叉的交流は，相手に発信した言葉に対して予想外の反応が返ってきたり，自分が相手の気持ちを裏切る反応をする場合の交流をいう。図4-4のように，予想外の反応のために交流は交叉する。意見の対立，親子の断絶，片思い等がその例である。裏面的交流は，表面で伝えているメッセージと異なった目的や動機を隠しもっている交流をさす。したがって，図4-5のように表面的な交流とその裏側の潜在的な交流が，同時に行なわれていることになる。たとえば，セールス，思わせぶり，お世辞・皮肉等の交流があげられる。

☐ 気持ちのよいやりとりをするには

　気持ちのよいやりとりとは，相手に何か話しかけたとき，相手に期待したとおりの反応が返ってくることである。そのためには，私たちは，どのようなことに注意していったらよいだろうか。

　　▶相手の訴えを，相手の立場に立って理解して，反応していく相補的なやりとりをすることで，コミュニケーションはスムーズに進行させていくことができる。たとえば，

　　　　母：「帰りが遅いわね，どうしてこんなに遅いの？」
　　　　娘：「遅くなるっていったでしょう！」

これでは，けんかになってしまうが，批判めいた母親の言葉に，「遅くなってごめんなさいね」と相補的に受けとめ，「会議が伸びて帰れなかった

4-3 交流パターン分析

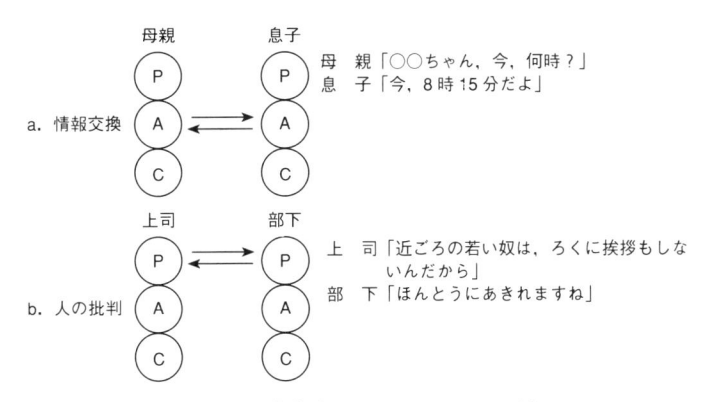

母親「○○ちゃん，今，何時？」
息子「今，8時15分だよ」

a. 情報交換

上司「近ごろの若い奴は，ろくに挨拶もしないんだから」
部下「ほんとうにあきれますね」

b. 人の批判

図4-3 相補的交流（杉田，1994より改変）

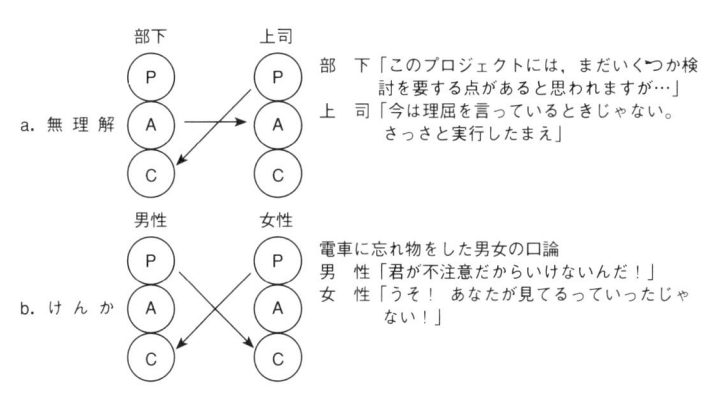

部下「このプロジェクトには，まだいくつか検討を要する点があると思われますが…」
上司「今は理屈を言っているときじゃない。さっさと実行したまえ」

a. 無理解

電車に忘れ物をした男女の口論
男性「君が不注意だからいけないんだ！」
女性「うそ！ あなたが見てるっていったじゃない！」

b. けんか

図4-4 交叉的交流（杉田，1994より改変）

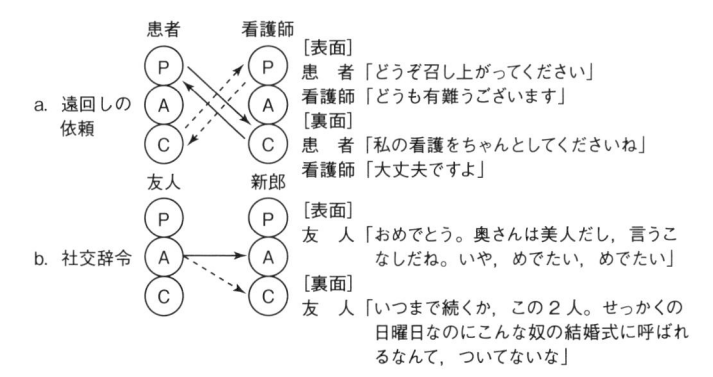

［表面］
患者「どうぞ召し上がってください」
看護師「どうも有難うございます」
［裏面］
患者「私の看護をちゃんとしてくださいね」
看護師「大丈夫ですよ」

a. 遠回しの依頼

［表面］
友人「おめでとう。奥さんは美人だし，言うことなしだね。いや，めでたい，めでたい」
［裏面］
友人「いつまで続くか，この2人。せっかくの日曜日なのにこんな奴の結婚式に呼ばれるなんて，ついてないな」

b. 社交辞令

図4-5 裏面的交流（杉田，1994より改変）

の」と冷静に対応すればよいのである。

▶ 相手の言葉の裏に隠されている感情をくみ取り，その気持ちに反応する。前述の母親の言葉には，帰りの遅い娘に対して「一人でさびしかった」という気持ちが隠されていると考えられる。その気持ちを察して，娘が「遅くなってごめんなさい。お母さん一人でさびしかったでしょう」と返したら，よりいっそう，望ましいやりとりとなるだろう。

▶ 「大人」の自我状態をはたらかせ，「批判的な親」や「子ども」の自我状態の反応をコントロールする。相手が激しい「子ども」の感情をぶつけてきたり，「批判的な親」の自我状態で非難してきた場合など，まず，冷静に「大人」の自我状態をはたらかせ，「いま，一番適切な反応はどの自我状態か」を考え，適切な反応をする自我状態にギアをチェンジしていくことが大切である。重要なことは，いら立ったり，悲しんだり，不安にかられているような相手の「子ども」の自我状態を，保護し，配慮していくように反応していくことである。

4-4 ゲーム分析

　ゲーム分析は交流分析の中核をなすものである。交流分析では，血の通った親密な交流ができない人は，くり返し人間関係をこじらせたり，非建設的な結果を招いたりする行動パターンを身につけてしまっていると考える。このような行動パターンを，交流分析では「ゲーム」とよんでいる。ゲームとは，精神分析でいう性格防衛あるいは反復強迫パターンのうち，多くの人々にみられるものを整理し，日常的な用語で表したものといえる。バーンは，1964年に著書『人生ゲーム入門』の中で，人々が普遍的に演じてしまう約30のゲームのからくりを明らかにした。交流分析ではその人が無意識に演じてしまうゲームを分析して，意識的にその人の交流のあり方を変えていくのである。

❏「ゲーム」のいろいろ

　◆ キック・ミー（私を拒んでください）

　このゲームは，相手を挑発して自分を卑下したり，相手の拒絶を誘うような言動を重ね，ついには怒りや拒絶を招くようにもっていき，最後に孤独な立場に追い込まれるものである。しかし，このことを本人は自覚しておらず「なぜ自分はこんな目に会うんだろう」と後悔と悲嘆にくれるのである。この背後に

ある基本的な構えは,「自己否定・他者肯定」であり,「自分は拒絶されるべき人間だ」という自分に対する否定的な構えを証明し,強化するのが目的なのである。

◆ あなたのせいで,こんなになったんだ

このゲームの特徴は,他罰主義と責任回避である。基本的な構えは,「自己肯定・他者否定」であり,心理学的には,投射によって自己を防衛している。登校拒否の子どもの子育てをめぐって,両親が互いに非難し合い,責任転嫁を図る場合などである。

◆ 法　　廷

普通3人の人が,それぞれ原告,被告,裁判官の役割を演じ,裁判官となった人が判決を下すが,何の解決にもならず,かえって自分も悪循環に巻き込まれていくゲームである。たとえば,生活の仕方などについて,担任の先生の前で母親と子どもが争い,先生に結論を出してくれるよう迫り,教師が一方を支持すると,他方がそれを不満として反応を起こすので,事態はかえって混乱していくような場合である。また,相談をもちかけられて,私見を述べる。やがてトラブルが起き,「あなたの忠告に従ったために,こんな結果になった」と責められるときもこのゲームが行なわれていると考えられる。

❏ ゲームのからくり

バーンによって紹介されたゲームをいくつか紹介したが,なぜ人々は,結局はくり返し不快な感情をもたらすゲームを演じてしまうのだろうか。交流分析では,ゲームが演じられる理由を次のように考える。

◆ ゲームは,愛情や注目を得るための歪んだ手段である

人は成長する過程で,直接的な愛情や承認を受け取る方法を学習しないと,歪んだ形で自分の愛されたい欲求を満足させようとしていくようになる。たとえば,親が子どもに対して素直に愛情表現できずに,からかう,けなす,殴るなどの行為を優先させてしまう場合や,反対に子どもが素直に親に甘えることができずに,愛情欲求をすねる,ひねくれる,ひがむ,遠慮する,こだわるなどといった屈折した形で身につけてしまう場合である。そのような幼少期に身につけた基本的な態度をゲームという形で反復,確認したい,という欲求に動機づけられていると考えるのである。

◆ ゲームは,生活時間を構造化する手段として演じられる

時間の過ごし方と対人交流との間には,密接な関係がある。私たちは,いつ

もこころの触れ合うような親しい交わりで時が過ごせれば理想的だが，そうではない場合，自分が身につけたゲームを用いて自分の隠された願望を満たすように時間を構造化していくことがある。たとえば，子どもは病気をくり返すことで，鍵っ子から解放され，親の時間（愛情）を独占できる。また，老夫婦は「あら探し」のゲームを演じて半日を過ごしたりする。

◆ **ゲームは，自他に対する基本的な構えを証明する**

私たちは，大人になるまでの過程で，自分と他人に対して何らかの結論や確信をもつようになる。その結論や確信を「基本的な構え」とよぶが，それが何らかの形で自他を否定的にみなしている場合，ゲームはその歪んだ「基本的な構え」を確認，強化するために演じられる。

❏ ゲーム（悪循環）の公式

バーンは，図4-6のような公式でゲームを表した。まず，隠れた動機をもつしかけ人が何らかの弱点をもったカモが見つかるとわなをしかける。この時点でゲームは成立し，一連の表面的な交流が始まる。そのうち，ゲームはしだいにエスカレートしていき，何らかの転換や切り替えが生まれる。一般には，行き違いや対立，戸惑いといった交叉的交流の形で現れ，両者の関係に混乱をもたらす。最後にゲームは思いがけない結末をもって幕を閉じる。この時点で客観的にはプレイヤーの動機が明らかになり，その正体が曝露されるのであるが，多くの場合当人たちは強い不快な感情を味わうだけで，その意味に気づかないまま終わるのである。

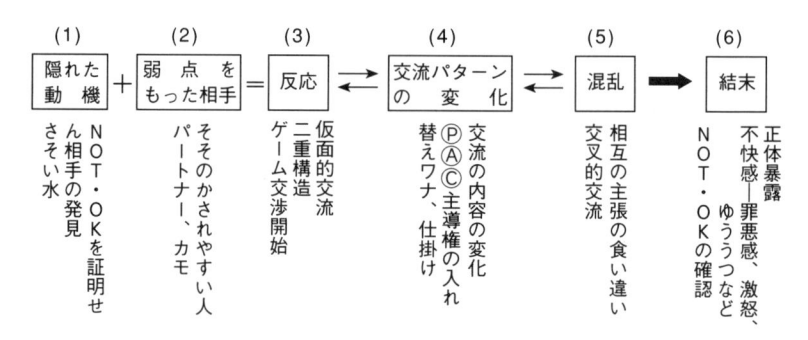

(1) 隠れた動機	+	(2) 弱点をもった相手	=	(3) 反応	⇔	(4) 交流パターンの変化	⇔	(5) 混乱	⇒	(6) 結末
NOT・OKを証明せんさい水さん相手の発見		そのかされやすい人パートナー，カモ		仮面的交流二重構造ゲーム交渉開始		交流の内容の変化 ⓅⒶⓒ 主導権の入れ替えワナ，仕掛け		相互の主張の食い違い交叉的交流		正体暴露不快感——罪悪感，激怒，ゆううつなどNOT・OKの確認

図4-6　心理的ゲームの公式 (桂ら，1984)

4-5 脚本分析

　いままで説明してきた三つの分析（構造分析，交流パターン分析，ゲーム分析）を行なっていくと，私たちは，実は幼児期に身につけた性格の基本的なしくみ，すなわち脚本によって交流していることがわかってくる。その脚本は，親から伝えられた非言語的な破壊的なメッセージを子どもが選択的に受け取り，それに従っていこうと決めたものである。たとえば，親から「おまえがいなければ，楽だったのに」といわれた子どもは，「存在するな」「生きていてはいけない」というメッセージを受け取ることになる。このように親から子どもへ向けて，生活態度そのものを通じて伝えられる禁止令が，脚本の形成に重要な意味をもっていくことをバーンは指摘した。最近，脚本分析に際して，よく用いられるグルーディング（R. Goulding）がまとめた禁止令をいくつかあげてみよう。

- ▶ 存在するな！
- ▶ 女（男）であってはいけない！
- ▶ 楽しんではいけない！
- ▶ 成長してはいけない！
- ▶ みんなの仲間入りをしてはいけない！
- ▶ 信用してはいけない。愛してはいけない！

　以上のように脚本分析では，クライエントが，両親の生活態度，しつけ，子どもに対する期待などについて考え，自分はどのようなメッセージに従って，生きてきたかについて明らかにしていく。そこで自らの脚本を発見し，それから解放させることを目的としている。

4-6　サイコセラピー練習

☐ 自分の自我状態を知る

　ここでは，エゴグラムという方法を使ってあなたの自我状態を探り，性格傾向を明らかにしてみましょう。自我の構造はその人によって違い，それがその人の考え方や行動に一つの特徴をもたらしています。あなたのエゴグラムを調べてみますが，これは個人の特性を表すもので，優劣は関係ありません。大切なことは，あるがままの自分に気づくことです。さあ，サイコセラピー体験へ出発GO！

◆ エゴグラムチェックリスト（成人用）

以下の質問に，はい（○），どちらともつかない（△），いいえ（×）のようにお答えください。ただし，できるだけ○か×のどちらかで答えるようにしてください。

　　　　　　　　　　　　　　　　　　　　　　　　　　　　　　　○　△　×

			○	△	×
CP（　）点	1	子供や妻（または夫）が間違ったことをしたとき，すぐにとがめますか。			
	2	あなたは規則を守ることにきびしいほうですか。			
	3	最近の世の中は，子供を甘やかしすぎていると思いますか。			
	4	あなたは礼儀，作法にうるさいほうですか。			
	5	何ごともやり出したら最後までやらないと気がすみませんか。			
	6	自分を責任感のつよい人間だと思いますか。			
	7	小さい不正でも，うやむやにするのが嫌いですか。			
	8	「ダメじゃないか」「……しなくてはいけない」という言い方をよくするほうですか。			
	9	時間やお金にルーズなことがきらいですか。			
	10	よい，わるいをはっきりさせないと気がすまないほうですか。			

			○	△	×
NP（　）点	1	人から道を聞かれたとき，親切に教えてあげますか。			
	2	頼まれたら大抵のことは引き受けますか。			
	3	友人や家族に何か買ってあげることが好きですか。			
	4	子供をよくほめたり，頭をなぜたりするほうですか。			
	5	他人の世話をするのが好きなほうですか。			
	6	他人の欠点よりも，長所を見るほうですか。			
	7	人が元気をなくしていると，慰めたくなるほうですか。			
	8	子供や妻（または夫）の失敗に寛大ですか。			
	9	あなたは思いやりがあるほうだと思いますか。			
	10	経済的に余裕があれば交通遺児を引き取って育てたいと思いますか。			

			○	△	×
A（　）点	1	あなたは感情的というよりは理性的なほうですか。			
	2	子供を叱る前に，よく事情を調べますか。			
	3	何か分からないことがあると，人に相談してうまく処理しますか。			
	4	仕事は能率的にテキパキと片づけていくほうですか。			
	5	あなたはいろいろな本をよく読むほうですか。			
	6	子供をしつけるとき，感情的になることは少ないほうですか。			
	7	物事は，その結果まで予測して，行動に移しますか。			
	8	何かするとき，自分にとって損か得かをよく考えますか。			
	9	体の調子のよくないときは，自重して無理を避けますか。			
	10	育児について，妻（または夫）と冷静に話し合おうとしますか。			

4-6 サイコセラピー練習

FC （　） 点	1	うれしいときや悲しいときに，すぐに顔や動作に表しますか。		
	2	あなたはよく冗談を言うほうですか。		
	3	言いたいことを遠慮なく言うことができますか。		
	4	子供がふざけたり，はしゃいだりするのを放っておけますか。		
	5	欲しい物は，手に入れないと気がすまないほうですか。		
	6	映画や演劇など娯楽を楽しめますか。		
	7	われを忘れて子供と遊ぶことができますか。		
	8	マンガの本や週刊誌を読んで楽しめますか。		
	9	「わあ」「すごい」「かっこいい！」などの感嘆詞をよく使いますか。		
	10	子供に冗談を言ったり，からかったりするのが好きですか。		

AC （　） 点	1	あなたは遠慮がちで，消極的なほうですか。		
	2	思ったことを言えず，あとから後悔することがよくありますか。		
	3	無理をしてでも他人からよく思われようと努めるほうですか。		
	4	あなたは劣等感がつよいほうですか。		
	5	子供のために，どんなイヤなことも我慢しようと思っていますか。		
	6	他人の顔色をみて，行動をするようなところがありますか。		
	7	本当の自分の考えより，親や人の言うことに影響されやすいほうですか。		
	8	上の人や子供のごきげんをとるような面がありますか。		
	9	イヤなことをイヤと言わずに，抑えてしまうことが多いほうですか。		
	10	憂うつな気分や悲しい気持ちになることがよくありますか。		

◆ この表に得点を書きこんでください

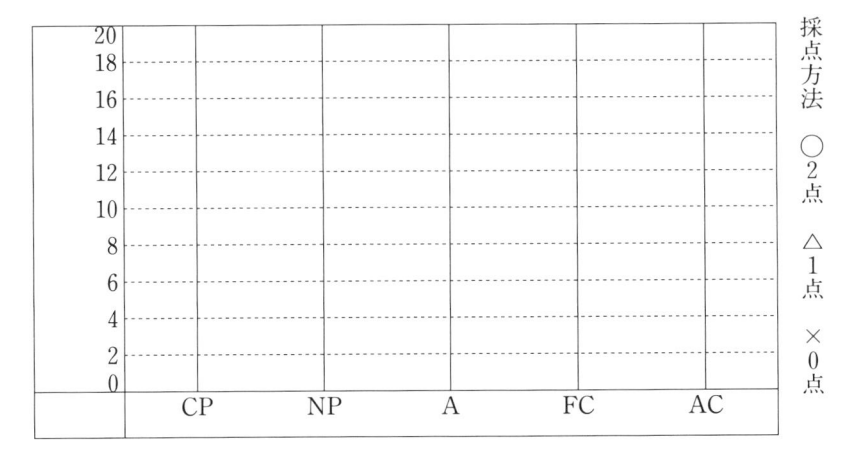

採点方法　○ 2点　△ 1点　× 0点

CP　NP　A　FC　AC

［杉田峰康　1994　『交流分析』（講座サイコセラピー 8 ）　日本文化科学社］

◆ まとめ　エゴグラムの読み方

1. まず，グラフの一番高いところに注目して，どの自我状態が優位なエゴグラムかを判定する（図 4-7 参照）。

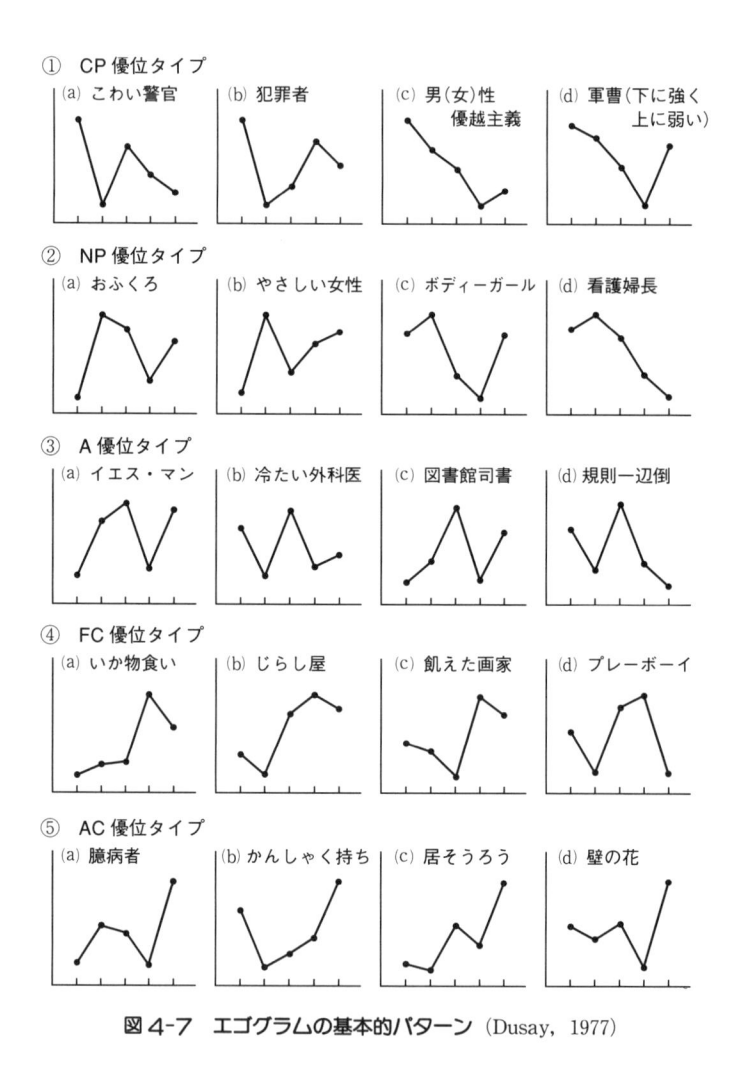

① CP 優位タイプ
(a) こわい警官　(b) 犯罪者　(c) 男(女)性優越主義　(d) 軍曹（下に強く上に弱い）

② NP 優位タイプ
(a) おふくろ　(b) やさしい女性　(c) ボディーガール　(d) 看護婦長

③ A 優位タイプ
(a) イエス・マン　(b) 冷たい外科医　(c) 図書館司書　(d) 規則一辺倒

④ FC 優位タイプ
(a) いか物食い　(b) じらし屋　(c) 飢えた画家　(d) プレーボーイ

⑤ AC 優位タイプ
(a) 臆病者　(b) かんしゃく持ち　(c) 居そうろう　(d) 壁の花

図 4-7　エゴグラムの基本的パターン（Dusay, 1977）

① CP優位タイプ	② NP優位タイプ	③ A優位タイプ	④ FC優位タイプ	⑤ AC優位タイプ
CP	NP	A	FC	AC
・理想が高く独善的 ・頑固で懲罰的 ・他者否定的	・気は優しく共感的 ・世話好き ・他者肯定的	・頭脳明晰で論理的 ・合理的でクール ・局外中立的	・遊び好きの行動派 ・自発的で創造的 ・自己肯定的	・甘えん坊で依存的 ・他者順応(自分がない) ・自己否定的

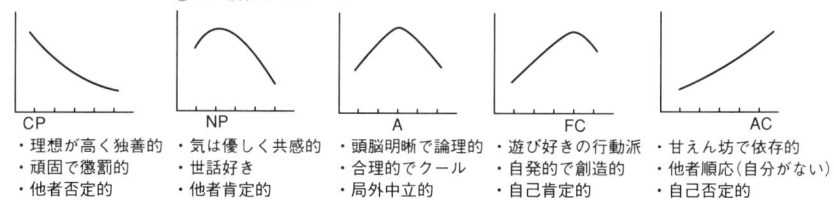

図4-8　各優位タイプの基本的な性質 (Dusay, 1977)

2. 各優位タイプの基本的な性質を考える（図4-8参照）。
3. 低い自我状態の性質を合わせて考える。
   ▶ 低いCP——友好的。他人や社会を批判したり，攻撃したりしない。
   ▶ 低いNP——閉鎖的。他人にあまり関心がない。思いやりに欠ける。
   ▶ 低いA——非合理的。考えるのが不得意。現状認識に欠け，感情的。
   ▶ 低いFC——感情抑制的。ものごとを楽しめず，陰気。
   ▶ 低いAC——非協調的。頑固で融通がきかず，人の意見を聞かない。
4. 最後に，その他の自我状態の高低を考えながら統合的に判断する。

◆ **エゴグラムを用いての自己変容**

　交流分析では，相手を変えるよりもまず自分の問題に気づき，自分を変えることで真の人間らしいコミュニケーションを目指すことを目的としています。エゴグラムで，あなたの自我状態のうちどれが主導権を握っているのか，心的エネルギーの割り振りはどうなっているのかがひと目で明らかになったと思います。デュセイ（J. M. Dusay）は望ましいエゴグラムとしてベル型（山型），次に平型をあげています。しかし，本質的には各人がどんな人になりたいかという主体性と選択の重要性を強調していますが，「自分を変えるためにその目標を明確にする」「エゴグラムの低いところを伸ばすようにする」「変わるのを妨げる力に打ち勝つこと」に注意するとよいでしょう。

◆◇◆◇◆ **4章の引用・参考文献** ◆◇◆◇◆

Berne, E.　1964／南　博訳　1967　『人生ゲーム入門』　河出書房.
池見酉次郎・杉田峰康　1987　『セルフ・コントロール』　創元社.
桂　戴作・杉田峰康・白井幸子　1984　『交流分析入門』　チーム医療.

中村和子・杉田峰康　1984　『わかりやすい交流分析』　チーム医療.
杉田峰康　1990　『交流分析のすすめ』　日本文化科学社.
杉田峰康　1994　『交流分析』（講座サイコセラピー8）　日本文化科学社.
TEG研究会 編　1991　『TEG活用マニュアル・事例集』　金子書房.

5章

クライエントを尊重する

クライエント中心療法

　近年，日本の教育界，産業界に限らず，人との関係が問題となるあらゆるところで，カウンセリングに対する関心が高まってきたことは，たいへん喜ばしいことである。このようなわが国のカウンセリングの急速な発展に，ロジャーズ（Carl R. Rogers）が創始したクライエント中心療法の果たした役割はきわめて大きなものであった。

　クライエント中心療法は，その名の示すとおり，クライエント自身の自主性，自律性を尊重する心理療法である。それ以前の精神分析をはじめとして，多くの心理療法の理論がクライエントの主体性を問題にしなかったわけではないが，基本的には分析者，心理治療者が主導的にかかわることは自明のものとして認められていた。そんな状況の中で，ロジャーズの「クライエントを中心におく」という考え方はコペルニクス的発想転換であり，権威を否定し，クライエントとともに悩み，共感するという姿勢は，民主主義の考えともマッチして戦後の日本人に熱狂的に受け入れられたのである。このように，カウンセリングがアメリカから導入された当初は，カウンセリングといえばクライエント中心療法を意味するほどに浸透した。その後，わが国に受け入れられたロジャーズの理論もさまざまな問題が指摘され，当初ほどの勢いは現在ではみられなくなっている。

　ところが，最近，ロジャーズの理論の流れをくむ心理療法や，クライエント中心療法の再評価の動きがアメリカでも日本でもみられてきている。いま，ここでクライエント中心療法を学ぶことで，ロジャーズが「クライエント中心」を提唱したことの創造的で卓越したことの重要性に触れてみよう。

5-1 クライエント中心療法の誕生の萌芽

　ロジャーズは1902年，シカゴ郊外のオークパークで，6人きょうだいの4番目（三男）として生まれた。両親は高学歴で敬虔なプロテスタントであり，禁欲的で働くことを重視する家庭の雰囲気のもと，ロジャーズは近所で元気よく遊ぶというよりは，本を好む内気で非社交的な少年だったという。

　その後，ロジャーズが高校進学後に，両親は息子が都会の悪に染まることを恐れ，シカゴから片田舎の農村に移り住む。農村に住んだ影響から，科学的農業に興味をもったロジャーズは，ウィスコンシン大学の農学部に進学し，YMCA活動にかかわるうちに，牧師になることを志し，史学科に転科した。そのころ「ある種の抑圧的な雰囲気」をもつ家族との葛藤等のため，ロジャーズは十二指腸潰瘍となり，休学を余儀なくされたが，1924年に大学を卒業し，幼なじみのヘレンと結婚した。その後，牧師を目指してニューヨークのユニオン神学校へ入学するが，隣のコロンビア大学で「臨床心理学」を履修したことがきっかけとなり，心理学に興味を抱くようになった。

　1926年，ロジャーズはユニオン神学校を中退して，コロンビア大学の教育学部に移り，臨床心理学と教育心理学を専攻することを決意した。卒業後，1928年にロチェスター児童虐待防止協会に就職し，非行少年を中心とした児童臨床に携わり始め，1931年「9歳から13歳の児童の人格適応の測定」という論文で博士号を取得した。

　ロチェスター時代のロジャーズの仕事は，さまざまな機関から送られてくる非行少年や恵まれない子どもたちに面接をして診断を行ない，処遇を考えるというものであった。その経験を通して，ロジャーズは「子どもは自分自身の中に成長し成熟する動因と欲求をもっており，成長を促進する環境をつくり出すことによって，子どもの健康が促進される」という考えをもつようになっていった。この考えは，その後のロジャーズ思想の萌芽といえるものであった。

5-2 ロジャーズ理論の歴史的展開

❑ 第1段階——非指示的アプローチ（1940年代の理論）

　ロチェスターでの経験をロジャーズは最初の著書となる『問題児の治療』という本にして出版したところ，それが認められて1940年にオハイオ州立大学に迎えられることとなった。

当時のカウンセリング状況は，ウィリアムソン（E. G. Williamson）に代表される臨床的カウンセリングが主流で，医学をモデルとした方法で検査→診断→アドバイスという図式で進む伝統的な指示的カウンセリングであった。ところが，1940年12月11日，ウィリアムソンの本拠地であるミネソタ大学で，ロジャーズは「心理療法の新しい諸概念」という講演を行ない，そこで真っ向からそれまでの臨床的カウンセリングを批判した。その後の反応は強烈で，この講演がそれ以後続く指示-非指示論争の発端となった。後年，ロジャーズはこの日を「クライエント中心療法誕生の日」とよぶほどに，彼の考えを提唱した記念すべき鮮烈な日であった。そこで，ロジャーズは自分の考えを広く世に問うために，先の講演内容も含め，『カウンセリングと心理療法』という本を出版した。

ロジャーズはこの本の中で，それまでの古い方法の多くは，カウンセラーがクライエントの問題を発見し，診断し，治療するという考えに立ち，「カウンセラーは最高の知者」で，「カウンセラーが選んだ目標へとクライエントを到達させうる」という指示的（directive）な仮説に基づいていることを批判した。

一方，ロジャーズの「非指示的」アプローチを，「新しいセラピィの目的は，特定の問題を解決することにあるのではなく，個人の成長を援助することにある」として，このような新しいアプローチを次の四つで特徴づけた。

▶ 人間の成長や適応に向かう衝動の力を解放し，前進できるよう援助する。
▶ 知的な側面より，情動的・感情的な側面を重視する。
▶ その人の過去よりも現在を重視する。
▶ セラピィ関係そのものをクライエント自身の成長経験としていく。

この本によって，ロジャーズの提唱する「非指示的療法」（non-directive therapy）という名前が一般に知られるようになったが，「非指示的」という言葉から受身で消極的なカウンセラーの態度を連想され，多くの誤解と批判を受けていくことになっていくのである。

❏ 第2段階──クライエント中心療法（1950年代の理論）

ロジャーズは，1945年（43歳）でオハイオ州立大学からシカゴ大学へ移り，そこにカウンセリング・センターを創設した。以後シカゴ大学での12年間が，ロジャーズの最も生産的な時期となった。1950年代に入って，彼は重要な著

書，論文を次々と発表していった。1951年に『クライエント中心療法』で，前著の非指示という技法志向を訂正し，技法の背後にあるカウンセラーの態度が重要であることを強調するようになり，自らの立場を「クライエント中心療法」(client-centered therapy) とよんだ。

さらに，1957年，彼の膨大な論文の中におけるカウンセリング理論の結晶ともいえる「治療的パーソナリティ変化の必要にして十分な条件」が発表された。この論文の中で，ロジャーズはどのようなカウンセラーの態度が求められるかを明らかにした（後述）。そして，1959年，クライエント中心療法を体系化した「クライエント中心療法の立場から出発したセラピィ，パーソナリティおよび対人関係理論」を発表することで，ロジャーズのクライエント中心療法がほぼ完成した。

❏ 第3段階——クライエント中心療法の深化：体験過程理論の展開
（1957年から60年代）

1957年，ロジャーズは心理学と精神医学の併任教授として，母校のウィスコンシン大学へ移った。この時期におけるロジャーズの研究上の発展は，おおよそ三つにまとめられる。一つは，それまで彼の創始したクライエント中心療法は，不適応や神経症圏のクライエントを治療対象としてきたが，分裂病患者にも適応できるかどうかを検証することだった。二つめは，カウンセリングの中でクライエントにどのような変化が起こっているのかということに焦点をあてる体験過程に関する研究であった。これが後にジェンドリンの体験過程療法，フォーカシングへと発展していく。三つめは，クライエント中心療法の知見を日常における援助として教育や集団の場に展開していくことであった。これが後のエンカウンター・グループ活動として結実していくものであった。

しかし，分裂病者へのアプローチは，さまざまな障害により，残念ながらむなしい結果に終わった。そのこともあり，ロジャーズはカウンセリングにおける体験過程の解明へとより力を注いでいった。

その結果，ロジャーズは，クライエントのパーソナリティの変化過程を，カウンセリングが効果的に進行する場合のクライエントのパーソナリティの変容を考えることで明らかにしていった。彼は，カウンセリングにおいてクライエントに生じる人格変容の過程を一つの連続体としてとらえ，クライエントの七つの側面が，カウンセリングの展開とともに変化していく過程を区別して示した（表5-1）。

5-2 ロジャーズ理論の歴史的展開

表5-1 一般的過程連続線の様式 (Walker, Rablen, & Rogers, 1960; 田畑, 1989)

ストランズ (strands)	過程の段階 低 (Ⅰ〜Ⅱ)	過程の段階 中 (Ⅲ〜Ⅴ)	過程の段階 高 (Ⅵ〜Ⅷ)
感情と個人的意味づけ (feelings and personal meanings)	認められない 表出されない。	自分のものとしての感じが増す。表出が増す。	流れの中に生きる。十分に体験される。
体験過程 (experiencing)	体験過程から遠く離れている。意識されない。	遠隔感が減少する。意識性が増す。	体験する過程に生きる。重要な照合点として用いられる。
不一致 (incongruence)	認められない。	意識が増す 直接的体験過程が増す。	単に一時的である。
自己の伝達 (communication of self)	欠乏している。	自己の伝達が増す。	豊かな自己意識が欲するときに伝達される。
体験の解釈 (construing of experience)	構成概念が硬い。構成概念が事実として見られる。	硬さが減少する。自分自身が作るものという認識が増す。	一時的な構成概念。意味づけが柔軟で、体験過程に照合して検討される。
問題に対する関係 (relationship to problems)	認められない。変えようとする要求がない。	責任をとることが増大する。変化することをこわがる。	問題を外部対象物として見なくなる。問題のある側面を生きている。
関係の仕方 (manner of relating)	親密な関係は危険なものとして避けられる。	危険だという感じが減少する。	直接の体験過程にもとづいて開放的に，自由に関係をもつ。

(簡潔に示すため，低・中・高の段階についてのみ，各ストランズの顕著な特性を示した。)

　人格が連続的に変化していく過程とは，「自分は十分に受け入れられている」ということが体験されているなかで，固定性という一つの極から変易性，流動性というもう一つの極へと変化をたどり，個人的感情の豊かな体験の過程に満足している水準に至るという方向への変化だという。そのために，表5-1のそれぞれの側面ごとに低段階から高段階までの三つの段階がある。それらは，たとえば，不一致というストランズ（より糸という意味で，不適応状態ではバラバラであったクライエントの諸側面がカウンセリングの進行とともに統合され

ていく様子を表現している）という面において，低段階では体験と意識の間にある大きな矛盾に気づいていないが，人格の変容が進み高段階になると，自己不一致が減り，一時的になると考えるのである。

❏ 第4段階──パーソン・センタード・アプローチへ（1960年代後半から）

1964年にウィスコンシン大学を辞めたロジャーズは，カリフォルニア州の西部行動科学研究所研究員になった後，1968年に人間研究センターを創設した。分裂病者へ取り組み以後，ロジャーズはしだいに個人療法から「エンカウンター・グループ」という日常における援助関係を目指す活動にエネルギーを注ぐようになっていた。1968年には，ロジャーズがファシリテーター（促進者）を務めたグループの記録映画「Journey into Self」（出会いへの道）が制作された。その映画には，グループという非日常的な場で，初めて会った人たちが，しだいにこころを開いて語り合ううちに，感動的な人格変容が生まれていく様子が映し出され，人々に大きな感動を呼んだ。こうした活動を『エンカウンター・グループ』という本にまとめて出版し，これを機に「エンカウンター・グループ」が盛んに実施されていくようになっていった。

一方，当時（1960年代後半）のアメリカでは，大学改革をはじめとする体制批判が広まり，イギリスのオープンスクールが紹介されたりして自由教育が注目を集め，それらが相まって「人間性回復運動」という運動が一つの大きなうねりとなっていた。このようなことを背景に，ロジャーズをはじめとした人間性心理学の考えが注目され，彼はさらにエンカウンター・グループを発展させて，パーソン・センタード・アプローチ（person-centered approach; PCA）のワークッショップを始めた。PCAの理論的な基盤は，「人間には，完全な発達に向かう自然の傾向がある。このことについて最もよく使われる言葉は，実現傾向であり，それは，すべての生命のある有機体に存在する。これがパーソン・センタード・アプローチの拠って立つ基盤である」（ロジャーズ，1977）という考え方にある。この人間を含む有機体のもつ潜在的可能性の実現傾向という考え方は，すでに1950年代に提唱したクライエント中心療法の理論的根拠であり，ロジャーズが個人セラピィにおいて求めた理論的根拠が，そのままパーソン・センタード・アプローチの基盤になっている。彼はこの活動を国内にとどまらず世界各国にまで広げて，世界平和にも貢献し，1987年に85歳でその生涯を閉じた。

5-3 クライエント中心療法の基本的な考え方

❏ クライエント中心療法の理論体系

　ロジャーズは，クライエント中心療法の理論体系を「クライエント中心療法の立場から発展したセラピィ，パーソナリティおよび対人関係の理論」（ロジャーズ，1959）という論文の中で，彼の理論体系を図5-1のように図示した。

　図5-1から，ロジャーズの理論の全体像をつかむことができる。すなわち，クライエント中心療法は，大きく分けて，（Ⅰ）セラピィ理論，（Ⅱ）パーソナリティ理論，（Ⅲ）十分に機能する人についての理論，（Ⅳ）対人関係の理論，（Ⅴ～Ⅷ）種々の人間の活動に対する理論的な示唆という応用の理論から成り立っている。その中心におかれているのが，治療的な人格変容の条件と結果からなるセラピィ理論であり，それを発展させる方向で四つが構成された。すなわち，パーソナリティ理論は，パーソナリティの本質と行動のダイナミックスについて構成されたものであり，次にセラピィ理論と合わせて十分に機能する人についての理論が考え出された。また，面接場面の面接者とクライエントの関係についての経験から発展させたのが対人関係の理論である。セラピィの観点は，人間の経験と活動すべてに応用できるとして，応用の理論が位置づけられている。このようにセラピィ理論からすべての理論が発展していった様子が読み取れる。

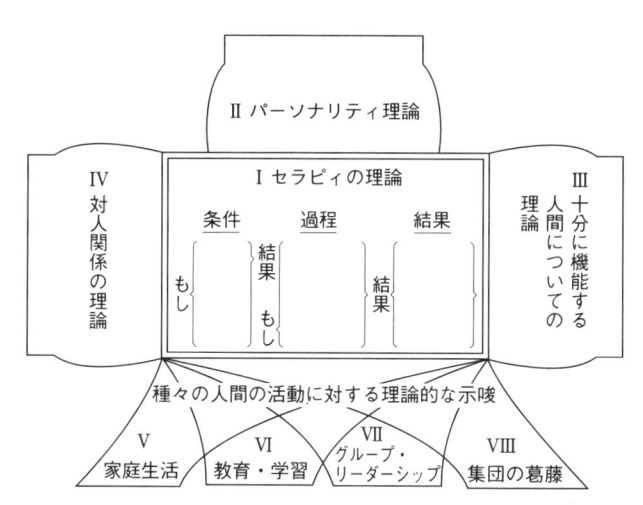

図5-1　クライエント中心療法理論の構造（ロジャーズ，1959 所収の図を簡略化）

❑ セラピィ理論

ロジャーズのセラピィ理論は，技術よりはその背後にあるカウンセラーの態度の重要性が強調されたもので，1957年の「治療的パーソナリティ変化の必要にして十分な条件」や前述の1959年の論文で詳しく述べられている。それらによると，建設的なパーソナリティ変化が生じるためには，次のような条件が存在し，かなりの期間継続することが必要であるという。

① 二人の人間が心理的に接触していること。

② 第1の人（この人をクライエントと名づける）は不一致（incongruent）の状態にあり，傷つきやすく，不安な状態にある。

③ 第2の人（この人をセラピストとよぶ）は，この関係の中で一致（congruent）しており，統合されている。

④ セラピストは，クライエントに対して，無条件の肯定的配慮（無条件の積極的関心 unconditional positive regard）を経験している。

⑤ セラピストは，クライエントの内的枠組みに共感的理解（empathic understanding）を経験しており，そしてその経験をクライエントに伝達するように努力していること。

⑥ セラピストの共感的理解と無条件の肯定的配慮をクライエントに伝達することが，最低限達成されること。

以上六つの条件をロジャーズはあげたが，カウンセラーの態度条件は，③，④，⑤の三つであることから，わが国ではその三つをカウンセラーの3条件としている。3条件は次のように考えられる。

1番目の条件（上記の③）は，関係におけるセラピストの純粋性といい，セラピストが，関係の中で自分自身であること，すなわち，純粋で偽りのない姿で，真実でいることであると説明し，そのあり方を純粋な（genuine）という言葉で好んで使って表現している。

2番目の条件である無条件の肯定的配慮（上記の④）についてロジャーズは，「セラピストが，クライエントの体験の一つひとつをそのクライエントの一つひとつの姿として温かく受容していることを体験している時，彼は無条件の肯定的配慮をまさに体験している」と述べている。すなわち，クライエントの態度が，どんなに否定的であろうが，肯定的であろうが，その瞬間瞬間の相手をそのまま受け取ろうと，自分自身を模索していくことを意味している。

3番目の共感的理解（上記の⑤）とは，「クライエントの怒りや恐怖や混乱を，あたかも自分自身のものであるかのように感じ取り，しかも自分の怒りや

恐怖や混乱がそのなかに巻き込まれないようにすること」であるという。

なお，以上の必要十分条件は，ロジャーズによれば神経症，精神病等のクライエントにあてはまると考えられ，実際この立場のセラピストによって多くのケースに適用されたが，現実的には，境界例，分裂病などにはかなり難しいことがわかってきている。

❒ パーソナリティ理論

ロジャーズは，「パーソナリティと行動についての一理論」（1951年）の中で，図5-2のように，全体的パーソナリティは，自己構造と経験からなると図式的に説明している。

図式的説明は次のようである。

▶ **全体的パーソナリティ**——第1図，第2図とも全体としての図形はパーソナリティ構造を示す。第1図は心理的緊張の強いパーソナリティ，第2図は，潜在的な緊張も不安も減少しているパーソナリティ構造を表す。

▶ **経　験**——経験と記された円は，すべての感覚様式を通して，個人によって経験されるいっさいを表している。それは一つの流動し，変化している場である。

▶ **自己構造**——左側の円は，自己構造（自己概念）として定義される。

▶ **第Ⅰ領域**——この部分は，自己概念と個人の感覚的・内臓的経験[1]が調和・一致していることを示す。この領域の大きい第2図のような人は，

a. 全体的パーソナリティ　　　　b. 全体的パーソナリティ
　　　（第1図）　　　　　　　　　　　　（第2図）

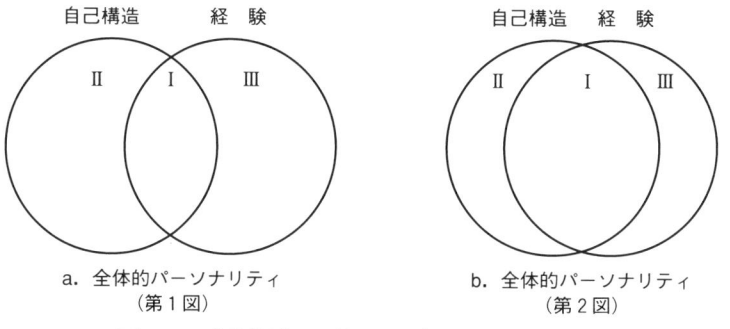

図5-2　全体的パーソナリティ（ロジャーズ，1957）

1）原文では，感覚的・内臓的経験を，ロジャーズは，sensory and visceral experience という英語を用語として使用している。意識されている現象以上の感覚的・本能的な（こころの底からの）経験をさす。

自分の経験を十分に意識化でき，適応的といえる。
▶ **第Ⅱ領域**——社会的もしくはその他の経験が，象徴化され意識化されるにあたって，あたかも経験したかのように思い込んだり，そうあるべきなどと歪曲されて，個人の経験の一部として知覚される部分である。
▶ **第Ⅲ領域**——自己構造と矛盾・対立するので，実際の経験をありのままに受け入れず，意識化を否認するような感覚的・内臓的経験をいう。

以上のことから第1図は，心理的緊張をもち，感覚的・内臓的経験と自己構造の間に，かなりの不調和があると考えられる人を示している。第2図は心理療法が成功した場合の人を示しているといえる。円と領域の定義は同じだが，自己構造と個人の感覚的・内臓的経験の一致する程度がはるかに大きくなっていることが，第1図との比較でわかる。その人には，より大きな，広くて深い自己受容のための基盤が準備され，全体的経験が直接的に自己の中に組み入れることができるため，他人をより多く受け入れられる状態にあるとロジャーズは考えたのである。

❑ 十分に機能する人についての理論

ロジャーズは，有機体として人間が最高に実現された状態を，「十分に機能する人」(the fully functioning person) とよび，それがセラピィの目標であり，社会適応の目標であるとした。前述（5-2節の「第3段階」の項を参照）したように，カウンセリングの過程においてクライエントに生じる変化を一つの連続体ととらえ，クライエントに人格変容が起こり，心理的に成熟した状態に進むことができれば，その人は十分に機能する人間になったという。この十分に機能する人間の特徴をロジャーズは，次の3点に集約している。
▶ そのような人は，自分の経験に開かれている。
▶ そのような人は，実存的なあり方で生きている。
▶ そのような人は，自分という有機体を，それぞれの実存的な状況で，最も満足できる行動に到達するための信頼できる手段としてみなすことができる。

❑ 人間活動への応用——エンカウンター・グループ

ロジャーズは1946年ごろから，カウンセラー養成のためにはグループによる集中的なワークショップが有効であることに気づき，グループ研修を継続的に行なっていった。その後1960年代の人間性回復運動の中で，人間の心理的

5-3 クライエント中心療法の基本的な考え方

成長と対人関係におけるコミュニケーションの改善に焦点をあてたグループ体験を，ロジャーズは好んで「ベーシック・エンカウンター・グループ」とよぶようになった。したがって，ベーシック・エンカウンター・グループとは，ロジャーズの理論と実践に基づく集中的グループ体験の一形態をさすが，日本では他のグループ体験と厳密に区別しない限り，エンカウンター・グループという呼称を用いている。また，構成的エンカウンター・グループとは，セッションの中で何をするかをあらかじめ構成しておくものをさす。

◆ エンカウンター・グループの構成

エンカウンター・グループは，通常10～15名ほどの参加者と1,2名のファシリテーター（促進者）で構成する。原則として希望者は誰でも参加できる。参加者のグループ体験の有無，知り合いかどうか，年齢など，できるだけ異質のメンバーになるようなグループ編成を行なうのが原則である。

時間はできるだけ集中的に，一つのセッションは2,3時間の長さで設定し，2～5泊ぐらいの合宿形式をとることが多い。「通い形式」の週1回，月1回という形や両方を組み合わせたものもある。

◆ ファシリテーター論

エンカウンター・グループにおけるファシリテーターは，どのような理論的基盤に立ち，どのような態度でグループの中にいることが必要なのだろうか。ロジャーズは，人間は自己理解，基本的態度，自己概念を変化させ，自主的に行動していくような資源をその内部にもっている。それは，いわゆる「セラピストの3条件」といわれる人間関係の雰囲気の中で最も発現されやすいという仮説に立ち，ファシリテーターにも当然適用されると考えた。この考えに立って，ロジャーズは，ファシリテーターのあり方を以下のように具体的に表現している。

- ▶ 傾聴することによる心理的に安全なグループの風土づくり。
- ▶ グループを無理に深めようとせず，ありのままのグループの受容。
- ▶ 参加者がグループに積極的参加しなくても，ありのままのその個人の受容。
- ▶ 個人が伝えようとする正しい意味の共感的理解。
- ▶ 自分の内部で起こる感情に従って動く。
- ▶ 自分の気持ちを表明することで対決とフィードバックを行なう。
- ▶ 自分の問題をグループ内で表明することをいとわない。
- ▶ 自発性が一番大切で欠くことのできない要素だと考える。

▶ 個人およびグループのプロセスについての注釈を避ける。
▶ メンバーが病的行動を示す場合,グループの治療的潜在力を信頼する。
▶ 自分の気持ちに従った自発的な身体的自己表現をする。

◆ **グループ・プロセス**

エンカウンター・グループで,実際に起こることについて研究した村山・野島(1977)は,グループ・プロセスの発展段階として表5-2のように六つの段階および終結段階に区別した。

段階Ⅰ,段階Ⅱ,段階Ⅲは,グループ発展段階の導入期にあたり,居心地が悪く,戸惑いながらいろいろと試行錯誤していく時期である。そこでは,沈黙が続いたり,ファシリテーターの指示を期待したり,場つなぎ的に次から次へと話題が取り上げられたり,突出して意見や自分の思いなどが話されたり,不平不満が出たり,やる気をなくすメンバーが出たりするというようなことが起こる。導入期を経ると,展開期に入り,村山・野島の仮説の段階Ⅳ,段階Ⅴ,段階Ⅵにあたる。この時期では,グループ内にまとまりができ,信頼感,親密感,他者への関心・配慮が高まり,一人ひとりにスポットライト(焦点)があてられ,率直な自己表現やかかわり合いが起こり,いわゆる盛り上がった状態になる。終わりの時が近づくにつれ,終結期を迎える。村山・野島仮説の終結段階にあたる。段階Ⅵ以上に発展したグループでは満足感があり,心地よい雰囲気の中で終わりを迎える。そこまで発展しなかったグループでは不満足感が強く,それなりの治まりをつける努力が行なわれる。

◆ **エンカウンター・グループの効果(個人の変化)**

エンカウンター・グループ体験が,どのような効果(影響)を個人に与えるかについても多くの研究が行なわれている。ロジャーズは,多くのグループ体験を通して,自己概念の変化,自己の可能性の実現化,新しい生き方の選択等の変化が参加者に生じ,その結果,参加者の家族,職場などの人間関係にも影

表5-2 エンカウンター・グループ・プロセスの発展段階(村山・野島,1977)

段階Ⅰ	当惑・模索
段階Ⅱ	グループの目的・同一性の模索
段階Ⅲ	否定的感情の表明
段階Ⅳ	相互信頼の発展
段階Ⅴ	親密感の確立
段階Ⅵ	深い相互関係と自己直面
終結段階	

響を与えることを指摘している。野島（1983）は，エンカウンター・グループにおける個人過程を大きく次の六つの種類に分けている。

▶ **主体的・創造的探索過程**——自発的・自主的にグループの進め方，自分のあり方，他者とのかかわりなどを探し求めていく過程。

▶ **開放的態度形成過程**——グループや他者に関して気持ちや感情を素直に表現すると同時に傾聴する過程。

▶ **自己理解・受容過程**——自己についての理解を深め，それを素直に認める過程。

▶ **他者援助過程**——他者理解・受容を深め，他者援助の言動を促進する過程。

▶ **人間理解・拡大過程**——人間についての見方・認識が深くかつ広くなる過程。

▶ **人間関係親密化過程**——相互に親密感，一体感，連帯感などが強まる過程。

5-4 サイコセラピー練習

❑ クライエント中心療法の応答技法体験

カウンセラーに特別な専門的な知識がなくとも，カウンセリングが成功させるのに必要にして十分な条件を身につければ，カウンセリングができるというロジャーズの理論は戦後，多くの人をひきつけ，わが国においてカウンセリングといえば，クライエント中心療法をさすほどでした。それでは，真の意味での受容とはどんな態度をいうのでしょうか。クライエントを尊重するとはいかなる行動によって実現できるのかというような問題に対して，残念ながらロジャーズは明確にしていません。そのため，ロジャーズのいっていることは間違っていませんが，それだけではどうしていいのかわからなくなってきてしまうところがあるのも事実です。その中で，クライエント中心療法における応答技法のいくつかについて体験してみましょう。でも，技法を身につけることばかりに目がいって，その本質を忘れないことが肝心です。さあ，あなたもクライエント中心療法の応答技法体験へ出発 GO！

❑ カウンセラーの態度条件を実現するための応答

◆ **問題1** 二人組みになり，一人が話し手，もう一人が聞き手になって，何でも結構ですから雑談をしてみましょう。その際，聞き手になる人が，話し

手が話しているとき，無言で聞く場合と，適当に相づちやうなずきを入れて聞く場合を交代に体験して，その違いを比べてみましょう。

◆ **問題2**　次の事例を読んで，あなたがカウンセラーになったつもりで，答えてあげてください。その際に，ここでは二つのことについての応答を考えて下の欄に書いてください。一つは，「感情の反映」という技法で，クライエントが言葉や動作（非言語的表現）で述べた感情をあなた（カウンセラー）がそのまま受け取り，言葉で伝え返してあげることです。もう一つは，「感情の明瞭化」というもので，クライエントが感じている漠然としていて，言葉でははっきりと表明できないでいますが，しかし，伝えようとしている「ある感情」をあなたが感じ取って，言葉で伝え返す場合です。

事　例——25歳の女性会社員

　何かぼーっとしていて，仕事でミスばかりやってしまうんです。この前も，取引先からの伝言を担当者に伝えることを忘れて，せっかくの取引がダメになってしまったんです。仕事を一つひとつきちんとしなきゃと思っているんですけど，うまく集中できないというか，考えられないというか……。こんなはずじゃなかったのに，気がつくと涙ばかり出ていて，家に帰りたい，休みたいとばかり思っているのです。何もかも投げ捨てて，辞めたいのですが，両親は私の収入がないと困るし……。

▶ 感情の反映としての応答

▶ 感情の明瞭化として応答

問題2の解答例

　感情の反映　これは，感情の受容あるいは簡単な受容とよばれる応答技法

の一つです。一見何でもないような相づちやうなづきを聞き手がしてくれるだけで，話し手は，相手は自分の言っていることを一生懸命聴いてくれているとか，誠心誠意聴いてくれているという実感をもつことができます。このことによって，話し手（クライエント）は心理的に安定でき，自分自身の問題について直視していくことができるようになるのです。

どのような相づちやうなづきがよいかは，聴き手（カウンセラー）の自然で得意な応答が適当でしょう。要は，「一生懸命に，まじめに聴いていますよ」という姿勢が相手に伝わることなのです。

感情の反映の応答例として次のようなものがあげられます。

▶ たいへんな状態ですね。
▶ とてもお気の毒ですね。
▶ 失敗したことを思い出すとつらいですね。

ここでは，便宜上言葉での応答例をあげましたが，実際には言葉だけでなく，非言語的な反応も手がかりとして，そこに含まれる感情的なニュアンスを受けとめて応答すると，より正確な感情の反射となります。また，クライエントの声の調子や抑揚と，カウンセラーの応答がマッチすることも大切です。

クライエントのいまここで感じつつあることを，そのまま受け取り返していく応答ですが，単なるオウム返しになることなく，カウンセラーの理解が正しいかどうか確かめていく応答と考えるとわかりやすいと思います。

感情の明瞭化　　感情の明瞭化としては次のようなものが考えられます。

▶ 何もかも放り出したいけどがんばり続けるしかないという気持ちでしょうか。
▶ もっとしっかりしなくちゃと思うけれど，これ以上やれないという感じでしょうか。
▶ 何だか空回りして，自分で情けなく思うのでしょうか。

クライエントは，普通，理路整然と自分の気持ちや感情を話しません。つまったり，話が前後したりしながら，たどたどしく話します。そのようなとき，カウンセラーが真剣に傾聴して，感じ取ったことを明確化して伝え返すことで，クライエントは，温かく受けとめられているという気持ちを体験できるのです。

以上述べた以外に，クライエント中心療法の応答技法としては，

▶ **承認-再保障**——情緒的な支援，承認，強化を与える。
▶ **くり返し**——クライエントの表明したことのエッセンスをくり返す

▶ **フィードバック**——クライエントの行動について，カウンセラーがどうみているか伝える。
▶ **自己開示**——カウンセラーが自分の感情や考えを適切にクライエントとに伝える。
▶ **非指示的リード**——もっと具体的に問題に立ち入って表明してもらったり，説明を求める場合などは「もう少し話してもらえませんか」などという。

などがあります。

◆◇◆◇ **5章の引用・参考文献** ◆◇◆◇

諸富祥彦　1997　『カール・ロジャーズ入門』　コスモスライブラリー.
村山正治・野島一彦　1977　「エンカウンター・グループ・プロセスの発展段階」九州大学教育学部紀要（教育心理学部門），**21**，72-84.
野島一彦　1983　「エンカウンター・グループにおける個人過程——概念化の試み」福岡大学人文論叢，**15**, 34-54.
野島一彦　1999　「ロジャーズ学派」　氏原　寛・成田善弘 編　『カウンセリングと精神療法』（臨床心理学①）　培風館.
Rogers, C.R.　1951／友田不二男 編訳　1966　『サイコセラピィ』（全集第3巻）岩崎学術出版社.
Rogers, C.R.　1957／伊東　博 編訳　1966　『サイコセラピィの過程』（全集第4巻）岩崎学術出版社.
Rogers, C.R.　1959／伊東　博 編訳　1967　『パースナリティ理論』（全集第8巻）岩崎学術出版社.
Rogers, C.R.　1970　*Carl Rogers on encounter group*, Harper & Row.
Rogers, C.R.　1977　*Carl Rogers on Persona*, Power Delacorte Press.
佐治守夫・岡村達也・保坂　亨　1996　『カウンセリングを学ぶ』　東京大学出版会.
末武康弘　1988　「来談者中心カウンセリング」　松原達哉 編　『カウンセリング入門』（学校カウンセリング講座③）　ぎょうせい.
田畑　治　1982　『カウンセリング実習入門』　新曜社.
田畑　治　1989　「来談者中心療法」　上田一郎・飯田　真 他編　『メンタルヘルス・ハンドブック』　同明舎.
田畑　治編　1998　『クライエント中心療法』（現代のエスプリ No.374）至文堂.

6章

クライエント中心療法の発展

フォーカシング

　ここでは，ロジャーズ以降，クライエント中心療法のもう一つの大きな流れとなっているユージン・ジェンドリン（Eugene Gendlin）のアプローチについて学んでみましょう。ジェンドリンは，もともと哲学を学び，彼の博士論文のテーマは「象徴化作用における体験過程の機能」で，刻々と進行中の生の体験はいかに象徴されうるかという問題意識をもっていた。彼は研究を進めているうち，心理療法におけるクライエントの内面に起きる現象が，自分が関心を寄せている「生の体験の象徴化」ということではないかと考え，ロジャーズのグループに入っていった。そこで，ジェンドリンがみたものは，心理療法の中でクライエントが，言葉やその他の手段を使って，言葉にならない曖昧な自分の「生の体験」を何とか表現しよう（象徴化しよう）としている姿だった。このような経緯からつくられたのが，ジェンドリンの「体験過程」の理論である。彼の理論に基づいて創始された心理療法は当初「体験過程療法」よばれていたが，似たような名称が他にあることから，最近はフーカシング・オリエンテッド・サイコセラピィ（focusing-oriented psychotherapy，フォーカシング指向心理療法）とよばれている。

6-1　フォーカシングとは

　私たちは，自分の中に確かにあるが，それが何であるかはっきりしない漠然としたものを「あんな感じ」とか「この感じ」というように，ある感じ（センス）として直接さし示すことができる。たとえば，ある人の印象を聞かれて，「うーん，なんて言えばいいかな，ああいう感じは……」というときの感じで

ある。そのようなのどまで出かかって出てこないとき、身体全体がいら立ってきたり、何かが引っかかって出てこない不快感がある。そんな不快感や違和感に注意を向け、その感じを言葉やイメージと照らし合わせながら「しっくりくる」「ぴったりした」表現で概念化できると落ち着く。そんな瞬間、こころに引っかかっていたものが取れて、自己理解が進み、問題を乗り越えられた感じになる。このような体験を意識的に行なっていくための技法がフーカシングである。すなわち、フォーカシングは、未分化な「感じの流れ」を直接受けとめ、自らの内面に注意の焦点をあてながら、その感じを意味づけるような言葉やイメージがおのずと浮かび上がってくることを促進する技法といえる。

6-2 フェルト・センス

ジェンドリンがフォーカシングを創始したきっかけは、「なぜ、カウンセリングはある人には役立ち、ある人には役立たないのか？」という彼の疑問を研究したことに始まった。その結果、カウンセリングの成功・失敗要因は、クライエントにもともと備わっている問題についての漠とした、言葉にしにくい内的な気づきや身体的な感覚（フェルト・センス felt senses）に触れる能力次第だということを明らかにした。このフェルト・センスという言葉は、ジェンドリンがフォーカシングのために特別につくり出した用語で、意味を含んだ身体感覚をいう。フェルト・センスは、身体の内側で感じられ、生活や人生で意味ある何かと関係している感じである（感じ方については後述）。

6-3 フォーカシングの基本的ステップ

ジェンドリンは、60年代後半にフォーカシングの技法について論文に書いているが、その後、学びやすいようにステップやさまざまなスキルが開発され、相手や場面に応じた教え方の工夫などが蓄積されてきている。ここでは、アン・ワイザー・コーネル（A. W. Cornell）のフォーカシングのやり方を紹介する。フォーカシングは一人でもできるが、フォーカサー（フォーカシングをする人）は、フォーカシング過程をよく理解していて適切なガイドができるリスナー（聞き手）のもとで始めるのが望ましい。

◆ **身体の内側に注意を向ける**

目を閉じて、両手、両足、座っていて触れている部分が「どんな感じか」に

注意を向けていく。それからさらに，身体の内側の中心部，特に喉，胸，胃，お腹のあたりに注意を向け，ゆっくりと感じてみる。

◆ フェルト・センスを見つける，あるいは招く

フェルト・センスは，すでにそこにある場合や，出てくるようにやさしくはたらきかけることが必要な場合もある。身体の内側で気づいていることに注意を向けていく。フェルト・センスを招くために「ここで私が気づく必要のあることはどんなことかしら？」とか「私の生活はどんな具合かな？」と身体の内側で言ってみる。そこで出てくる「感じ」がいい感じでも，悪い感じでも，それに「こんにちは」とあいさつして迎える。

◆ ハンドルを手に入れる

ハンドルとは，身体で感じている「感じ」にぴったりの言葉やイメージ，音，ジェスチャーなどのこと。「この感じには，どんな言葉やイメージがぴったりくるか」を自分に尋ねてみる。できるだけぴったりして，「そうだ」という感じが見つかるまで続ける。

◆ その感じと一緒にいる

ハンドルを手に入れたら，気持ちを楽にして，しばらく一緒にその「感じ」といる。「この感じと一緒にいて大丈夫かどうか」を自分に聞き，十分に一緒にいた後，「それ」は何を私に知ってもらいたいのだろうか問いかけてみる。もし何かもっとありそうな感じがしたら，フェルト・センス，ハンドル，一緒にいることをくり返す。

◆ 終わりにする

出てきた感じにつきあい，味わった後，終わりにしてもよいかどうかを身体に尋ねる。フォーカシングの中で出てきた大事な言葉やイメージを覚えて，感じた部分にあいさつし，感謝の気持ちを込めて受けとめ，ゆっくりと終わりにする。

6-4　フォーカシングをよりよく行なうための五つのスキル

◆ 認めること

フォーカシングの第一歩は，出てきたフェルト・センスをそのまま認めてあいさつすることである。「私はそんなふうに感じるはずはない」と否定してしまっては，フォーカシングのプロセスを止めることになる。

◆ 関係を見つける（間をとる）

フォーカシングでは身体の感じと，それを感じている自分との間に，ほどよい「距離」をとったり，「関係」を見いだすことが必要である。これをアン・ワイザーは，disidentification（自分と感じの区別，脱同一視）といい，ジェンドリンは，間をおくために，クリアリング・ア・スペース（すっきりした空間づくり）といって，「気がかりのことを全部片隅に寄せ，ひと息つき，しばらく休息するための場所をつくる」ことを重視した。

◆ 共鳴させる

感じの表現と，もとの感じと照らし合わせてみて，このいい方でぴったりかどうかを確かめる作業である。いま一つしっくりこないと感じられるときには，よりしっくりくる表現を探すことになる。そして感じているとおりの特質を表現できたときのさわやかな納得感は，何ものにも代えがたい貴重な体験となる。

◆ 友だちのように居る

何か苦しいときに，親しい友人や家族に一緒に居て話を聞いてもらいたいように，気になる感じと一緒に居てゆっくりとその感じとつきあっていくことをいう。

◆ 受け取る

フォーカシングで得られた新しい気づきや感じ方を貴重なものとして，否定したり評価せずに，そのまま受け入れる態度のことである。

6-5 サイコセラピー練習

☐ フォーカシング体験

フォーカシングをやっていると，突然「あぁ」というような気づきが起こり，身体の力が抜けて，気持ちが楽になることがあります。それは何だか精神分析療法で，洞察を得たときと同じような感じがします。つまり両方がどこかでつながっている気がするのは，私だけでしょうか。そう考えると，ロジャーズが「ノンディレクィブ」といったことは本来の自由連想に戻れということであり，ジェンドリンのリスニングの重要性の指摘は改めて自由連想の意味を明らかにしたともいえるのではないでしょうか。つまり，精神分析も，クライエント中心療法も，フォーカシングもその根底に流れる考え方に，共通性があり，それぞれが別物であるとは思えないのです。

6-5 サイコセラピー練習

さて，ここでは，とにかくフォーカシングを体験してみましょう。さあ，あなたもフォーカシングの世界へ出発GO！

☐ フォーカシング──アン・ワイザー・コーネル流
◆ 練　習
まず落ち着ける場所・姿勢になって，楽にして始めます。

目を軽く閉じましょう。本文に書いてある流れに沿って進めていきますが，あなたをガイドするための鍵言葉を次にまとめてありますから，参考にしてフォーカシングを行なってみましょう。

◆ あなた自身をガイドする──鍵言葉のまとめ
▶ からだの内側に注意を向ける
「私は，手，足，それからからだが椅子に触れている部分を感じています」
「私はからだの中心部に意識を向けています」
「私はとくに喉・胸・胃・お腹のあたりに注意を向けています」

▶ フェルト・センスを見つける，あるいは招く
「『今，私の気持ち(アウエアネス)は何を求めているのかな？』と尋ねています」
「何が出てきたがって，知ってもらいたがっているのかな？」
「何かよい積極的なものを感じているのかしら？」
「私の生活や人生はどんな具合かなと自分に問いかけてみた時，からだの内側のここはよい気分になれるかな？」
「その特定の問題について私のからだはどんなふうに感じるのかな？」

▶ 認めること
「私はこれを認めています」
「それがそこにあるのを知ってますよ，とそれに伝えているのです」
「私はこれに『こんにちは』と挨拶しているのです」

▶ 取っ手（ハンドル）を手に入れる
「これをどう表現すればいいのだろう？」
「どんな言葉やイメージがこのからだの感じにぴったりくるかな？」

▶ 関係を見つける
「私はそれの脇に座っています」
「言ったことは聴きましたよ，とそれに知らせているところです」
〔もしそれが押しつぶされそうだったら〕「それに向かって少しばかり離れてくれるつもりはないのか，と尋ねているところです」

▶ 友だちのように居ること
「私はこれと仲良くできるかな？」
「ともかくこれと一緒に居られるかな？」
「これに親しさを感じていない私の一部分と一緒に居られるかしら？」

▶ その感じと一緒に居る
「私はこれと一緒に居ても大丈夫かどうか自分自身に尋ねています」
「ただこれと一緒にしばらく過ごさせてください」
「私はこれについてただ興味と好奇心をもっていたいだけなんです」
「私は，そこに『今以上の何か』という感覚を感じているかどうか気をつけています」

▶ 問いかけ
「この場所が何か情動的な特質かムードをもっていないか，感じています」
「私はこの場所が私の人生や生活とどんなふうに関係しているか，感じています」
「私はこのこと全体について，何がそんなに何々的〔取っ手〕なのかを感じています」
「私はこの場所に，それには何が必要なんだろうと，尋ねています」

▶ 共鳴させる
「それを私のからだにずーっと取り込んでいって，ぴったり感じるかどうか見てみましょう」
「これは私のからだの感じとぴったりするかな？」
「その場所は，これにわかってもらえたと感じているかしら？」

▶ 受け取る
「ちょっとの間ただそれと一緒にとどまっていることにしましょう」
「私は，そのいい感じとただ一緒に居たいのです」
「私は，この〔肯定積極的なあるいは新しい〕感じを，ここで居たいだけ十分居させてあげるつもりです」

▶ からだに戻ること
「私は，今からだの内側でチェックしてみるつもりです」
「それ全体がからだの内側でどんな感じか見させてください」

▶ 終わりにする
「終了する前に，何かもっと出てきて知っておいてもらう必要がないかどうかを感じています」
「出てきたものを覚えておこうと思います」
「私が今居るところに印をつけておきます」
「私のからだのプロセスに感謝しています」

◆◇◆◇◆ 6章の引用・参考文献 ◆◇◆◇◆

コーネル，A.W. 1989／村瀬孝雄 監訳 1996 『フォーカシング入門マニュアル』 金剛出版．

ジェンドリン，E.T. 1978／村山正治・都留春夫・村瀬孝雄 訳 『フォーカシング』 福村出版．

村瀬孝雄 1995 『フォーカシング事始め』 日本・精神技術研究所．

村山正治 編 1999 『フォーカシング』（現代のエスプリ No.382） 至文堂．

7章

適切な行動を再学習する

行動療法

　よいことをしてほめられたりごほうびをもらった経験をした子どもは，また同じようなよい行ないをくり返すであろう。反対に，悪いことをして叱られた子どもは，二度と同じようなことはしないであろう。これは，そのような行動を"学習"したからである，と考えることができる。また，初めて買った宝くじが当たってから宝くじにはまってしまった，ポイントをためようと同じ店で買い物を続けるようになった，犬にかまれてから他の犬にも近づけなくなった，大声で先生に叱られたので学校へ行けなくなってしまった，歌を歌って音痴と言われてから人前では歌えなくなったなどなど。例をあげればきりがないほど，私たちが日常無意識的に行なっている行動の多くが，学習理論的な要素をもっている。

　精神分析はフロイト，クライエント中心療法はロジャーズというように，多くの心理療法の理論は，その時代や文化を背景に優れた洞察力をもった臨床家が自らの経験を通して構築した人間観がもとになって誕生したもので，科学としての基礎心理学とは縁の遠いものであった。ところが，1950年代になり，学習心理学の実験や観察から得られた知見を臨床に導入した，新しい治療理論と治療法が展開されるようになった。これが行動療法である。行動療法は，人の内的状態に焦点をあてるのではなく，観察可能な行動を対象とするところに特徴がある。

　この章では，学習理論に基礎をおき，客観性や実証性を重視した，精神分析やクライエント中心療法とはまったく異なった心理療法である行動療法について学ぶことにしよう。

7-1　行動療法とは

　ダラードとミラー（J. Dallard & N. E. Miller, 1950）が、「もし神経症的な行動が習得されるものであるならば、習得に用いられたのと同一の原理を組み合わせることで学習が解除できるに違いない」と述べているように、よい行ないをほめられるとその行動が身についてどんどん伸びていくのと同じように、恐怖症やチックなどのような不適切な行動も私たちがいつのまにか学習してしまったものと考えると、学習心理学の諸理論や手続きを用いて不適切な行動の減少や除去、適切な行動の再学習が可能になってくる。

　行動療法とは「不適応行動を変容する目的で、実験的に確認された学習の諸原理を適用し、不適応行動を減弱・除去するとともに、適応行動を触発・強化する方法」（J. Wolpe, 1969）と定義されているように、学習理論に基づいて人間の行動の変容を図る治療体系である。

7-2　行動療法の歴史

　行動療法は学習理論を臨床に導入した技法なので、その歴史は学習理論の歴史を含んでいる。行動療法のはじまりは1900年の初め、ロシアのパヴロフ（I. P. Pavlov）によってなされた条件づけの研究にまでさかのぼることができる。パヴロフは動物を対象とした条件反射に関する研究の過程で、解決困難な課題に直面した犬が異常な興奮状態に陥ることを発見し、これを実験神経症と名づけた。これによって、動物の条件づけ理論から人間の神経症を理解するという画期的な視点が開かれた。1920年代になり、パヴロフの影響を大きく受けたワトソン（J. B. Watson）らアメリカの行動主義者が、人間の行動異常は条件づけによって学習されたもので、その治療過程も学習過程にほかならないと考え、子どもの動物恐怖症の治療に条件づけの方法を用いた研究を行なった。その後、マウラー（O. H. Mowrer）とマウラー（W. M. Mowrer）による古典的条件づけ（レスポンデント条件づけ）の機制を用いた夜尿症の治療の研究など、理論的仮説と治療の実践を結びつけるような研究が行なわれた。そして、1950年代後半になると学習理論が具体的な行動異常の治療に用いられるようになり、行動療法が飛躍的に発展していった。

　1953年、アメリカで精神病患者の行動変容を目指していたスキナー（B. F. Skinner）らによって、初めて行動療法という用語が用いられた。その後、

1958年になって画期的な論文が発表された。一つは，イェーツ（A. J. Yates）のチックの治療法である。彼は，チックは学習された反応であるから，治療としては消去手続きを行なえばよいと考え，強化を与えずに好ましくない反応を積極的にくり返させる「負の練習」という技法を報告した。この年，南アフリカでは，ラザラス（A. A. Lazarus）とウオルピ（J. Wolpe）が神経症の主症状である不安反応を消去するための技法として，不安と拮抗する新しい反応を学習する「逆制止法」を報告した。これが現在でも行動療法を代表する中心的な技法となっている。1959年には，イギリスでもアイゼンクが論文の中で行動療法という用語を用いた。このように，異なる地域の異なる研究者たちによって，ほぼ同時期に行動療法という言葉が使われ始めた。しかし，行動療法が広く知られ，注目されるようになったのは，アイゼンクの『行動療法と神経症』（1960年）が出版されてからであった。

7-3　行動療法で用いられている学習理論

学習や行動の原理・法則を体系的に組み立てたものが学習理論であるが，行動療法では図7-1のような学習理論が用いられている。

❏ レスポンデント条件づけ

レスポンデント条件づけで有名なのは，パヴロフの犬の実験である。犬の口に餌を入れると唾液が出る，というような当然生じる生理的な変化に，中性的な刺激であるメトロノームの音を一緒に提示して，メトロノームの音で唾液が分泌するように行動を変容させるものである。自転車から落ちたことで恐怖を感じた子どもは，それ以降，自転車や車輪のついた他の乗り物にも恐怖を抱くようになるかもしれない。これが恐怖症の形成過程である。レスポンデントとは，生体が意図的，積極的にはたらきかける反応ではなく，刺激に応える形で引き出される受動的な反応という意味で，レスポンデント条件づけを用いた方

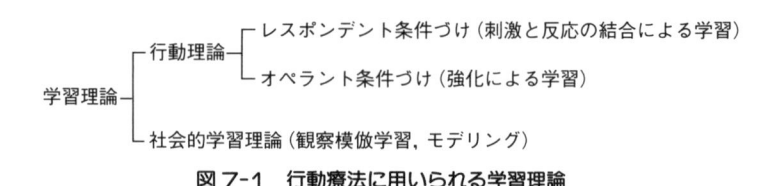

学習理論 ┬ 行動理論 ┬ レスポンデント条件づけ（刺激と反応の結合による学習）
　　　　 │   └ オペラント条件づけ（強化による学習）
　　　　 └ 社会的学習理論（観察模倣学習，モデリング）

図7-1　行動療法に用いられる学習理論

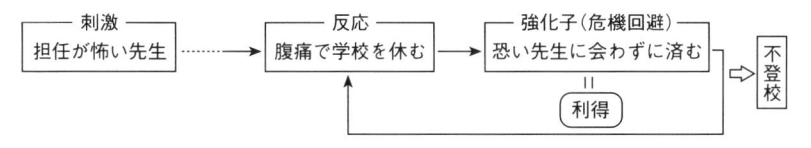

```
┌─刺激──────┐   ┌─反応──────┐   ┌─強化子(危機回避)─┐   ┌─不登
│担任が怖い先生│⇢→│腹痛で学校を休む│→│恐い先生に会わずに済む│⇨│校
└──────────┘   └──────────┘   │      ‖       │   └─
                              │    利得      │
         ↑                    └──────────────┘
         └──────────────────────────┘
```

図7-2　不登校行動のオペラント学習過程の例

法は，情動（不安，怒り，恐怖など）反応の習得や，内分泌，内臓などの不随意反応の学習に関係し，不安，恐れ，引っ込み思案やこれに関係した神経症，心身症などに効果がある。これに基づく代表的な技法として，逆制止法，脱感作法，フラッディング法などがあげられる。

❏ オペラント条件づけ

オペラント反応とは，生活体の環境への自発的なはたらきかけのことで，スキナーの問題箱に入れられた空腹のねずみが，偶然レバーを押したことにより餌を獲得した経験から，餌を獲得するためにレバーを押し続けるといった有名な実験がある。最近多い不登校の問題で，担任が恐い先生に変わってから腹痛などが生じ登校できなくなった子どもの事例を考えてみると，子どもが登校しなくなったことで恐い担任を回避できるようになり，それが子どもにとって危機回避という利得になり，この利得がその後の不登校反応を強化してしまった，と理解できるのである（図7-2）。このように，オペラント条件づけは，歩く，話す，食べるなど，本人の意思による行動の習得，増大，減少，消去に関連した学習である。これに基づく代表的な技法は，シェーピング，プロンプティング，正の強化・負の強化法，刺激統制法，トークンエコノミーなどがあげられる。

❏ 社会的学習理論

社会的学習理論の立場からバンデューラ（A. Bandura）は，人は，自分で直接経験をしなくても，他の人々の行動やその結果を観察することにより，新しい行動様式を獲得したり，反応パターンを変容したりすることができるという，観察学習の成立過程を理論化した。バンデューラの理論は図7-3のとおりで，ここでいう注意過程とは，学習者がモデルの行動や結果に注意を向けることである。観察学習では学習者がモデルの行動に注目することから始まるためこの過程は重要で，これにはモデル側の要因と学習者側の要因がかかわってい

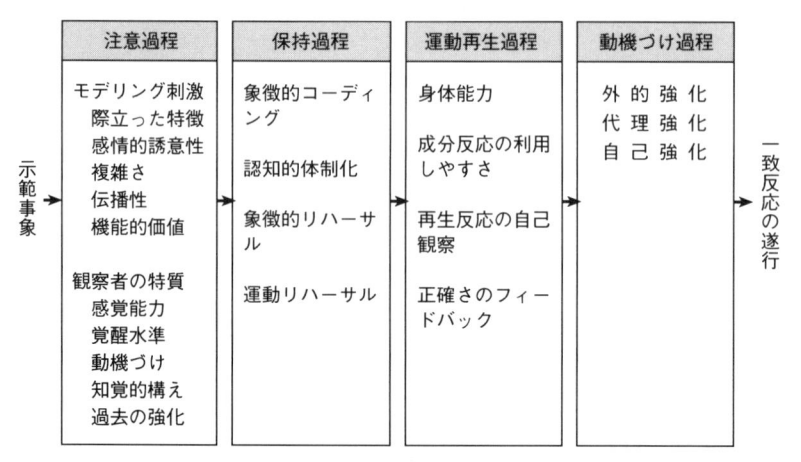

注意過程	保持過程	運動再生過程	動機づけ過程
モデリング刺激 際立った特徴 感情的誘意性 複雑さ 伝播性 機能的価値 観察者の特質 感覚能力 覚醒水準 動機づけ 知覚的構え 過去の強化	象徴的コーディング 認知的体制化 象徴的リハーサル 運動リハーサル	身体能力 成分反応の利用しやすさ 再生反応の自己観察 正確さのフィードバック	外的強化 代理強化 自己強化

示範事象 → … → 一致反応の遂行

図7-3 観察学習の成立過程に関する社会的学習理論
(Bandura, 1971／原野・福島訳, 1973)

る。保持過程は，観察したことを記憶し，まとめて実行できるようにする過程で，運動再生過程では，認知的に記憶されたモデルの行動内容が実行に移される。動機づけ過程とは強化の過程で，強化が得られることによって，観察し実行することに動機づけられる。テレビの主人公の攻撃的な行動を観て子どもが主人公と同じような攻撃的な態度をとる，母親がヘビを恐がるのを見て子どももヘビ嫌いになってしまうなど，私たちの日常生活のあらゆる場面で観察学習は重要な役割を果たしている。これに基づく技法としてはモデリングなどがあり，この方法はさまざまな不適応行動の治療のみならず，スポーツの技術の習得やしつけなど日常生活場面で広範囲に利用されている。

7-4 行動療法の諸技法

☐ 系統的脱感作法

この方法は，ウオルピが恐怖症的反応の治療のために開発したもので，逆制止の原理と脱感作の原理を組み合わせたものである。逆制止とは，ある反応が別の反応によって抑制される過程をいう。たとえば，水泳や陸上競技などさまざまなスポーツ競技を観ていると，選手がスタート前に深呼吸したり手足をブラブラさせているのに気づくことがある。これは，人間は不安と弛緩を同時に抱くことはできないので，深呼吸などによってレースという刺激で生じた不

7-4 行動療法の諸技法

安・緊張反応に拮抗する弛緩反応（リラクセーション）を生じさせ，レースに対する不安や緊張を抑制しようとしているのである（図7-4）。

脱感作というのは「敏感でなくなる」ということである。クライエントが深い弛緩状態にあるとき，不安を引き起こすような刺激を徐々に高めていくと弛緩反応が不安反応に転移され，やがて最終的な刺激場面に対する不安や恐怖反応が消去されていく。この方法は，今日ではさまざまな神経症や心身症，その他の不適応行動に広く適応され，行動療法の代表的な技法となっている。

系統的脱感作法の基本的な手続きは以下のとおりである。

◆ 不安階層表の作成

クライエントの恐怖や不安の内容を明らかにし，不安を引き起こす刺激場面を1枚1枚カードに記入する。次に1番強い不安を感じるカードを100として，順次各カードの数値を決定する。この数値は自覚的障害単位（subjective unit of disturbance; SUD）とよばれ，相対的不安度を数値に表したものである。これを不安の弱いものから強いものへ順に段階的に配列して不安階層表を作成する（表7-1）。

◆ 不安制止反応の習得

不安反応と対照的な機能をもち，不安を制止する効果を発揮できる反応（不安制止反応）を習得する。不安制止反応には，弛緩反応（リラクセーション）や自律訓練法（8章参照）で得られる受動的注意集中，主張反応，性反応，摂

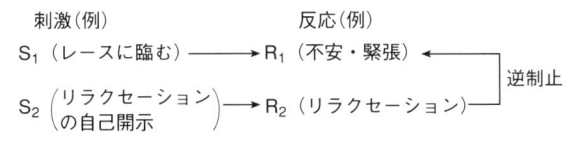

```
刺激(例)           反応(例)
S₁（レースに臨む）────→ R₁（不安・緊張）←──┐
                                              │逆制止
S₂（リラクセーション  ）─→ R₂（リラクセーション）─┘
    の自己開示
```

図7-4　逆制止のメカニズム（内山，1988）

表7-1　試験恐怖症を訴えるクライエントの不安階層表

場面番号	場　　　面	SUD
①	家で問題集を解いている。	20
②	試験日に家の玄関を出る。	40
③	試験日に大学の門に入る。	60
④	試験日に教室に入る。	80
⑤	教室で試験を受けている。	100

食反応，運動反応，呼吸反応，解除反応などがある。系統的脱感作には弛緩反応（リラクセーション）や受動的注意集中が用いられる。

◆ 脱感作

不安階層表の各場面を不安の弱いものから強いものへ順にイメージし，脱感作を図り，イメージによって引き起こされる不安反応をリラクセーションやその他の方法によって制止する。

❏ フラッディング法

この方法は，フラッディング（flooding）という名称が示すように，はじめからクライエントを最も不安や恐怖の強い場面にできるだけ長い時間さらし，いやおうなしにこれらの不安や恐怖と対決させようとするもので，系統的脱感作法とは対照的な技法として注目された。フラッディング法の理論的背景は，レスポンデント条件づけの消去の理論である。つまり，不安反応を引き起こす無条件刺激がない状態で，条件刺激だけを反復提示することで，条件刺激に対する条件反応としての不安や恐怖反応を消去することができるというものである。恐怖症というのは不安や恐怖を引き起こす対象や状況（条件刺激）に恐怖反応が条件づけられているので，クライエントをその対象や状況に反復してさらすことでこれを消滅させることができると考えられている。フラッディング法を用いる場合，恐怖にさらす手続きとして，イメージを用いる場合と実際の場面に直面させる方法とがある。たとえば，飛行機恐怖のクライエントを現実場面に臨ませる事例では，セラピストが付き添って実際に飛行機に乗せてみる。はじめ，クライエントは恐怖におののくが，数回のうちには飛行機に慣れて病的恐怖は消失してしまう。この際，セラピストが肩を支えたり，安全を確認させたり，大丈夫だということを保証することが重要である。この方法は強迫神経症の治療に大きな効果をあげている。

❏ オペラント法

これは，スキナーのオペラント条件づけの原理を用いた治療法で，長期入院の精神病患者，自閉症児，精神遅滞児，非行少年など適用範囲が広く，行動療法の発展に大きく寄与した。ただ，スキナー派の臨床家たちは行動療法という言葉を用いず，行動変容ということが多い。この方法は特定の技法というより，強化とか刺激統制の基本技術があって，そのどの部分を強調しているかによっていくつかの技法群に分類することができる。

7-4 行動療法の諸技法

　第1は，望ましくない行動を減少させる手続きで，除外学習やタイムアウトなどがあげられる。除外学習とは，不適応行動を維持している正の強化子（注目，賞賛，食べ物，金銭など）を取り除くことによってその行動を消失させる学習である。たとえば，教室で奇声を発する生徒に注意をすることは注目という正の強化子を与えることになるので，知らん顔をして無視し続けることにより正の強化子を除外する。これによって奇声を消失させることができる。タイムアウトも同様で，一定時間，問題行動場面から退去させることにより，その場面にあるすべての強化子を取り除き，問題行動の消失を図る手続きである。

　第2は，望ましい行動を増加させる手続きで，代表的なものに正の強化法やトークンエコノミーなどがある。正の強化法は，望ましい行動がみられたときに正の強化子を与えていく方法である。このとき，すぐに報酬を与えるのではなく，代用通貨であるトークン（シールやポイントなど）を与え，それによって行動を強化していく方法をトークンエコノミーという。

　第3は新しい適応行動を形成する手続きで，シェーピング法がある。これは，いきなり目標行動を練習させるのではなく，そこに至るまでの行動をスモールステップの形で設定し，順を追ってこれを学習させ，最終的に目標となる行動を形づくっていくものである。たとえば，不登校の生徒がまず，休日に学校に来ることができるようになり，次に保健室登校，その次に特定の授業に出席できるようになり，最終的に完全登校できるようになるといったプロセスは，シェーピング法を用いたものである。

❏ モデリング

　これは，バンデューラの観察学習の理論に基づく治療法で，試行錯誤によらず，モデルの行動を観察することによって，モデルと同じような行動を獲得させる方法である。モデリングの行動に及ぼす効果には3種類ある。まず第1は，新しいスキルと行動を学習する基礎となることである。引っ込み思案の子どもに他の子どもたちが仲よく交わっている映画を見せると，より成熟した社会的行動が出現するなどが例としてあげられる。第2は，モデルの行動は観察者の制止反応を弱めたり強めたりする効果をもつ。たとえば，犬恐怖の子どもに他の子どもが犬と楽しそうに遊んでいるのを見せると，犬恐怖が低減する。第3は，モデルを観察することによって，観察者の反応が促進されることである。他の生徒が先生にあいさつするのを見ることによって，その生徒のあいさつ行動も促進される。

7-5 行動療法の特徴

　行動療法の最も大きな特徴は科学としての心理療法を目指していることにある。すなわち，行動療法は，実証的な裏づけをもつ一貫性のある理論に基づいて実施される。治療対象は不安感や恐怖感などの心的状態ではなく，不安反応や恐怖反応などの具体的な行動で，客観的な観察と測定が可能なものである。治療手続きは具体的で客観的な用語によって記述されることから，いつ，どのようなセラピストが行なっても同じ結果を得ることができる。

　このようなことから行動療法では，治療目標が明確なので，クライエントとセラピスト双方にはっきりと理解される，客観的な指標を用いて治療効果を判定でき，治療の進展が目に見える，症状の消失により治療を終結するため治療期間は短期間となるなど，単純で，便利で，経済的な面ももち合わせている。

7-6 サイコセラピー練習

❏ 系統的脱感作法にチャレンジしてみよう

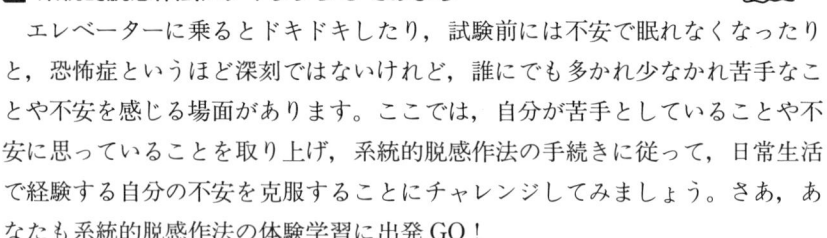

　エレベーターに乗るとドキドキしたり，試験前には不安で眠れなくなったりと，恐怖症というほど深刻ではないけれど，誰にでも多かれ少なかれ苦手なことや不安を感じる場面があります。ここでは，自分が苦手としていることや不安に思っていることを取り上げ，系統的脱感作法の手続きに従って，日常生活で経験する自分の不安を克服することにチャレンジしてみましょう。さあ，あなたも系統的脱感作法の体験学習に出発GO！

1. あなたが一番苦手としていること，恐れていること，不安やパニックを感じる事柄をできるだけ具体的に（場面，場所，対象など）A欄に書いてみましょう。
　　例：X先生の授業でみんなの前に出て英語で発表すること／バイト先で，先輩のYさんにわからないことを聞くとき。

```
┌─── A：事　例 ─────────────┐
│                                    │
│                                    │
│                                    │
│                                    │
│                                    │
└────────────────────────────┘
```

7-6 サイコセラピー練習

2. そのときあなたに生じると考えられる反応（気分，行動など）をB欄に記入しましょう。

例：不安で胸がどきどきする／憂うつで足が重くなり，思うように動けない。

```
┌─ B：反　応 ──────────────────────┐
│                                  │
│                                  │
│                                  │
└──────────────────────────────────┘
```

3. Bに記入されたような反応が生じるとき，自分にはどのような反応が欠けいるかを考えてみましょう。たとえば，ドキドキしているときは落ち着いていません。憂うつなときには鼻歌は歌っていないでしょう。このようにBとは同時に起こりにくい反応の仕方（拮抗反応）をC欄に記入してみましょう。気分や考え，身体反応などを具体的に書いてみましょう。

```
┌─ C：拮抗反応 ────────────────────┐
│                                  │
│                                  │
│                                  │
└──────────────────────────────────┘
```

4. Aの事柄を1番不安の強い事柄とし，それに近い事柄を4項目書き出しましょう。

例：X先生の授業で自分の席に立って英語の本を読む／大学に来る／大教室で授業を聞いている／X先生の授業に出てノートを取っている／O先生の授業に出てノートを取っている

　　　　　　　　　　　　　　　　　　　　　　　順番　　数値(SUD)
▶ ＿＿＿＿＿＿＿＿＿＿＿＿＿＿＿＿＿＿＿＿　（　）　［　　］
▶ ＿＿＿＿＿＿＿＿＿＿＿＿＿＿＿＿＿＿＿＿　（　）　［　　］
▶ ＿＿＿＿＿＿＿＿＿＿＿＿＿＿＿＿＿＿＿＿　（　）　［　　］
▶ ＿＿＿＿＿＿＿＿＿＿＿＿＿＿＿＿＿＿＿＿　（　）　［　　］

5. 4項目の事柄の（　）に不安の強い順に番号をつけます。

6. Aの事柄で感じる不安の強さを100とすると，4項目の中で一番不安の強い事柄はいくつくらいになるかを数字で記入します。同じ要領で，それぞれの事柄について数字を記入します。

7. Cの状態を自分でつくり出し，不安の程度の低いものから，その事柄や場面にいる自分をイメージしましょう。そのイメージとCの状態が自分の中で十分共存できるまでイメージトレーニングを行ない，事柄2，3へと進んでいきましょう。最後に事柄Aの中にいる自分をイメージし，そのイメージの中でもCの状態が続くように試みましょう。

　系統的脱感作法では，不安階層表を作成したのち，筋弛緩（リラクセーション）や自律訓練法をある程度習得してから脱感作を始めます。したがって，今回のように1回だけのイメージトレーニングでは大きな効果を期待するのは難しいと思われます。このような方法に関心をもった人は，まず，自律訓練法の練習から始めましょう。ただし，楽しく食事をしたり，深呼吸することも拮抗反応になりますから，Bと同時に起こりえない反応をうまく見つけ出し，それを用いることでもかまわないでしょう。

　不安階層表に記入する数値SUDは0から100までで，各項目間のSUDの値は10程度が望ましいとされています。不安症状が強い人は不安項目を10項目に増やしてみるとよいでしょう。

❏ シェーピング法を用いて目標達成のためのプログラムをつくってみよう

　身体を鍛えようとして急に長時間のマラソンを始めたが3日坊主に終わってしまった，英会話の勉強をしようとして上級用のテキストを買い込んだが初めの1ページで放り出した，など高い目標に向かって勢い込んでチャレンジしたけれどすぐに挫折してしまった，という経験はないでしょうか。このような失敗はいきなり目標行動に挑戦したことによるもので，サブゴールを多くつくり，そこに至るまでの行動をスモールステップの形で設定し，順を追って学習していけば，とうてい無理だとあきらめていたような目標も達成することが可能になります。ここでは，自分が目標としている行動を取り上げ，スモールステップの手続きで目標達成のためのプログラムをつくってみましょう。さあ，あなたもシェーピング法体験学習に出発GO！

1. あなたが達成しようとしている目標を下に書き出してみましょう。

　　例：1日2時間は集中して専門書が読めるようになる／太りすぎているので体重を5キロ減らしたい／会議で発言出きるようになりたい

7-6 サイコセラピー練習

2. 目標に到達するための行動をスモールステップの形で書き出してみましょう。

例：①1日1時間マンガの本を読む，②1日1時間雑誌を読む，③1日1時間小説を読む，④1日1時間専門書を読む，⑤1日2時間マンガを読む，⑥1日2時間小説を読む，⑦1日2時間専門書を読む。

サブゴール
①　_____
②　_____
③　_____
④　_____
⑤　_____
⑥　_____
⑦　_____
⑧　_____
⑨　_____
⑩　_____

3. 計画が実行できたときの強化の方法を考えましょう。

例：目標が達成できたら，美味しいケーキを食べる／目標が達成できたら，友だちに電話をしておしゃべりをする／目標が達成できたら好きな音楽を聞く／目標が達成できたらテレビをみる

4. 学習効果を高めるためのセルフ・モニタリング（自分自身の行動を観察して記録する）の方法を考えましょう。

例：目標行動の実行計画表を作成し，うまくできた日はシールを貼り，シールが自分で決めた数だけ集まったら欲しかった物を買いに出かける

先を急がず，毎日気長に取り組んでみよう！

◆◇◆◇◆ 7章の引用・参考文献 ◆◇◆◇◆

Dollard, J. & Miller, N. E.　1950　*Personality and Psychotherapy : An analysis in terms of learning, thinking and cultures*, Mc-Graw Hill.
ドライデン，W.・レントウル，R. 編　1991／丹野義彦 監訳　1996　『認知臨床心理学入門』　東京大学出版会.
岩本隆茂・大野　裕・坂野雄二　1997　『認知行動療法の理論と実際』　培風館.
コーチン，S. J.　1976／村瀬孝雄 監訳　1980　『現代臨床心理学』　弘文堂.
バンデュラ，A.　1971／原野広太郎・福島脩美 訳　1974　『人間行動の形成と自己制御』　金子書房.
窪内節子 編　1997　『楽しく学ぶこころのワークブック』　学術図書.
坂野雄二・上里一郎　1990　「行動療法と認知療法」　小此木啓吾・成瀬悟策・福島章 編　『心理療法1』（臨床心理学大系7）　金子書房.
内山喜久雄　1988　『行動療法』（講座・サイコセラピー2）　日本文化科学社.
氏原　寛・小川捷之・東山紘久・村瀬孝雄・山中康裕 編　1992　『心理臨床大事典』　培風館.
山上敏子　1997　『行動療法2』　岩崎学術出版社.
山上敏子 編　1990　『行動療法』（現代のエスプリ No. 279）　至文堂.
Wolpe, J.　1969　*The Practice of Behavior Therapy*, Pergaman Press.
吉武光世・久富節子　2001　『じょうずに聴いてじょうずに話そう』　学文社.
祐宗省三・春木　豊・小林重雄 編著　1984　『新版 行動療法入門』　川島書店.

8章

身体をリラックスさせる

自律訓練法

　仕事に追われ，こころの糸がピーンと張りつめたままでいると，緊張から肩がこったり，胃が痛んだりすることがある。このようなときに一人で静かな音楽を聞いたり，温泉につかってゆっくり手足を伸ばしていると自然と緊張がほぐれ，こころが和んでくる。私たちが日常なにげなくやっているこのような方法は，生理学的にみると，視覚，聴覚，触覚，嗅覚，味覚などの外感覚とか筋肉の緊張度を感じる筋感覚を減少させ，脳の興奮を静めることで精神的安定を得ようとしていることになる。
　この章では，身体の緊張をほぐすことによって，こころをリラックスさせる自律訓練法について学ぶことにしよう。

8-1　自律訓練法とは

　自律訓練法とは，こころの状態と関連の深い生理的側面の変化を重視した方法である。身体がリラックスしたときに手足に現れる特有の重たさ（重感）や温かさ（温感）を自己暗示によって積極的につくり出すことによりこころを落ち着かせようとするもので，心身の安定を得るための心理・生理学的訓練法といえる。

8-2　自律訓練法の歴史

　自律訓練法の歴史は，1895年にドイツの大脳生理学者フォークト（O. Vogt）が催眠の研究過程で，中性的催眠状態（症状除去のために特定の暗示

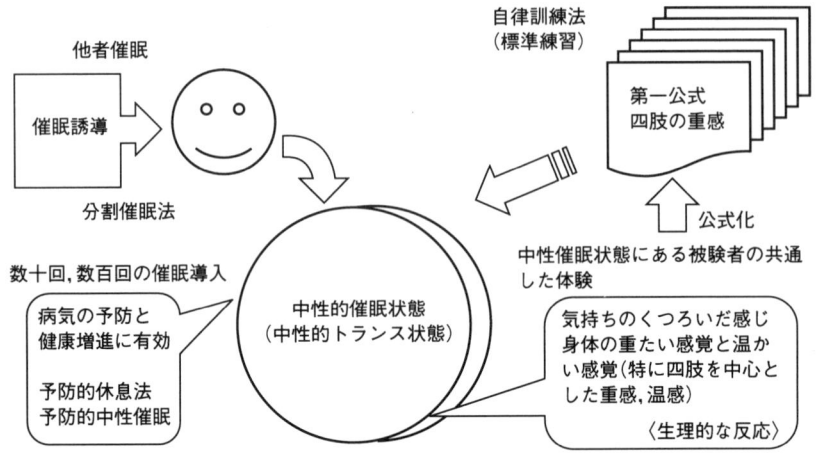

図8-1 自律訓練法の成立 （杉江，2000）

を与えるのではなく，ただ催眠状態に入っているだけの状態）が疲労，緊張，頭痛などを改善し，心身の健康増進のために有用であることを発見したことから始まる。その後，フォークトは，人の助けを借りずに自分自身が主体的に自己催眠の訓練をしていく方法を考案し，予防的休息と名づけた。これによって，従来の催眠法が，心理的原理に基づくものから心理・生理学的原理に基づくものへ，他者支配的なものから自己統制的方法へ，一括的から段階的へ，治療的から訓練的なものに発展したのである。

　1905年には，ドイツの精神科医シュルツ（J. H. Schultz）が中性的催眠状態の特徴が安静感（気持ちのよい感じ）と四肢の重たい感じ・温かい感じであることを見いだし，これらの感覚を生じさせる心理・生理学的過程が催眠の本質であるとした。そして，このような感覚を自己暗示的操作によって段階的に習得する技法を創案し，自律訓練法と命名した。シュルツの指導を受けたルーテ（W. Luthe）は自律性中和法や空間感覚練習など新しい概念を導入し，自律訓練法の発展に寄与した（図8-1）。

8-3 標準練習

　自律訓練法の中で基本となっているのは標準練習である。次に，実際的な練習方法について具体的にみていくことにする。

8-3 標準練習

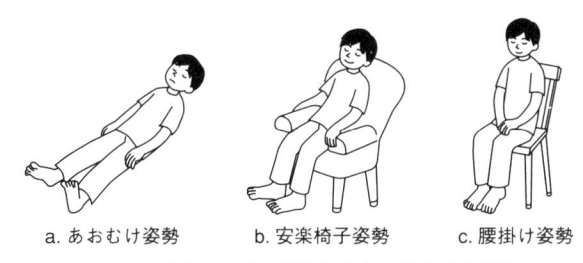

a. あおむけ姿勢　　b. 安楽椅子姿勢　　c. 腰掛け姿勢

図8-2　自律訓練法を行なうときの基本的な姿勢

☐ 準　備

　場所は，外からの刺激ができるだけ少ないところが望ましい。適度な明るさと温度のある静かな部屋が適している。服装はベルトやネクタイなどを緩め，身体的圧迫感がないようにしておく。また，身体内部からの刺激を取り除くために空腹時を避け，トイレは済ませておく。

　基本的な姿勢には，あお向け姿勢，安楽椅子姿勢，腰掛け姿勢（図8-2）がある。姿勢はクライエントに都合のよいものを選択してよいが，原則として，身体全体の筋肉が弛緩しやすく，自然で安定したものであることが重要である。静穏な心的状態に達するために目を閉じたほうが効果的である。しかし，目を閉じるとかえって不安が増すような場合は，無理に目を閉眼せず，はじめは目を開いた状態で練習してもよい。

☐ 標準練習公式

　標準練習は背景公式と次の六つの公式から成り立っている。背景公式は「気持ちが落ち着いている」という言葉で，標準練習の背景となり，基本となるものである。練習の途中で適宜挿入し，それぞれの練習効果を高める役割を果たしている。

◆ 第1公式（四肢重感練習）──「両腕・両脚（りょうあし）が重たい」

　これは四肢の筋肉のリラクセーションを図り，血流量の増加や皮膚温の上昇といった生理的変化を得やすくする公式で，練習は利き腕から始める。利き腕が右の場合は次のような順序で練習を完成する。右腕→左腕→両腕→右脚→左脚→両脚→両腕両脚。

◆ 第2公式（四肢温感練習）――「両腕・両脚が温かい」

第1公式で得られた生理的変化をさらに強める公式で，四肢の温感を実現し，抹消血管の拡張を図るための練習である。

◆ 第3公式（心臓調整練習）――「心臓が静かに規則正しく打っている」

これは，重・温感練習で得られている心臓の規則正しい動きを確認するための練習であるが，心臓疾患あるいは自分の心臓に不安のある人は練習してはならない。

◆ 第4公式（呼吸調整練習）――「自然に呼吸（いき）をしている」

これまでの公式の練習ですでに呼吸は静かで規則的になっているので，この公式の練習は比較的容易である。ただし，気管支喘息などの呼吸器系の疾患や機能的障害のある人はこの練習を避けたほうがよい。

◆ 第5公式（腹部温感練習）――「お腹（なか）が温かい」

この公式は，消化管をはじめ内臓機能の調整を目的としたものである。これまでの公式とは異なり，血管を収縮させ，緊張を起こさせるはたらきがあるので，胃潰瘍などの消化器系の疾患，糖尿病，妊娠中の人はこの練習を避けたほうがよい。

◆ 第6公式（額部冷涼感練習）――「額が心地よく涼しい」

この公式も適度の内的覚醒と緊張を生じさせるので，脳波に異常のある人は練習を避けたほうがよい。

自律訓練法では，それ以前に習得した公式は必ず，これからやろうとしている公式のはじめに織り込んでいく。したがって，第6公式を練習する場合は次のようになる。

「気持ちが落ち着いている……両腕・両脚が重たい……気持ちが落ち着いている……両腕・両脚が温かい……気持ちが落ち着いている……心臓が静かに規則正しく打っている……気持ちが落ち着いている……自然に呼吸をしている……気持ちが落ち着いている……お腹が温かい……気持ちが落ち着いている……額が心地よく涼しい」

❑ 練習時間と回数，終了の方法

練習は毎日，朝・昼・晩3回ずつ，合計9回行なうのが原則である。1回の練習時間は60～90秒程度で，同じことを3回くり返す。練習が1回終わるごとに，立ちくらみやだるさを防止するために必ず消去動作をする（図8-3）。

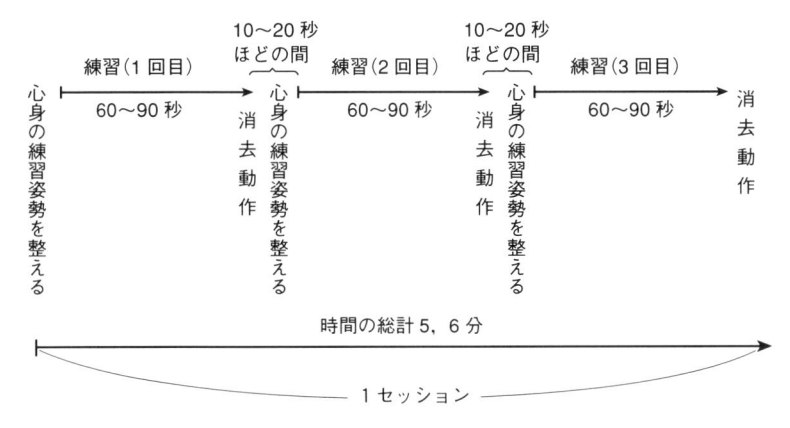

図 8-3　練習回数と時間（松原，2000）

☐ 毎日の練習結果は図 8-4 のように用紙に記録しておく。

図 8-4　記録用紙（内山，1990）

8-4　自律訓練法の諸技法

　黙想練習，自律性修正法，自律性中和法，自律行動療法，自律フィードバック訓練，空間訓練など，標準練習を基礎にしてさまざまな技法が発展してい

コラム　セルフ・コントロール法

　1970年代に入って，行動変容において学習者個人（セルフ）の果たす役割を積極的に評価し，人間が自己の行動をいかに制御しているかという観点から行動変容をとらえようとする動きが活発になり，さまざまなセルフ・コントロール法が考案されてきた。内山は，こうした多様なセルフ・コントロール法を，制御を行なう対象に注目して分類している（下の表を参照）。

　レスポンデントタイプ（情動的技法）は，不安や怒りなどの情動や，心拍数・皮膚温などの自律反応のセルフ・コントロールを行ない心身の弛緩反応を導くもので，自律訓練法やバイオ・フィードバック法などがある。オペラントタイプ（行動的技法）は，随意行動の外顕的セルフ・コントロールで，自分の行動を自分で記録したり観察する自己監視法や，自己強化法，自己罰法などがある。コグニティブタイプ（認知的技法）は，行動理論を認知的・内潜的過程に適用したものや認知心理学の知見を新たに取り入れたものなどで，イメージを積極的に用い，イメージの中でモデルを提示したりイメージの中で刺激場面と強化子を操作する内潜条件づけやマイケンバウムの自己教示訓練などがある。

表　セルフ・コントロール法の分類（内山，1986を一部改変）

対象となる反応	不随意反応	随意行動	認知行動
学習	レスポンデント	オペラント	コグニティブ
セルフコントロール法	自律訓練法 漸進的弛緩法 系統的脱感作法 バイオフィードバック法 東洋的方法（ヨーガ・座禅など） ⋮ ⋮	自己監視法 自己強化法 自己罰法 自己記録 自己評価 ⋮ ⋮	内潜条件づけ 内潜増感法 内潜強化法 内潜消去法 内潜モデリング 自己教示訓練 認知的再体制化

バイオフィードバック法は，その方法のメカニズムについてはオペラント条件づけによって説明されるが，ここでは制御を行なう対象により分類を行なっているため注意が必要である。

る。ここでは，シンボルによって身体感覚や身体像を変容し，自己観照を深める「こころの構造のセルフコントロール」を図る方法とシュルツが述べている，黙想練習を取り上げることにする。これは，色彩や形態，抽象物などをイメージする練習で，このような方法を通じて，最終的には「無意識への問いかけ」を行なっていく「本格的な心理療法」であり，精神分析と同様の機能をもつと考えられている。具体的には，まずはじめに，自然に視覚的イメージに現れてくる色彩を待つ練習をする。この色はクライエントによってまちまちである。次に，セラピストが指定した色が見えるように練習を行ない，その後，色彩の代わりに具体的に何かが見えてくるのを待つ。さらに，セラピストによって与えられる「正義」「自由」「幸福」といった抽象的概念を視覚化し，次に，クライエントの中に一貫して流れ続けている基本的感情や気分について視覚化する。この場合，海岸から海を眺めている，山頂にいるといったイメージが浮かんだり，過去の体験や願望などが視覚化されることが多い。さらに人物をイメージ化し，最終段階の「無意識からの応答」に到達する。これは，「自分は何を究極に求めているのか」「自分の本質は何か」「自分にとって最大の問題は何か」などをテーマに受動的注意集中を保ちながら，それがイメージとして現れるのを待ち，真の自己を見つめる段階である。

8-5 自律訓練法の特徴

　自律訓練法によって得られる心理・生理的状態は自律性状態とよばれ，生理的な反応として，心拍数の減少や末梢の血流の増加，皮膚温の上昇，脳波の徐波化などが生じる。心理的には受動的注意集中とよばれる状態になる。能動的注意集中が目標に対しての意図的な努力によって引き起こされるもので，緊張を伴うのとは対照的に，受動的注意集中とは興味，関心，努力などを伴わず，さりげない態度で注意を集中することである。たとえば，両腕を重たい感じに導入する場合，両腕を重くしようと意識的に努力するのではなく，両腕に軽く，ぼんやりと注意を向けることで得られる自然に感じることのできる平静な心的状態である。このような状態は自我の一時的な部分的退行状態であり，自我の休息と機能回復に役立つとされている。また，論理的，客観的な批判力が低下し被暗示性が亢進している状態であると考えられている。

　自律訓練法は，自分で段階的に進めていくセルフ・コントロールの方法であるため，練習への動機づけが大切である。期待したような効果を得るには比較

的長期間の練習が必要となってくるので，自分でがんばっていこうとする意欲や努力がなければ，途中で挫折してしまう。セラピストははじめにクライエントを十分に動機づけし，練習意欲が持続できるようにはたらきかけていく必要がある。

　この方法は，個人のみならず集団を対象に用いることができることも特徴の一つといえる。その効果としては，疲労の回復，過敏状態の鎮静化，自己統制力がつくことによる衝動的行動の減少，仕事や勉強の能率の向上，身体的な痛みや精神的な苦痛の緩和，内省力がつくことによる自己向上性の増加，自律神経系の安定，自己決定力がつくなどが指摘されている。適応範囲は広く，心身症や神経症などを対象とする病院臨床をはじめ，児童生徒らに対する教育活動，産業界への導入，アガリを呈するスポーツ選手への適応などがある。

8-6　サイコセラピー練習

☐ 重感の練習にチャレンジしてみよう

　自律訓練法は，初期段階では，心理的に静かな環境の中で練習することが重要ですが，練習の最終目的は「いつでも，どこでも」練習できるようになることなので，練習完成後は電車の中など騒音のなかでもできるようになります。また，短時間で，どのような場所でも実施できるので，疲れているとき，イライラしているときなど，気軽に疲労回復や落ち着きを得るための手段として用いることができます。このように自律訓練法は心身ともに健康な生活を営むのに非常に役立つ方法なのです。あなたもこれを体験して，家に帰ってからの数分間，寝る前の数分間を利用して，疲れた身体とこころをリラックスさせてあげましょう。さあ，あなたも重感の体験学習に出発GO！

　次の順序で，第1公式，重感の練習を体験してみましょう。

1．単純椅子姿勢

　まず，一番身近にある椅子を使って姿勢をつくります。椅子に深く腰をかけます。脚は肩幅程度に広げ，直角ではなく少し鈍角になるように折り曲げます。次に，姿勢を正し，大きく深呼吸をし，息を吐き出し，そのときの首が少し前に傾くような姿勢（楽な姿勢）を保ちます。両手は軽く膝にのせ，目を閉じます。2, 3回ゆっくり深呼吸します。吸うよりは吐くほうに意識を向け，ゆっくり長く息を吐くようにしましょう。少しでも身体の力が抜けたら，静かに自分に語りかけます。

2. 背景公式

「気持ちが落ち着いている，気持ちが落ち着いている……」とこころの中で何回もつぶやきます。無理に落ち着けようとせず，さりげない態度で公式をくり返し，少しでも落ち着いたと感じたらそれで満足するようにします。

3. 第1公式（四肢重感）

ここでは利き腕についての練習を行ないます。「右（左）腕が重たい。右（左）腕が重たい……」とこころの中で何回もくり返します（約1分）。ここでの重たさは，腕を重くしようと努力した結果得られるものではなく，利き腕にぼんやり注意を向けると自然に感じることのできるもので，力が抜けてリラックスしたときに感じる重たさです。人によっては，「重だるい」「下へ引っ張られる感じ」という人もいます。完璧さを求めず，少しでも重たい感じが味わえたらそれでよしとします。

4. 消去動作

練習を終了したら必ずこの動作を実施します。自律訓練法を進めていくうちに，自律訓練法特有の生理的変化や意識状態が生じてきます。この状態のまま目を開けたり，立ちあがったりするとめまいや頭重感が起きる場合があるので，それを防ぐために次のような消去動作をします。

- ▶ 両手を握り，少し力を入れて5，6回開閉する。
- ▶ ひじの屈伸運動を3，4回行なう。
- ▶ 大きく背伸びをして，2，3回深呼吸する。
- ▶ 最後にゆっくり目を開く。

さて，自律訓練法はどのような体験だったでしょうか。やってみた印象を記入してみましょう。また，練習中に生じた身体の変化や心理的な変化について（手がチクチクした感じ，まぶたがピクピクする，手が少し重たい感じがした，昔のことが思い出される，心配事が気になる，気分がゆったりするなど）なるべく具体的に記入してみましょう。

練習の進み具合や感じ方は，練習者の性格，練習場所，練習状況によって異なります。重感練習がうまくいかない場合は次のような点をチェックしてみましょう。

▶ 要求水準が高すぎないか。
▶ 受動的注意集中ができているか（意図的に努力して注意を集中するのでなく，さりげなく気持ちをそこにもっていく）。
▶ 訓練姿勢は適切か。
▶ 練習時間や回数は適切か。
▶ 公式言語は正しく用いられているか。

◆◇◆◇◆ 8章の引用・参考文献 ◆◇◆◇◆

伊藤芳宏　1982　『自律訓練法の医学』　中央公論新社（中公新書）.

笠井　仁・佐々木雄二 編　2000『自律訓練法』（現代のエスプリ No.396）　至文堂.

窪内節子 編　1997　『楽しく学ぶこころのワークブック』　学術図書.

佐々木雄二 編著　1989　『自律訓練法』（講座・サイコセラピー3）　日本文化科学社.

内山喜久雄 編著　1986　『セルフコントロール』（講座・サイコセラピー4）　日本文化科学社.

内山喜久雄　1990　「自律訓練法」　上里一郎・鑪幹八郎・前田重治 編　『心理療法2』（臨床心理学大系8）　金子書房.

氏原　寛・小川捷之・東山紘久・村瀬孝雄・山中康裕 編　1992　『心理臨床大事典』　培風館.

吉武光世・久富節子　2001　『じょうずに聴いてじょうずに話そう』　学文社.

ly # 9章

思い込みを修正する

認知行動療法

　楽しく暮らしたい，いつまでも幸せでいたいというのは万人の願いである。しかし，私たちの人生はいつも順調とは限らない。人生には，試験に落ちた，失恋した，交通事故に遭って大けがをしたなど，さまざまな不幸な出来事があり，個人的な努力ではそれを避けて通ることができない場合もある。ところが，同じような不幸な事態に直面しても，それをバネとして伸びていく人もいれば，失意のどん底に陥って立ち直れなくなる人もいる。このような相違はどこから生まれてくるのであろうか。

　私たちは不幸な出来事が，抑うつ感情や不適応な行動を生み出すと考えがちである。しかし，少しのつまずきや不快な出来事を重大に受けとめ，「自分は不幸だ」「何をやってもうまくいかない」などといった悲観的な考え方にいつも陥って悩みが絶えない人をみるとき，問題は不幸な出来事ではなく，それをどのように受けとめるかという認知過程にあることに気づかされる。

　この章では，1970年以降盛んになった認知心理学の影響を受け，行動療法に認知という新しい概念を導入した認知行動療法を中心に学ぶことにしよう。認知行動療法は認知療法をそのまま引き継いでいるので，ここでは認知療法も認知行動療法に含まれるものとして話を進めたい。

9-1　認知行動療法とは

　行動療法の理論的基盤となった学習理論では，人の行動を刺激-反応という枠組みだけで説明しようとしてきた。しかし，人間の複雑な行動はこのような単純な理論だけでは十分に説明することができない。刺激が同じであるにもか

かわらず，異なった反応が生じることもある。また，さまざまな異なる刺激を与えたにもかかわらず同じ反応が起きる場合もあるし，刺激も反応もどちらも観察することができないこともある。このような複雑な事態を説明するために刺激と反応の間に人の認知（知覚，認識，理解，判断，推論，思考）など表に現れにくい内的プロセスを考える必要が生じ，認知的要因を組み入れた新しい行動理論が展開されるに至った。このような理論を背景に，不適応行動の理解と治療に認知的要因を組み入れた新しい治療法である認知行動療法が発展してきた。認知行動療法では，不適切な行動や不適切な生理-情動反応の原因を「認知」（クライエントの習慣的思考や思い込み）という枠組みでとらえ，クライエントのもっている悲観的で不適切な認知を行動療法の技法を用いて適切な認知に変容していく。

9-2 認知行動療法の歴史

　1970年代に入って，それまで，観察可能な行動の研究が主流であった基礎心理学の分野に認知やスキーマといった内的プロセスを重視する認知心理学が台頭し，行動療法の理論的基盤も大きな変化を遂げるに至った。その結果，行動療法の中に認知的操作を導入しようとする動きが現れ，認知行動療法に発展していった。

　認知行動療法に最も大きな影響を及ぼしたものにラング（P. Lang）の3システムズ・モデルとバンデューラ（A. Bandura）の社会的学習理論がある。ラングは，刺激と反応を媒介するシステムは単一のものではなく，認知的，行動的，生理的の三つのシステムからなっているとし，症状はこれら三つのシステムに機能障害が生じた状態であると考えた。不安を例にとると，症状は三つのシステムにまたがっているが，どの成分が強いかによって現れ方が異なり，予期不安は認知的不安，強迫行為は行動的不安が，パニック発作の場合は生理的不安が強いということになる。また，普段は協働しているそれぞれのシステムがはずれてしまうこともある。たとえば，認知的には狭いエレベーターの中にいても害はないとわかっているにもかかわらず，行動面では乗れないという事態が生じる。これは認知システムと行動システムにズレが生じたことによると考えられる。このような考えに立ち，認知療法は認知システムだけに，行動療法は行動的システムだけに，薬物療法は生理的システムだけにはたらきかけてきた従来の治療法ではなく，クライエントごとにどのシステムの障害が強い

かによって治療法を変えていくことが効果的であると考えられるようになった。

バンデューラは，社会学習理論を提唱し，その理論から出てきたモデリングの技法は行動療法のなかにすぐに取り入れられ，刺激-反応理論と認知理論を橋渡しする大きな役割を果たした。また，自己効力期待の理論も認知行動アプローチの大きな原動力となった。自己効力期待とは，自分がどれくらいの確率でその行動をとることができるかという行動達成の予想確率のことで，これは，困難度（課題の困難度の予測），強さ（課題を達成できるかどうかの自信），一般性（ある課題の成功が他の課題の成功に一般化できるかどうか）の三つの要素からなっている。この自己効力期待が低いとさまざまな精神病理を起こしやすいため，自己効力期待を高めることが治療上重要であることがわかってきた。さらにバンデューラの功績として相互決定主義があげられる。行動療法は，刺激状況が人の行動を決定するという環境決定主義であるのに対して，個人は環境によって影響される一方，行動することによって環境をつくっていく，つまり，環境と個人と行動の三者が相互に影響し合うという考え方である。不適応な認知によって不適応な行動が生じ，それが環境を悪化させ，悪化した環境がさらに認知を歪めるという悪循環が生じる。この場合，治療はこの悪循環に気づき，歪んだ認知，不適応行動，悪化した環境のいずれかを変えていくことになる。そして，行動療法では受動的だったクライエントは，自ら環境をつくっていくという能動的な役割を担う存在となる。

9-3 認知行動療法の主な理論

認知行動療法はさまざまな理論の集合体であるが，その中で主な学派はエリスの論理情動療法，ベックの認知療法，マイケンバウムの自己教示訓練の三つである。

☐ エリスの論理情動療法

エリス（A. Ellis）は，「思考を変えると感情が変わり，感情が変わると行動が変わり，行動と感情が変わると思考も変わる」という考えに立って論理情動療法を提唱した。悩みを引き起こすような出来事があれば，その出来事に対してさまざまな症状が出てくると考えられがちである。ところが，エリスはそのような症状は，出来事から直接引き出されたものではなく，出来事を個人がどう受けとめたかによって引き起こされたと考える。エリスの理論は「A-B-C

```
       A：activating event （悩みを引き起こすような出来事）
                ↓
D：dispute （論破） ⇒ B：belief （非合理的信念，思い込み）
                ↓
       C：consequence （結果としての否定的な感情，問題，
                        悩み，症状）

E：effective new philosophy （効果的な新しい人生哲学＝合理的信念）
```

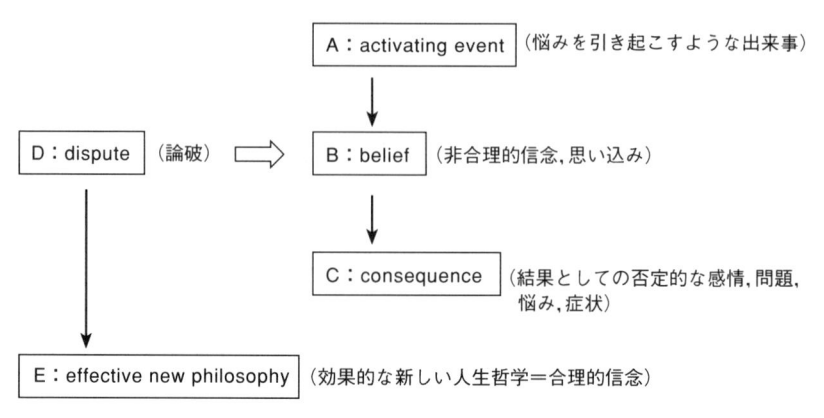

図 9-1　エリスの A-B-C 理論

(-D-E) 理論」ともよばれ，図 9-1 のように説明される。試験に落ちて不眠や食欲不振に陥った場合を例にとると，問題や悩み C (consequence：不眠や食欲不振) は，A (activating event：試験の失敗) によって生じたのではなく，B (belief：試験は絶対受からねばならない。試験に落ちた人間は生きる価値がない) という非合理的な思い込みの影響で引き起こされている。そこで，B の思い込みを D (dispute：試験は落ちる人も合格する人もいる。絶対試験に合格しなければならないという証拠はどこにあるのか。試験に落ちた人間は生きる価値がないとは誰が決めたのか，そういうことをどこに書いてあるのか) で論破すると，E (effective new philosophy：試験は受かるにこしたことはないが，今回がだめでもまだ何回もある。そのうち受かればよいではないか。ずっとその試験に受からなくても，もっと自分の力を発揮できる分野がある) のような効果的な人生哲学が得られる。

　エリスは，私たちのものの受けとめ方や信念には，事実や正しい論理，人間性に基づく合理的なものと本人は合理的なものと思い込んでいるが，実は非合理的なものの 2 種類があるとしている。非合理的信念（イラショナル・ビリーフ）は，事実に即していない，論理的必然性の乏しいもので，「～であらねばならない」「～でなくてはならない」「～べきである」「当然である」という "must" や "should" で代表されるような要求・命令・絶対的な考え方をするもので，それ以外の選択肢をもたない考え方である。一方，合理的信念（ラショナル・ビリーフ）は，「できるなら～であるにこしたことはない」という考え方で，これは現実的・論理的で，選択の余地があるものである。

論理情動療法の具体的な治療では，第1段階は，クライエントの問題をABC図式によって調べる。第2段階はディスピュート期で，この時期は思考そのものにはたらきかけて考えを逆洗脳する。これを論駁法といい，クライエントと討論し，その非合理的な信念に対して徹底的に反論し，知的洞察を促す。「どういう根拠でそう考えるのか？」「その考えは自分にとってどういう意味があるのか？」などといった質問がクライエントに向けて発せられる。第3段階は徹底的操作期といい，知的レベルでの変化を定着させる時期で，イメージによる刺激場面の提示，イメージによる成功場面の想起，モデリング，合理的な自己陳述の遂行，ホームワークの実施などを組み合わせた「トレーニング」を実施する。引っ込み思案のクライエントに対するホームワークには，「1日に30人の人に声をかける」などといった課題が出される場合もある。このようにしてクライエントは新しい合理的な信念体系を獲得し，効果的な人生哲学を得ることができ，症状の改善を図れるようになる。

❏ ベックの認知療法

これまで，抑うつの基本症状は感情障害で，認知・動機づけ・行動の障害や生物学的症状はそこから派生した二次的なものと考えられていた。しかし，1976年，ベック（A. T. Beck）は認知の歪み理論を出し，このような抑うつ観を一変させた。ベックは，抑うつの本質は認知の障害で，感情障害はそこから二次的に生じてくるものであると考え，認知療法を発展させた。また，ベックは，抑うつと不安の相違は，抑うつは喪失をテーマに，不安は危険をテーマにしているという認知内容の相違であり，抑うつ理論も不安に適用できるとし，認知行動療法に多大な影響を及ぼした。

次に，ベックの理論の枠組みについて図9-2に沿ってみてみよう。

◆ ABC図式

ベックもエリスと同様に，抑うつ感情（C：consequence）を生じさせるものは，ものごとを引き起こすような出来事（A：activating event）そのものではなく，その出来事の認知（B：belief）であると考える。

◆ 素因ストレスモデル

病気，身近な人の死，試験での失敗など，不幸なあるいは不快な出来事（ネガティブなライフイベント）がストレスになって抑うつの引き金になる。しかし，同じような不幸な経験をしても抑うつ状態になる人とそうでない人がいる。抑うつになりやすい素因のことを抑うつへの脆弱性とよぶが，ベックは抑

〈A：誘発する出来事〉　　〈B：認　知〉　　〈C：感　情〉

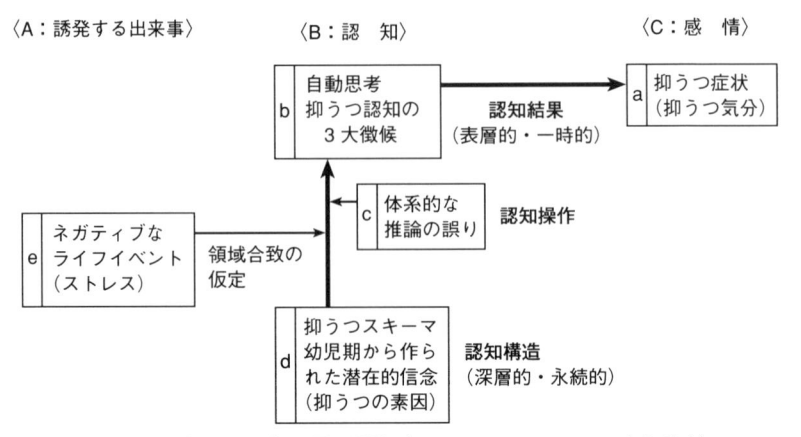

```
                    ┌──────────┐                  ┌──────────┐
                    │b 自動思考 │   認知結果       │a 抑うつ症状│
                    │  抑うつ認知の├─────────────→│  (抑うつ気分)│
                    │  3大徴候  │  (表層的・一時的)│          │
                    └────▲─────┘                  └──────────┘
                         │    ┌──────────┐
                         │    │c 体系的な│   認知操作
                         │←──│  推論の誤り│
┌──────────┐             │    └──────────┘
│e ネガティブな│ 領域合致の│
│  ライフイベント├─仮定───→│
│  (ストレス) │             │
└──────────┘             ┌────┴─────┐
                         │d 抑うつスキーマ│   認知構造
                         │  幼児期から作ら│  (深層的・永続的)
                         │  れた潜在的信念│
                         │  (抑うつの素因)│
                         └──────────┘
```

図9-2　ベックの認知の歪み理論（Abramson et al., 1988 より改変）

うつスキーマこそが抑うつへの脆弱性であると主張する。スキーマとは外界を認知するための枠組みや構えのことで，こころの深層にある信念や態度といった認知構造をさしている。抑うつ的な人のスキーマは，否定的，悲観的なもので，幼児期の両親との死別などといった不幸な体験などによって形成され，普段は，こころの中に潜在していると考えられている。このようなスキーマの持ち主は，「〜すべきである」「いつも〜だ」「〜か〜かのどちらかしかない」といった柔軟性に乏しい考え方をしやすい。こうした人が，不幸な体験をすると抑うつスキーマが活性化され，その結果として否定的な自動思考が生じることになる。

◆ 抑うつスキーマ仮説

　ベックによれば，抑うつをもたらす認知は三つのレベルに分けられる。

　第1は，否定的な自動思考のレベルである。自動思考とは，こころの表層にあり，自分の意志とは関係なく意識にポンと飛び出してくるものである。否定的な自動思考とは，抑うつ時に自動的に浮かんでくる否定的な考えのことで，たとえば，抑うつ状態の会社員が，仕事をテキパキこなしている同僚をみて，「自分は無能な人間だ。会社にいる価値がない」などとすぐに考えてしまったりすることである。このように，自分自身，自分を取り巻く環境，自分の未来について（自己・世界・未来）否定的に，悲観的に受けとめることを抑うつ認知の三大徴候とよび，これが感情障害の基底となっていると考える。

　第2は，推論のレベルで，抑うつ的な人は次のような体系的な推論の誤りをしていると考えられる。

9-3 認知行動療法の主な理論

▶ **恣意的な推論**——証拠がないのに否定的な結論を導き出すことであり，友だちが年賀状を送ってこなかっただけで「友達は自分のことを嫌いになった」と推論するような誤り。

▶ **選択的注目**——全体の状況に目が行き届かず，自分に関連すると主観的に判断される些細な事柄を過大視してしまう。たとえば，成績表の行動特徴の欄に，多くの長所とともに一つだけ欠点が書かれていたのをみて，「自分は先生に嫌われている」と結論してしまうようなこと。

▶ **過度の一般化**——些細な出来事を過度に一般化して考え，すべてを一つの次元で考えたり，一つの出来事に基づいて一般的なルールを考え出したりする。たとえば，英語の試験に失敗した学生が「他の科目の試験も絶対に合格しない」と思い込む。

▶ **拡大解釈と過小評価**——些細な出来事を大きく取り上げたり，大切な重要な出来事を小さな出来事であるかのように判断する。たとえば，小学校のころ国語の試験で0点をとったことを取り上げ，「自分の成績はすべて最悪だ」といった具合に自分の成績をすべて過少評価してしまう。

▶ **自己関連づけ**——自分に関係のない不幸な出来事を，自分に関連づけて考えてしまう。たとえば，「もし，私が運転免許をとらないようにアドバイスしておけば，彼は交通事故で死ななかったのに」と考えてしまう。

▶ **完全主義的・二分法的思考**——「よいか悪いか」「完全か不完全か」といった二者択一的な考え方をする。たとえば，「完全なダイエットができなければ，まったくできないことと同じだ」といった考え方をしてしまう。

第3は，スキーマのレベルで，否定的なスキーマが推論の誤りを生み出すもととなっている。

ベックの治療法は行動的技法と認知的技法の二つの技法から成り立っている。第1段階では自己モニタリングや活動スケジュールの作成などの行動的技法が用いられる。自己モニタリングとしては，クライエントは治療を始める前に1週間，自分の行動とそのときの気分や達成感，満足感を1時間単位で細かく記録する。その結果に基づいて，生活の行動計画を1時間単位で立て，後でその達成感と満足感を調べる活動スケジュールの作成が行なわれる（表9-1）。第2段階では主に認知的技法が用いられる。この段階では不合理な信念，思考，価値観をはっきりさせ，変えることに焦点があてられる。ここで基本となる技法は自問法で，クライエントは「そう考える証拠はなんだろうか？」「ほ

表 9-1 活動スケジュールの例（岩本ら，1997）

日時		行動の予定	難易度	予想満足度(%)	実際の行動	実際の満足度(%)
8/4	7時	起床			起床	
	8	家族と朝食	C	30	家族と朝食	30
	9	家族と散歩	B	30	寝ていた	0
	10	ビデオを見る	C	20	ビデオを見る	20
	12	昼食	C	30	昼食	30
	13	少し会社に顔を出す	B	40	寝ていた	0
10/1	7	起床				
	8	家族と朝食	C	40	家族と朝食	40
	10	お祭りに子供と行く	B	50	お祭りに子供と行く	80
	11	子供とシャボン玉遊び	C	40	子供と遊ぶ	80
	12	家族と昼食	C	40	家族と昼食	60
	13	ゴミの焼却	B	60	少しだけできた	80
	14	会社で伝票整理	B	60	少しだけできた	80
11/1	6	起床				
	7	朝食	C	70	朝食	80
	9	会社で出庫の準備	B	80	会社で出庫の準備	80
	10	得意先に配達・商談	A	90	配達・商談	80
	13	昼食	C	70	昼食	80
	14	伝票整理と見積り	B	90	伝票整理中来客	90
	18	夕食	C	80	遅れて夕食	80
	19	テレビを見る	C	80	少しだけ見る	70

　あらかじめ行動の予定を立ててもらい，その予定した行動の難易度をA（非常に難しい）からC（簡単）までの3ランクで評価するよう指示する。またその行動ができた場合に感じるであろう満足度を％で予測してもらう。その日が終わったときに，実際にした行動と，その満足度を記録する。
　8月4日のセッション開始時には行動レベルが低く予想満足度も低いが，セッションを続けるに従い，行動後の満足度が上がり，行動のレベルも質量とも高くなっている。

かの見方はできないだろうか？」「そう考えることにどんな意味があるのか？」という三つの質問を常に自分自身に行なっていく。セラピストが説得するのではなく，クライエント自身が科学的な推論の方法を用いながら不適切な自動思考を適応的，合理的な思考に置き換えていく。また，非機能的思考記録（DRDT）も有用な技法である（表9-2）。これは状況，感情，自動思考，合理的思考，結果という五つの項目からなる記録用紙で，自問法を用いて自動思考を検討し，新たな合理的思考の効果がわかるようになっている。第3段階は再発予防が目的で，自動思考よりも深いレベルの抑うつスキーマを変容させるスキーマ・ワークという技法が用いられ，自動思考を仮に正しいとして次々に連鎖的に質問をしてスキーマの核心に迫っていく下向き矢印法はその代表的なものである（図9-3）。

表 9-2 非機能的思考の記録 (DRDT) (Back et al., 1979)

(日付)	①状況 以下のことを記入してください。不快な感情をもたらした、1. 実際の出来事。2. 不快な感情をもたらした、思考の流れ、空想、回想	②感情 1. 悲しみ、不安、怒りなどをはっきりさせる。2. 感情の強さを1-100で評定する。	③自動思考 1. 感情に先行する自動思考を記入する。2. 自動思考がどれくらい正しいと思うかを0-100%で評定する。	④合理的思考 1. 自動思考に替わる合理的思考を記入する。2. 合理的思考がどれくらい正しいと思うかを0-100%で評定する。	⑤結果 1. 自動思考がどれくらい正しいと思うかを0-100%で再評定する。2. その後の感情をはっきりさせて、1-100で評定する。
9/8	最近結婚した友人から手紙をうけとった。	罪悪感 60	"式に出席すべきであった" 90%	都合がつかなかった。もし彼女がそれを気にしているのだったら、手紙をだすことをしないだろう。95%	1. 10% 2. 罪悪感 20
9/9	週末やりたいことについていろいろ考えた。	不安 40	"決してすべてやりこなすことはできないだろう" "私には負担が大きすぎる" 100%	以前、これよりたくさんやれたことがある。すべてしなくてはならないなどということはない。85%	1. 25% 2. 不安 20
9/11	品物の発注で間違いをした。	不安 60	主任にどなられている場面が思い浮かべる。100%	主任が怒るという証拠はない。たとえ怒ったとしても、動揺することはない。100%	1. 0% 2. 安堵 50
9/12	永久にうつ状態にあるのではないかと思いめぐらした。	悲しみ/不安 90	"よくなりはしないだろう" 100%	これまでよくなってきた。それはうつ状態にならないようなことを考えていたからである。80%	1. 40% 2. 悲しみ/不安 60
9/15	彼が電話をしてきて、仕事があるので一緒に外出できないと言った。	悲しみ 95	"彼は私が好きでない、誰も私のことを好きになってくれないのだ" 90%	彼が来週の週末外出しようと言ったのは私に好意があるからだ。おそらく彼は仕事をしなくてはならないのだろう。彼が私のことを好きでなくとも、"私は誰にも好かれない"ということにはならない。90%	1. 30% 2. 悲しみ 50

注：不快な感情を感じたら、その感情を引き起こしたと思われる状況を記入してください。(もしあなたが何かを考えたり空想しているときにその感情が起きたならば、そのことも記入してください。) 次に、この感情と関連した自動思考を記入してください。そして、その思考がどれくらい正しいと信じているか、その程度を評定してください。0%：まったく信じていない。100%：完全に信じている。感情に関しては、1：ごくわずか、100：もっとも強烈、で評定してください。

セラピスト　「彼女があなたを退屈だと思っていたら,それがどんな意味があるのですか？」
　↓
クライエント　「私はつまらない人間だということです」
　↓
セラピスト　「あなたがつまらない人間だったら,あなたにとってどんな意味があるのですか？」
　↓
クライエント　「私は誰からも愛されない無価値な人間だということです」

図9-3　下向き矢印法

❏ マイケンバウムの自己教示訓練

　マイケンバウム（D. Meichenbaum）は，精神分裂病のクライエントに対するオペラント訓練を研究する過程で，こころの中でつぶやきながら課題を行なうクライエントの成績が優れていることを見いだし，自己教示訓練を提唱した。これは，自分の言葉で自分に教示を与え，その言葉が刺激となって行動を変容させる方法である。訓練に先立って，セラピストはクライエントに訓練を受ける理由を十分に理解させ，どの技法を用いるかの選択・決定にあたって協力を求めるとともに，それが治療にいかに役立つかを評価させる。実際の手続きは，

　▶ セラピストが自分自身に向かって大声で話しながら課題をやってみせる「認知モデリング」
　▶ クライエントはセラピストに指導されて同じ課題を行なう「外顕的他者教示」
　▶ クライエントは大きな声で自分自身に教示を与えながら課題を行なう「外顕的自己教示」
　▶ クライエントは自分自身に対して教示をしだいに小声にしながらささやく「教示のフェイディング，外顕的自己教示」
　▶ クライエントはこころの中でつぶやきながら課題を遂行する「内潜的自己教示」

からなっている。
　たとえば，多動症の子どもに線引き作業をやらせる場合，まず，セラピストが課題について声を出しながらゆっくりやってみせる。「やらなければならな

いことは絵をなぞることだな。ゆっくりと注意してやらなきゃ。よし，線を下に引くとうまくいった。それから右のほうへと。……（失敗して）まあまあゆっくりやりながら消そう。よし，失敗してもゆっくり注意してやればいいんだ。……終わった。やり遂げた」というように，言語表現しながらゆっくりと作業をしてみせ，上に述べたような手順を踏んで子どもが無言で課題を遂行できるようにしていくのである。

9-4 認知行動療法の特徴

1980年代になって，認知行動療法の基礎となる行動理論自体がさらに発展を遂げたことにより，認知行動療法もまた発展していった。そして，フリーマンのリストで認知的技法として20，行動的技法として8技法があげられるように，治療に用いられる技法もまた多様化するようになっている（表9-3）。このようなさまざまな技法を組み込んだ「パッケージ治療法」が多く開発されるようになり，対象とする症例もうつ症状や心理的不適応のみならず，精神病，摂食障害，アルコール依存症など大きな広がりをみせている。ただ，精神病的うつ病や重症なうつ病，知的レベルの低いクライエント，ホームワークをする意志の乏しいクライエントには適用が困難である。

表9-3 フリーマンの認知療法の技法 (Freeman, 1989)

認知的技法	①患者に特有の「意味」を理解する，②患者の思考を裏付ける証拠についての質問，③誰，あるいは何のせいでそうなっているかを見なおす（原因帰属の変容），④選択の余地を検討する，⑤破局的な見方を緩和する，⑥想像した成り行きを検討する，⑦プラスとマイナスの側面を検討する，⑧否定的な考えを肯定的な考えに変化させる，⑨認知的な歪みのラベリング，⑩誘導的な連想の活用，⑪誇張的表現や逆説を利用する，⑫尺度の利用，⑬イメージの置き換え，⑭言語化（音声化），⑮認知的リハーサル，⑯自己教示法，⑰思考中断法，⑱気晴らしの利用，⑲直接的論争，⑳認知的不協和の利用
行動的技法	①活動スケジュール表の作成（1週間単位），②習得度・満足度スケジュールの作成，③段階的な課題の割り当て表の作成，④行動リハーサル，⑤社会的スキル訓練，主張訓練，⑥読書療法，⑦in vivo exposure，⑧リラクセーション，瞑想，呼吸訓練

コラム　ゲシュタルト療法

　ゲシュタルトとは「形」「全体」「完結」「統合」を意味するドイツ語で，ゲシュタルト心理学では，人は事物を個々に無関係な存在として知覚するというよりは知覚過程において意味のある全体へと統合する傾向をもっていると考える。ゲシュタルト療法の生みの親であるパールズ（F. Perls）も，人は自らの欲求を「形」にして表現したり，人や物事を「全体」としてとらえ，終わっていない経験を「完結」させ，まとまりのある方向へ人格の「統合」を図っていく存在であると考え，「不統合」の状態にあるクライエントが「統合」を目指せるよう援助していくことをセラピーの目的としている。

　ゲシュタルト療法の考え方を説明するのに心理学の教科書には必ず載っている有名なルビンの盃（右図）が用いられる。この図形は白い部分に注目すると盃が見え，黒い部分に注意を向けると二人の人の横顔が見える。このように注目した部分が「図」で，背景に退いた部分が「地」とよばれ，注意の向け方によって「図」と「地」が入れ替わるが（図地反転），同時に二つの物を見ることはできない。精神的に健康な人は，自分にとってより優先度の高い欲求を意識化して「図」にのぼらせ，それを満たした段階で次の欲求を「地」から「図」にのぼらせるといった図地反転を円滑に行なうことができる。しかし，不健康な人は，物事の一面しかみることができず，図地反転が起こらなかったり，自分自身の欲求に気づくこともできなければ，それを充足させるために環境にどのように働きかければよいのかもわからない，そして自分自身と環境との境界を識別してそれを維持することもできない。

　セラピーでは，セラピストの解釈は行なわれず，クライエントが「いま・ここ」での経験を通して自分の現在の問題をしっかりと見つめ，自分自身に気づく（「地」から「図」への反転過程）ことに重点がおかれている。技法としては，空のいすにイメージの中の他者や自己を座らせて対話する「ホットシート」や「ファンタジー・トリップ」「夢のワーク」「実験」「ボディワーク」などがある。

クライエント中心療法との比較では，共通点としてクライエントとセラピストの関係は共同作業のパートナーであることがあげられる。認知行動療法では精神病理学やアセスメントを重視し，さまざまな治療テクニックを好んで用いる点があげられる。

精神分析療法との比較では，共通点はどちらも認知的洞察を目指していることであるが，相違点としては，認知行動療法では過去ではなく現在の問題に焦点があてられることがあげられる。また，認知行動療法は治療期間が短く経済的である，理論は操作的定義に基づいていて科学的検証が可能である，セラピストは短期間に治療技法を習得できる，一方的解釈や深層の掘り返しがないので転移が生じにくい，セラピストは理論的背景や治療内容をクライエントに説明する必要がある，などの点で相違がみられる。

9-5　サイコセラピー練習

□ エリスの論駁法にチャレンジしてみよう

私たちは「大人は子どもよりも偉い」「人を傷つけてはならない」などといった，多くの常識を正しいと信じ込んで育ってきました。しかし，果たしてそうでしょうか。よく考えてみると，そのような考えが非合理的な場合もあるし，誰にでも適用できるわけではないのです。このように，私たちが日ごろ正しいと思い込んでいる信念の中にはよく考えると非合理的なものがたくさんあります。

"人は誰からも愛され，常に受け入れられなければならない"。

これは合理的な考え方でしょうか。誰からも愛されたい，いつでも愛されていたい，というのは人として当然の欲求です。しかし，それが「ねばならない」となると非現実的で非合理なものとなってしまいます。人それぞれ好き嫌いがあり，自分もすべての人を愛せないのと同様に，すべての人から愛されるということは不可能に近いことなのです。

では，この思い込みを合理的なものにするにはどうしたらいいでしょうか。「人に好かれるにこしたことはないが，必ず好かれるとは限らないし，まして，好かれなければならないことはない」と変えてみたらどうでしょう。場合によっては人に好かれなくてもよい，という選択肢が増えただけで，積極的に行動できるようになり，自分への自信も生まれてくることでしょう。さあ，あなたも論駁法の体験学習に出発GO！

9章　思い込みを修正する――認知行動療法

次の文章の中で自分の考えと一致するものに○印をつけましょう。

1. どんな事でも、やるからには十分に、完全にやるべきである。（　　）
2. 人は私の期待に応えるように行動すべきである。（　　）
3. 物事が思いどおりに進まないのは致命的である。（　　）
4. 人を傷つけるのはよくない。そんな人は非難されるべきである。（　　）
5. 危険や害がありそうなときは、深刻に心配するのが当然である。（　　）
6. 人の不幸の原因は外にある。（　　）
7. 人生の困難はこれに立向かうよりもこれを避ける方が楽である。（　　）
8. 私にはやむを得ない過去があったのだから仕方がない。（　　）
9. もし、人から拒否されたり、非難されたら自分はだめな人間であるということだ。（　　）

　○印をつけた文章の中から一つ選び、「そうである」と思った理由を書き出しましょう。

　ここに記入した理由について、①自分の思い込みではないか、②絶対にそのように言い切れるのか、③自分および人間を幸福に導くものであるのか、という三つの観点から検討してみましょう。
　ここに記入された理由が合理性のないものとわかったら、選んだ文章を合理的なものに書き換えてみましょう。

　ここにあげた文章はすべて非合理的なものです。1は失敗を恐れる気持ちからくる思い込み、2と3の思い込みは欲求不満の発生源となります。4の思い込みは対人場面で人を非難するときに使われやすいものです。5は危険な状況になったときに、人は無抵抗となってしまうという思い込み、6と8は、人は

過去や外界に支配されているという思い込みです。7は受身的な生き方からくる思い込みで，9は受容欲求からくる思い込みです。

さて，あなたの〇印は何個あったでしょうか。＿＿＿個

〇印が多いほど，非合理的な信念にとらわれていることになります。

自分はどのような思い込みをしやすいか調べ，自分の思い込みの特徴を書き出してみましょう。

自分が〇印をつけた文章を全部合理的なものに書き換えみましょう。

番：＿＿＿＿＿＿＿＿＿＿＿＿＿＿＿＿＿＿＿＿＿＿＿＿
番：＿＿＿＿＿＿＿＿＿＿＿＿＿＿＿＿＿＿＿＿＿＿＿＿
番：＿＿＿＿＿＿＿＿＿＿＿＿＿＿＿＿＿＿＿＿＿＿＿＿
番：＿＿＿＿＿＿＿＿＿＿＿＿＿＿＿＿＿＿＿＿＿＿＿＿
番：＿＿＿＿＿＿＿＿＿＿＿＿＿＿＿＿＿＿＿＿＿＿＿＿
番：＿＿＿＿＿＿＿＿＿＿＿＿＿＿＿＿＿＿＿＿＿＿＿＿
番：＿＿＿＿＿＿＿＿＿＿＿＿＿＿＿＿＿＿＿＿＿＿＿＿

自分でつくり出している非合理的で非現実的な思い込みを点検し，建設的で合理的な考え方に変えることで，よりよい生き方を見つけましょう。

☐ ベックの非機能的思考の記録にチャレンジしてみよう

認知行動療法では，セラピストが一方的に説得するのではなく，クライエント自身が自分の自動思考を明らかにし，それを合理的思考に置き換える作業を行ないます。非機能的思考記録（DRDT）はそのための有用な技法で，さまざまな治療場面で取り入れられているものです。さあ，あなたも非機能的思考の記録体験学習に出発GO！

次の手順に従って，表9-2を参考に表9-4に書き込んでいきましょう。

1. **状　況**　最近あなたの生活の中で起きた不快な出来事や落ち込むような状況をできるだけたくさん書き出してみましょう。もし，あなたが，何かを考えたり空想しているときにその感情が起きたなら，そのことも記入してください。
2. **感　情**　その不快感情が何であるのかはっきりさせましょう。たとえば，悲しみ，不安，憂うつ，無気力，自信喪失，孤独感，敗北感，罪悪感，自己嫌悪，怒りなど。また，その感情の強さを1から100で評定し

表 9-4 非機能的思考の記録（DRDT）

（日付）	① 状　況	② 感　情	③ 自動思考	④ 合理的思考	⑤ 結　果

ましょう，1はごくわずか，50が中程度，100が最も強烈な場合です。
3. **自動思考**　その不快感が生じる直前に，あるいはその瞬間に，こころに浮かんだ考えを逐語的に書きましょう。この自動思考に対してそれがどれくらい正しいと思うかを0から100で評定しましょう。0％はまったく信じていない，100％は完全に信じている，になります。
4. **合理的思考**　自動思考について，
    ▶ そう考える証拠はなんだろうか？
    ▶ ほかの見方はできないだろうか？
    ▶ そう考えることにどんな意味があるのか？

    を自問して新たな適応的・合理的思考を考え出しましょう。次にその合理的思考をどれくらい強く信じているかを0から100で評定しましょう。
5. **結　果**　はじめに書いた自動思考に対する確信度をもう一度評定し，3の結果と比較しましょう。また，いまの感情をはっきりさせ（悲しみ，不安，憂うつ，無気力，自信喪失，孤独感，敗北感，罪悪感，自己嫌悪　安心，満足，自信，気楽，など），2と比べてみましょう。

さて，あなたの結果はどうでしたか？

合理的思考が効果的なものであれば，自動思考への確信度や不快感情は減少しているでしょう。もし，変化が少ないようだったら，合理的思考によって自動思考や不快感情が克服されなかったことになります。この場合は，何か重要なことが見逃されていなかったか，状況を正確にとらえていたかを再点検して別の合理的思考を考え出すようにしましょう。

◆◇◆◇◆　**9章の引用・参考文献**　◆◇◆◇◆

エリス，A.・ハーパー，R.A.　1975／北見芳雄監修　國分康孝・伊藤順康訳　1981　『論理療法』　川島書店．
エリス，A.　1979／國分康孝監訳　1984　『神経症者とつきあうには』　川島書店．
ドライデン，W.・レントウル，R.編　1991／丹野義彦監訳　1996　『認知臨床心理学入門』　東京大学出版会．
岩本隆茂・大野　裕・坂野雄二　1997　『認知行動療法の理論と実際』　培風館．
國分康孝　1989　『論理療法』　河合隼雄・水島恵一・村瀬孝雄編　『心理療法3』（臨床心理学大系9）　金子書房．

国分康孝　1980　『カウンセリングの理論』　誠信書房.

倉戸ヨシヤ　1989　『ゲシュタルト療法』　河合隼雄・水島恵一・村瀬孝雄 編　『心理療法3』（臨床心理学大系9）　金子書房.

倉戸ヨシヤ 編　『ゲシュタルト療法の理論と技法』（現代のエスプリ No.375）　至文堂.

マクマリン，R.E.・ギルス，T.R.　1981／岩本隆茂 他編訳　1990　『認知行動療法入門』　川島書店.

日本学生相談学会 編　1989　『論理療法にまなぶ』　川島書店.

パールズ，F.S.　1973／倉戸ヨシヤ 監訳　1990　『ゲシュタルト療法』　ナカニシヤ出版.

坂野雄二・上里一郎　1990　「行動療法と認知療法」　小此木啓吾・成瀬悟策・福島章 編　『心理療法1』（臨床心理学大系7）　金子書房.

丹野義彦 編　2000　『認知行動アプローチ』（現代のエスプリ No.392）　至文堂.

トローワー，P.・ケーシー，A.・ドライデン，W.　1988／内山喜久雄 監訳　1997　『実践認知行動カウンセリング』　川島書店.

内山喜久雄　1988　『行動療法』（講座・サイコセラピー2）　日本文化科学社.

氏原　寛・小川捷之・東山紘久・村瀬孝雄・山中康裕 編　1992　『心理臨床大事典』　培風館.

祐宗省三・春木　豊・小林重雄 編著　1984　『新版 行動療法入門』　川島書店.

山上敏子　1997　『行動療法2』　岩崎学術出版社.

10章

個人の悩みを家族で解決する

家族療法

　「人間は社会的動物」といわれるように，私たちは親，きょうだい，友だち，地域の人々などから影響を受け，反対に私たち自身も影響を与え，相互作用を営みながら暮らしている。特に，一つ屋根の下に暮らす家族との関係は重要である。入院により症状が軽快した精神病患者が家庭に戻ると症状が悪化した，不登校の長男が登校するようになると次男が不登校になった，両親の不和を契機に子どものチックが始まった，など家族関係の重要性を示唆する例は多い。
　従来の心理療法では，それが集団療法の形をとっている場合でも，症状の原因を個人に求め，家族はクライエントとのかかわりにおいてのみ取り上げられてきた。しかし，近年，そうした発想を変えて，家族を相互に影響を与え合っている一つの集団システムとみなし，クライエントの症状は家族システムの機能不全とするシステム論に基づく新しい家族療法が注目されるようになってきている。また，この方法では，従来の心理療法が目指したクライエントの心理的成長という長期にわたる目標設定を避け，具体的な問題解決を目指した治療的介入を優先するため，治療期間はかなり短縮されている。
　この章では，近年，これまでの心理療法にとって代わり脚光を浴びているシステム論に基づいた家族療法について学ぶことにしよう。

10-1　家族療法とは

　家族療法は，システム論に基づいた新しい理論的枠組みをもち，個人を治療の対象としてきた従来の心理療法と異なり，家族を一つのシステムとみなしていく心理療法である。ここでは，症状や問題行動はクライエント個人に原因が

あるのではなく，家族システムの病理を反映しているものと考える。つまり，家族それ自体が病み，家族のシステムが機能不全に陥ると，家族の中でその影響を最も受けた者が症状として家族病理を表出すると考えられる。したがって家族療法では，クライエントは家族の中で患者の役割を担う人という意味で，IP（identified patient）とよばれている。治療の対象は，個人ではなく家族そのものであり，セラピストは家族システムに変化を生じさせるよう積極的，能動的に介入していく。治療に際しては，必ずしも家族全員が集まる必要はなく，状況に応じて臨機応変に家族のメンバーを組み合わせて行なわれている。

10-2 家族療法の歴史

　家族療法の起源は，1900年代の初め，神経症の原因をクライエントの家族関係に求めたフロイトにまでさかのぼることができる。しかし，このときの治療対象はあくまでも個人で，家族は背景として取り扱われていた。

　その後，1940年代に入り，児童・青少年に対する相談指導活動が普及するにつれ，子どもの問題行動の原因は母親の過保護など母親に原因があるとする（母原病）研究が刺激となり，研究対象が，父親や家族全体の関係に発展していった。1956年，イギリスの人類学者のベイトソン（G. Bateson）は，アメリカにおいてジャクソン（D. D. Jackson）やヘイリー（J. Haley）らとともに統合失調症患者と母親との間のコミュニケーションの分析から，二重拘束（ダブル・バインド）の仮説を立て，家族コミュニケーションに新しい視点を導入した。二重拘束とは図10-1のように，逃げ場のない状況で，二人の間にコミュニケーションがなされる場合，異なる次元で矛盾したメッセージがくり返し与えられると（言葉の内容とは異なるメッセージが表情や声の調子で伝えられることが続くと），受ける側に特別の心理的ストレスがかかる，ということである。

　ジャクソンは，生体内には常に均衡を保つようにはたらいているホメオスタシスの機能があるように，家族内にも恒常性を維持するための均衡回復作用があるとし，「家族ホメオスタシス」という概念を提唱した。この考えに立てば，子どもが症状を示している家族の場合，症状によって家族関係の均衡が保たれていることになるので，治療にあたっては，クライエントだけではなく，家族全体を対象とすることが必要になってくる。

　1960年から1980年にかけて一般システム理論（コラム参照）やサイバネテ

10-2 家族療法の歴史

図 10-1　二重拘束の例 （中川純子氏のご好意による）

ィックス理論などを取り入れた家族を一つのシステムとみなす考え方が定着し，ボウエン（M. Bowen）の家族システム理論，ヘイリーの戦略派家族療法，サティア（V. Satir）の合同家族面接，ミニューチン（S. Minuchin）の構造派家族療法など個性を反映した多くの理論が提唱され，発展を遂げた。

1980年代後半からは，「外界の世界は発見されるのではなく，つくり出される」という構築主義の考え方を推し進めたセラピーが注目されるようになった。その代表的なものとしては，1959年，ジャクソンがアメリカのカリフォルニアにあるパロ・アルトに設立したMRI（Mental Research Institute）内に開設されたブリーフセラピー・センターでの実践（ウィークランドなどのMRI派）やドゥ・シェイザー（S. de Shazer）らの解決志向短期療法，ホワイト（M. White）らのナラティブセラピーなどがある。このような治療法では，治療期間がさらに短縮されるため，ブリーフセラピーとよばれ，注目されている。

コラム　コミュニケーション理論

　家族療法の発展に大きな影響を与えた，ベイトソン（G. Bateson）の対人コミュニケーション理論について理解を深めよう。

　コミュニケーション理論では，コミュニケーションの特徴を次の四つにまとめている。

▶コミュニケーションとはすべての行動がなりうるものである。　これは，言葉だけではなく，声の調子，身振り，顔の表情など，非言語的行動もコミュニケーションになるということで，クライエントの表出する症状もまたコミュニケーションと考えられる。

▶コミュニケーションには常に命令機能が内在する。　教室内で一人の生徒が「鉛筆を忘れた」と叫ぶと，隣の生徒が自分の鉛筆を貸してあげることがある。これは，はじめの生徒が「忘れた」という事実を述べたことが，隣の生徒の行動に命令（影響）を与えたと考えられる。

▶コミュニケーションは人の行動に制限という形で影響を与える。　先生から「たいへんよくできました」と言われたら，喜ぶかもしれないが，決して怒り出すことはない。このように，「たいへんよくできました」と言われる前は，受け手はどんな行動を選択してもかまわなかったが，この言葉によって行動の選択の幅が狭められてしまうのである。

▶コミュニケーションは論理階型の理解によって整然とする。　同じ「バカ」という言葉でも，間違いだらけの答案を親に見せたときに言われれば，「怒られた」と受け取るであろう。しかし，彼女といいムードで楽しんでいる最中に，彼女から発せられれば，「怒られた」とは受け取らない。このように，人は文脈の助けを借りて，コミュニケーション・モード（遊び，非遊び，空想，比喩など）を振り当てているのである。

10-3　家族療法の諸理論

　家族療法は短期間にいくつもの理論が登場し，さまざまな学派が存在するが，その発展過程において相互に影響し合った結果，理論的にも技術的にも共通点が少なくない。ここでは，代表的な学派であるミニューチンの構造派家族療法，コミュニケーション派の延長上に位置づけられているヘイリーの戦略派家族療法，ドゥ・シェイザーやオハロンらの解決志向短期療法の基本的な枠組みを紹介したい。

◻ 構造派家族療法

　ミニューチンは，家族システムの構造に焦点を合わせ，その変化によって家族システムの健全化を図ることを目指す，構造派家族療法を創始した。構造派では，家族システムの中に形成されている特有の人間関係のルールに注目する。これによって，誰と誰は仲がよい（提携），誰と誰の間には隔たりがある（境界），誰が誰に対して力をもつか（勢力）などが明らかになる。たとえば，家庭内暴力の事例では，親より子どもが権力を握ってしまい，権力構造が逆転していることになる。家族は夫婦，親子，きょうだい，などさまざまなサブシステムに分化しているが，家族システムの中にどのようなサブシステムが構成されているかがわかってくる。そして，サブシステム間の境界線が固いものか，明瞭なものか，曖昧なものかも判断できる。たとえば，両親と子どもが友だちのような関係の場合，両親と子どものサブシステムの境界が曖昧であるととらえられ，両親と子どもの交流がほとんどない場合，その境界は固いと判断される。固い，あるいは曖昧な境界線でサブシステムが区別される家族は，機能不全に陥り，問題行動を起こす成員を生み出すと考えられる。このような機能不全の家族を再構造化することによって，家族の成員は自分がおかれている固定化した位置や機能から解放され，新たな家族システムの資源を活用できるようになる。

　再構造化のためにさまざまな技法が用いられる。セラピスト自らが家族の交流の間に溶け込むジョイニング，家族の行動をそれとなく模倣して溶け込みを促進するマイム，家族のメンバーとなって潜在した家族の葛藤を顕在化させる葛藤誘導，好ましくない交流パターンを遮断して別の交流パターンを成立させる技法などがあり，治療場面ではセラピストは積極的に介入を行なう。

◻ 戦略派家族療法

　ベイトソンやジャクソンらとともに統合失調症患者の家族のコミュニケーションの研究をしていたヘイリーは，研究の目的で訪れたミルトン・エリクソン（M. H. Erickson）の催眠療法の技法を取り入れ，戦略派という家族療法を開拓した。戦略とは，もともとはゲームの理論の用語である。あらゆるゲームにはルールがあり，人はそのルールに従いながら，効果的な戦略を練ることで勝負に勝とうとする。家族にもまた，ゲームのルールに似た家族システムのルールがある。したがってセラピストは，病理的な家族システムにいかにして望ましい変化を生じさせるかの戦略を考えるのである。

コラム　一般システム理論とは

　家族をシステムとしてみる考え方は，生物学者のベルタランフィ（L. Bertalanffy）の一般システム理論から発展してきたものである。ベルタランフィは，当時の生物科学が還元主義的なのに疑問を感じ，生活体をいっそう複雑な組織性の状態に導く生物学的な過程について説明できるような一般原則に関心をもつべきだと考えた。一般システム理論の基本概念は，全体性，組織性，関係性である。還元主義的なアプローチでは，一つの原因から一つの結果が規定されるような直線的因果律で物事を説明するのが，一般システム理論では，因果的連鎖が円環状につながっている円環的因果律の見方をとる。

〈直線的因果律〉

原因 ⟶ 結果＝原因 ⟶ 結果＝原因 ⟶ 結果

〈円環的因果律〉

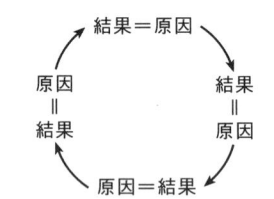

```
       結果＝原因
      ↗         ↘
  原因             結果
   ‖               ‖
  結果             原因
      ↖         ↙
       原因＝結果
```

図　直線的因果律と円環的因果律（遊佐，1984より改変）

　このような考え方を家族療法にあてはめると，クライエントの示す問題や症状は個別の分離可能な行動ではなく，家族メンバー間の複雑な相互作用から生じる一連の事象の一部分であり，クライエントのみならず家族のメンバーが直接・間接に関与しているとなる。過保護な母親（原因）が，依存的な問題児（結果）をつくるというような直線的な考え方はとらない。母親は，子どもが一人では適切な行動がとれないから（原因），手を出す（結果）し，子どものほうからすれば，母親が何でもしてくれるから（原因）自分では何もできない（結果），ということになり，母親の行動も，子どもの行動も，ともに「原因」であると同時に「結果」でもあり，母と子は相互に影響を与え合っている，と考える。

10-3 家族療法の諸理論

ヘイリーは家族関係の病理を次のように考えている。

▶ クライエントに問題があるのではなく，家族システム自体が病んでいる。したがって，クライエントは犠牲者にすぎず，よくなるにつれて他のメンバーが症状を呈するようになる。

▶ 家族システムの中には常に関係支配をめぐる争いがある。精神病理現象はこのような人々の勢力争いの産物であり，内的葛藤から外的葛藤へと視点を変換することが大切である。病理的な家族システムに介入し，望ましい変化を生じさせるために，パラドックスやリフレーミング，メタファーなどの戦略が用いられる。

◆ パラドックス

治療的パラドックスには，「症状の処方」「抑制」などがある。症状の処方では，クライエントにもっと症状を出すように指示することによって，クライエントがそれに従えば，症状を意図的に表出でき，自分で症状をコントロールできたと考える。逆に，セラピストに抵抗して指示に従わなければ，症状をあきらめるしかなく，どちらにしても症状を克服することになる。たとえば，ひどい癇癪を起こす子どもに対して，家で，母親に気づかれないようわざと癇癪を起こすように指示し，母親に対しては，わざとしているときを当てさせるようにすることで，癇癪が消失する。抑制は，"変化するな"と禁止したり，再発の予告をし，それとは逆の行動を引き出す技法である。

◆ リフレーミング

リフレーミングとは，クライエントのもつ概念的・情緒的文脈を治療的に有効なものに置き換える技法である。セラピストが問題状況や症状の事実にうまく適合するように，新たな理解の枠組み（表10-1）を見いだすことができれば，家族の側の現実認識にも変化が生じるようになり，対処行動も変化していく。たとえば，子どもの問題で相談に来た母親が「……夫が厳しすぎるのです。もっと，こころから愛して，受け入れてやってくれれば……」と訴えたとすると，「もしかしたら，厳しくすることでご自分は嫌われてもしつけをされているのかもしれませんよ。お子さんのことで一生懸命なんですね」と読み替えていく。このようなセラピストの認知を受け入れるようになれば，問題をつくり出し，維持してきた家族全体の思考や行動が変化し始める。現実は変えようのない場合もあるが，見方が変われば，その結果も変わってくる。

◆ メタファー

この方法は，セラピストが家族にある一定の行動を起こさせたいとき，その

表10-1　リフレーミング技法（岡堂，1992）

1. 帰属はがし：原因や理由。形容詞の言い換え。
   (例) 夫が子どもに厳しすぎたからです。
   →自分が嫌われても，子どもさんをしつけようとなさったのですね。
2. 数量化，順序づけ：数量化や順序づけをしてリフレイムする。
   (例) 妻の言うことがまったく理解できません。
   →5％くらいならできますか。
3. 二元化：もともと一つのものを二つに分裂させて，一方のせいにしてしまう。
   (例) 朝起きられません。
   →君が悪いんじゃない，体が悪いんだ。
   (例) 頭が悪いんです。
   →右脳の訓練が不足しているだけだよ。
4. 普通化（ノーマライズ）：異常を正常な状態の量的問題としてしまう。
   (例) 息子は手がつけられません。異常かもしれません。
   →怒りっぽいだけです。もっと異常に見えてもいいくらいです。
5. 発達段階によるリフレイム：異常ではなく，発達的に普通の現象とする。
   (例) 外泊をよくします。
   →巣立ちする自立期に入った証拠，だからご両親中心にスケジュールをたてかえましょう。子どもさんもそれに合わせて。
6. 上位世代への原因帰属：祖先や遺伝のせいにする。
   (例) 主人が甘くて……。
   →ご亡父も甘かったからです。甘くてもいいから，こう言ってみましょう。

ものズバリではなくそれと似たような行動で抵抗の少ないものをまず起こさせ，家族が自発的にセラピストの期待した行動をとるようにしていくものである。たとえば，食事について話すことで夫婦の性の問題を扱ったり，赤ん坊のときに養子になった少年が犬を恐がるので，人を恐がっている子犬を養子にする話をすることでセラピーを進めていく。

戦略派では，治療の成否の鍵を握る面接として初回面接を重視する。初回面接は，社交的段階，問題確認段階，相互作用段階，目標設定段階の4段階から構成されている。社交的段階では，家族の緊張を取り除き，くつろいだ雰囲気を出すために，セラピストは客を迎える主人の気持ちで，来所の労をねぎらう。その後，問題確認に入るが，セラピストは家族の入室の順序や態度，セラピストとの関係のとり方，話ぶりなどを注意深く観察し，誰が支配的で，誰が従属的といった家族のシステムが理解できるような情報を収集する。また，そ

れぞれの訴えを聞き，食い違いを指摘し，整理することで，家族のシステムに問題があることを明らかにしていく。相互作用の段階では，両親は一つの単位として機能しているか，きょうだい間の階層はどうなっているかといった点に注目し，治療目標を特定の問題解決に絞っていく。家族に課題が与えられて面接が終了するが，このときの指示にさまざまな技法が用いられる。たとえば，比較的安定していて動きのない家族には，家族の反抗心をあえて引き出すためにパラドックスの技法が用いられ，現状を変えないほうがよいかもしれない，といったりする。それに対して，家族は変化できることを証明しようと行動を開始する。

解決志向短期療法

はじめ，エリクソン流のセラピーを行なっていたドゥ・シェイザーは，アメリカのウィスコンシンにあるミルウォーキーにブリーフ・ファミリー・セラピー・センター（BFTC）を創設し，解決志向モデルを提唱した。この方法は，解決に焦点をあてた短期療法で，7回以下の面接で72％のケースに改善がみられた，という報告がある。病理や問題点に目を向け，それを治療したり変化させようとするのではなく，直接解決の状態を目指して治療する。この方法では，セラピストはクライエントの不満を詳細に知らなくても，クライエントの相互作用的行動と行動や状況に関するクライエントの解釈の両方またはいずれかを変えるために援助していけば，解決に到達できると考えられている。ドゥ・シェイザーらの基本的な考え方は，

▶ もし，うまくいっているのなら，それを直そうとするな。
▶ もし，一度うまくいったのなら，またそれをせよ。
▶ もし，うまくいかないのなら，何か違ったことをせよ。

という3点に集約される。たとえ，うまく説明できなくても，効果があればそれでよく，理屈が通っていてもうまくいかないのなら，同じ失敗をくり返さず，何か他のことをしようということである。「なぜ問題が起きたか」よりも「この問題解決に，いま何が使えるか」を重視する。

治療実践にあたっては，クライエントは自分の問題を解決する資源をもっていると考え，クライエントがどうなりたいのかを明確にし，それを実現するために援助をしていく。クライエントはいつも問題に悩んでいると訴えるかもしれない。しかし，問題が起きていないときもあり，問題が起きてもうまく対処しているときもある。クライエントは気づいていないかもしれないが，解決さ

れた状態は生活の中に存在している。このような「例外」を糸口にして，すでに始まっている解決を発展させていく。

次に，このような解決を導き出す五つの質問についてみることにしよう。

◆ ミラクル・クエスチョン

「今晩，みなさんが眠りについた後に，奇跡が起こって，今日ここへご相談に来られた問題が解決したと考えてみて下さい。でも，みなさんは眠っていますから，奇跡が起こって問題が解決したことは，明日の朝，みなさんが目を覚ますまではわからないわけです。そこで，明日になったら，どんなことから問題が解決したことがわかるのでしょうか。どんなふうに様子が違っているのでしょうか？」これは，例外を探す質問の一つで，クライエントは目標を明確にでき，未来への肯定的な期待をつくり上げていくことができる。

◆ 例外を見つける質問

いまはやめているが，以前は役に立っていたことや，問題が起こらなかったときはどうなるか，といった質問で，例外を見つけていくのに役立つ。

◆ スケーリング・クエスチョン

「最も悪かったときを0として，理想の状態を10とすると，いまはいくつくらいですか？」これは，クライエントの動機づけの高さについての質問にもなれば，数値の差異について，どこがどう違うのかを具体的に説明してもらうことによって，行動の相違（変化）に着目させることにもつながる。

◆ 治療前の変化を見つける質問

問題をめぐる状況は絶えず変化している。クライエントの3分の2が予約をしてから来所するまでの間に事態が好転したと報告しているという調査結果があるように，予約をしてから面接に訪れるまでの間に生じた好ましい変化や改善を見つける質問をすることは大切である。

◆ コーピング・クエスチョン（サバイバル・クエスチョン）

問題があまりにも大きかったり，深刻で，ポジティブな話が引き出せない状況に用いられる。「そんな大変な状況の中で，よく今日まで投げ出さずにやってきましたね。いったいどうやって生き延びてこられたのか，教えてもらえますか？」というような質問をし，クライエントの状況の困難さを受けとめながら，問題がさらに悪化していくのを食い止めている何かを探したり，少しでもうまくいっていることへと話題が展開するようにする。

介入課題の代表的なものには，次のようなものがある。

▶ 初回面接公式課題——ゴールが明確でなかったり，状況が曖昧なとき

などに用いられる観察タイプの課題で,「今日から次回お会いするまでの間で, あなたの生活の中に起こることで, これからも続いてほしいことについて観察をしていて下さい。そして, それらについて次回の面接で報告してほしいのです」という質問が基本となっている。

▶ **予想の課題**――これは, 例外は意図的な行動と関連していることに気がつくようにする観察課題である。明日の終わりがよい日(例外が起こる)になるのか, 悪い日になるのかを予想し, その日の終わりに結果を振り返り, その理由を考える。そして, また翌日の予想を立てる, ということをくり返す。

▶ **プリテンド・ミラクル・ハプンド(奇跡が起こったかのようにふるまうこと)**――奇跡が起こったつもりになって, 問題が解決した後のようにふるまい, まわりの人たちの反応に注意を払う, という課題である。

▶ **Do MoreとDo Something Differentの課題**――Do More とは, 例外やうまくいっていることをくり返しやる, という課題で, Do Something Different とは, それまでと異なることをやってみるという課題である。

ドゥ・シェイザーらは, セラピストとクライエントとの関係には3種類あり, その関係の種類によって治療的介入も異なってくるとしている。「ビジター・タイプ」は, 治療を望んでいなかったり, 治療に期待していないようなタイプで,「コンプレイナント・タイプ」は, 問題の指摘はするが, 何ら取り組みをしないタイプである。この二つのタイプのクライエントに対しては, 介入課題を出すことは控えたほうがよいとされている。問題に困っていて解決に熱心なタイプは「カスタマー・タイプ」とよばれ, こういうタイプのクライエントには具体的な行動の課題を出していくようにする。

10-4　家族療法の特徴

家族療法にはさまざまな学派があるが, その共通点としては, システム論の考え方を取り入れていることがあげられる。特徴の第1番目は, 円環的因果律で問題をとらえ, 家族の円環的パターンや相互作用といった関係性を取り上げるので, 過去にさかのぼり, 原因を探り, 悪者探しをする必要がない点である。家族療法では, 家族成員の誰もが責められるべきでない, としている。第2は, 治療目標は, いま困っている具体的な問題を解決することにあるので,

治療期間はかなり短縮され，クライエントの時間的，経済的負担が少なくて済んでいる。第3は，治療場面では，カウンセラーは，家族に変化を起こす責任をもち，かなり積極的・能動的にかかわっていくことである。

10-5 サイコセラピー練習
☐ 家族療法の介入技法を試してみよう
家族療法にはさまざまな学派がありますが，そのほとんどは，ベイトソンのコミュニケーション理論と，エリクソンの催眠療法の影響を受けていて，治療の場では積極的に家族システムに介入します。ここでは，さまざまな介入技法を体験してみましょう。あなたも家族療法の体験学習に出発GO！

◆ 不登校の悪循環への対処法を考えましょう
子どもが不登校になり，それに対する家族の反応から図10-2のような悪循環がくり返されています。家族療法のさまざまな技法を用いてこの家族にどのように介入したらよいかを具体的に考え，できるだけたくさんの方法を書き出してみましょう。

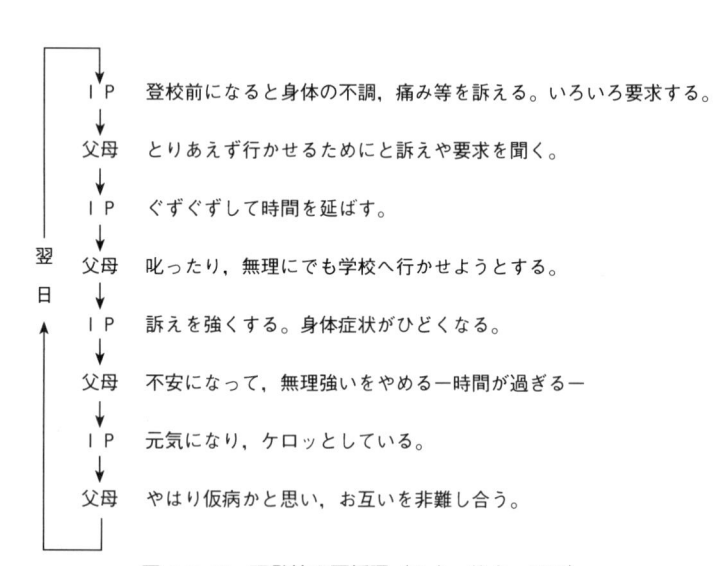

	IP	登校前になると身体の不調，痛み等を訴える。いろいろ要求する。
	↓	
	父母	とりあえず行かせるためにと訴えや要求を聞く。
	↓	
	IP	ぐずぐずして時間を延ばす。
	↓	
翌日	父母	叱ったり，無理にでも学校へ行かせようとする。
	↓	
	IP	訴えを強くする。身体症状がひどくなる。
	↓	
	父母	不安になって，無理強いをやめる―時間が過ぎる―
	↓	
	IP	元気になり，ケロッとしている。
	↓	
	父母	やはり仮病かと思い，お互いを非難し合う。

図10-2 不登校の悪循環（白木・鈴木，1990）

方法1：＿＿＿＿＿＿＿＿＿＿＿＿＿＿＿＿＿＿＿＿＿＿＿＿＿＿＿＿＿
方法2：＿＿＿＿＿＿＿＿＿＿＿＿＿＿＿＿＿＿＿＿＿＿＿＿＿＿＿＿＿
方法3：＿＿＿＿＿＿＿＿＿＿＿＿＿＿＿＿＿＿＿＿＿＿＿＿＿＿＿＿＿

◆ **解決志向的なアプローチで自分の問題を解決してみましょう**

1. いま，あなたが一番困っている問題，悩んでいる事柄を一つ書き出してみましょう。

    例：お菓子を食べすぎる／携帯を使い過ぎる／忘れ物が多い

2. 次の質問に答えて，治療目標を設定しましょう。

 これから，どんなことが起こったら（どういう状態になったら），このことを相談して（ここで，取り上げて）よかったなーと思いますか？

3. 次の質問に答えて，例外を探してみましょう。

「これまでに，問題がなかったときはありませんでしたか？ 少ないとき，少しでもいいときです。そのとき，あなたはどうしていましたか？ あなたの家族は？」

「もし，寝ている間に奇跡が起きて問題がすべて解決したら，あなたは何をしていますか？ あなたの家族は？」

「最も悪かったときを0として，理想の状態を10とすると，いまいくつくらいですか？」下の図10-3のマークに記入しましょう。

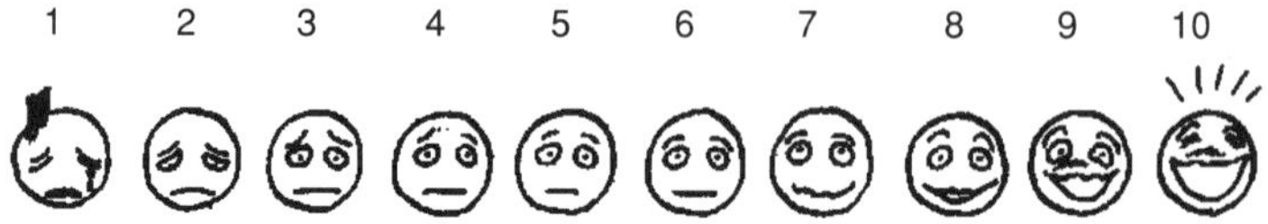

1　2　3　4　5　6　7　8　9　10

図10-3　ニコちゃんマークを利用したスケーリングクエスチョン（若島・長谷川，2000）

「いまの状態から1上がったら，何が違ってくるでしょう？　それはどんなときですか？」

4. 例外が出てくれば，例外時の状況をくり返すことを課題にしましょう。

①明日の終わりがよい日（例外が起こる）になるのか，悪い日になるのかを予想しましょう。明日の夜，結果を振り返り，その理由を考えましょう。そして，また次の日の予想を立ててみましょう。

予　想：
結果の振り返り：
理　由：

次の日の予想：
結果の振り返り：
理　由：

②奇跡が起こったというつもりになって，問題が解決した後のようにふるまい，まわりの人たちの反応に注意を払いましょう。

さて，じょうずに例外を見つけることができましたか？
課題に取り組んで，どれくらいの期間で問題が改善されましたか？

◆◇◆◇◆ **10章の引用・参考文献** ◆◇◆◇◆

ヘイリー, J. 1963／高石　昇訳　2001　『戦略的心理療法』(精神医学選書第1巻)　黎明書房.
ヘイリィ, J. 1981／佐藤悦子 訳　1985　『家族療法』　川島書店.
長谷川啓三　1993　「短期療法」　岡堂哲雄 編　『心理面接学』　垣内出版.
石谷真一　1998　「心と社会」　氏原　寛・杉原保史 共編　『臨床心理学入門――理解と関わりを深める』　培風館.
亀口憲治　1990　「システム論的アプローチ」　岡堂哲雄・鑪幹八郎・馬場禮子 編　『家族と社会』(臨床心理学大系4)　金子書房.
マーフィ, J. J.・ダンカン, B. L.　1997／市川千秋・宇田　光監訳　1999　『学校で役立つブリーフセラピー』　金剛出版.
宮田敬一 編　1994　『ブリーフセラピー入門』　金剛出版.
岡堂哲雄　1990　「家族臨床心理の理論モデル」　岡堂哲雄・鑪幹八郎・馬場禮子 編　『家族と社会』(臨床心理学大系4)　金子書房.
岡堂哲雄 編　1992　『家族心理学入門』　培風館.
小此木啓吾・深津千賀子・大野　裕 編　1998　『精神医学ハンドブック』　創元社.
ド・シェイザー, S.　1985／小野直広 訳　1994　『短期療法解決の鍵』　誠信書房.
鈴木浩二　1990　「構造派の家族療法の諸技法」　岡堂哲雄・鑪幹八郎・馬場禮子 編　『家族と社会』(臨床心理学大系4)　金子書房.
若島孔文・長谷川啓三　2000　『よくわかる！　短期療法ガイドブック』　金剛出版.
遊佐安一郎　1984　『家族療法入門』　星和書店.
吉川　悟　1993　『家族療法』　ミネルヴァ書房.

11章

自己を表現して癒す

芸術・表現療法

　仕事や人間関係のストレスから解放され，ホッとひと息つきたいときに名画に触れてこころを落ち着かせる，病気の苦痛を静かな音楽を聴くことで和らげる，という経験をしたことがある人もいるだろう。このように芸術作品に触れるという受動的な方法で心身の癒しを得ることは，日常生活で私たちが自然と行なっている。一方，悲しいときは下手でもいいからこころゆくまで歌を歌う，怒りでこころがはちきれそうなときには思いっきり太鼓を叩く，いらいらしたときに音楽に合わせて思いのままに身体を動かす，というように，さまざまな表現手段を用いて積極的に自己表出することによって，こころの整理ができ，葛藤や苦悩から解放されることもまた，しばしば体験することである。かのユングも，フロイトと決別して苦悩の日々を送っていたときに，石に彫刻したり絵を描くことによって癒されていくのを体験した，といわれている。

　このように，私たちは，見る，聴く，話す，歌う，描く，書く，踊るなどといった手段を用いて自分の感情や欲求を表現し，感情の調整や安定化，意識・意欲・諸感覚の活性化や統合の促進を図っている。

　この章では，絵画，音楽，箱庭などさまざまな自己表現の手法を心理療法に導入した芸術・表現療法について学ぶことにしよう。

11-1　芸術・表現療法とは

　「芸術」とは，彫刻，絵画，舞踏，演劇，音楽，詩，小説，戯曲などを含めた広範な人間の表現活動のことをいう。私たちは，普段，コミュニケーションの手段として言葉を用いているが，自分の欲求や感情などを言葉で表現できな

いとき，あるいは，表現する適切な言葉が見つからないときなどに「芸術」という非言語的な手段を用いて自己を表現しようとする。そして，こうした表現活動の中で，無意識の欲求や衝動も解放され，こころが癒されていくのを実感する。このように，芸術を創造していく過程で生じる治癒力を心理療法に用いたのが芸術・表現療法である。

11-2　芸術・表現療法の歴史

19世紀末，イタリアのロンブローゾ（C. Lombroso）が精神障害と芸術的創造の関係に注目したのをきっかけとして，ヨーロッパでは精神病者の絵画表現の研究が盛んになり，表現病理学的に大きな成果をあげた。しかし，精神医学と芸術表現，治療の関連の概念が生まれ，真の芸術・表現療法が出現するまでには，まだ時間が必要であった。1960年代になり，アメリカではナウンバーグ（M. Naumburg）が，精神分析的な考え方に基づいて力動的絵画療法を開発し，スイスではカルフ（D. M. Kalff）が砂遊び療法，イギリスではウィニコット（D. W. Winnicott）がスクイッグル法を用いて治療を行なった。これが欧米における芸術・表現療法の始まりである。同じころ，日本においても，中井久夫や山中康裕がそれぞれ精神病院で絵画療法を実践し，河合隼雄がカルフの砂遊び療法を箱庭療法として発展させ，芸術・表現療法への関心が一挙に高まり，1973年には日本芸術療法学会が誕生するに至っている。今日，絵画療法や箱庭療法のほかに，音楽療法，詩歌療法，陶芸療法，物語療法，ダンス療法，心理劇などさまざまな芸術・表現療法が開発され，発展し続けている。

11-3　芸術・表現療法の実際

今日，芸術・表現療法として取り入れられている表現手段は多種多様であるが，ここでは，多くの臨床場面で用いられ，研究も積み重ねられている絵画療法と箱庭療法について取り上げることにしたい。

❏ 絵画療法

絵画療法は，絵画を媒体とする心理療法である。クライエントは，言葉で表現できないもの，イメージ，夢や感情や無意識的なものなどを描画によって自

由に表現し，それをセラピストが受けとめていく過程が治療につながる。ただ単に絵を描けばよいというわけではなく，できあがった作品をもとにしてクライエントとセラピストの間で，言語的なやりとりがなされることが大切になってくる。絵画を解釈・理解する際の理論としては，精神分析的方法をはじめとしてさまざまな方法があるが，実際は折衷的な方法が用いられることが多い。

絵画療法は内容，施行の方法，対象などによっていくつかに分類される。クライエントが自由に題材を選んで描くのが自由画法で，人物画，家族画といったように与えられた課題を決められた手続きに従って描くのが課題画法である。個人的心理療法の一環として，治療者一人に対して一人のクライエントが行なうのが個人法で，10人前後を1グループとして，集団で行なうのが集団法である。

次に，課題画を用いる諸技法についてみることにしよう。

◆ バウムテスト（樹木画）

スイスのコッホ（K. Koch）が心理テストとして創案したものであるが，描いた木にクライエントが無意識のうちに感じている自己像が投影されることから，絵画療法としても用いられている。クライエントは，「1本の実のなる木をできるだけ十分に描いてください」と教示され，A4の画用紙に4Bの鉛筆を用いて樹木画を描く（図11-1）。絵ができあがったら，セラピストはクライエントと一緒に鑑賞し，描いた木の状態を尋ねたり，感想を話してもらったりする。描かれた樹木画を理解していく手順としては，はじめに，描かれた「木」を全体としてながめ，

▶ 調和がとれているか，奇妙な印象を受けるか。
▶ エネルギーを適切に統制して力強く描かれているか，エネルギーに乏しく無気力か，エネルギーの統制を失っているか。
▶ 温かく友好的か，冷たく敵意を感じるか。
▶ 適切に自分を表現しているか，抑圧して防衛的になっているか。

などといった第一印象を大切にする。また，「クライエントは何を感じ，何を訴えようとしているのか，他の人々をどのようにみているのか，自分自身をどのようにみているのか」などを感じ取っていく。次に，描画の課題とは関係なく，絵が右よりか左よりかといった用紙上の位置，絵の大きさ，描写の写実性，筆圧，描線の性質，陰影などを分析する。これを形式分析という。次の段階は内容分析で，「絵の何を描き，何を描かなかったか」をみていく。描画解釈の理論的根拠は，グリュンワルド（M. Grunwald）の空間象徴理論（図11-

11-3 芸術・表現療法の実際

図 11-1　樹木画の例

2)，年齢による描画の発達，グラフィック・コミュニケーションの象徴性に基づいている。

　グリュンワルドの空間象徴理論とは，樹木画を描く用紙という空間の中のある領域が特別の意味を象徴しているという考えである。西洋では，文字が左か

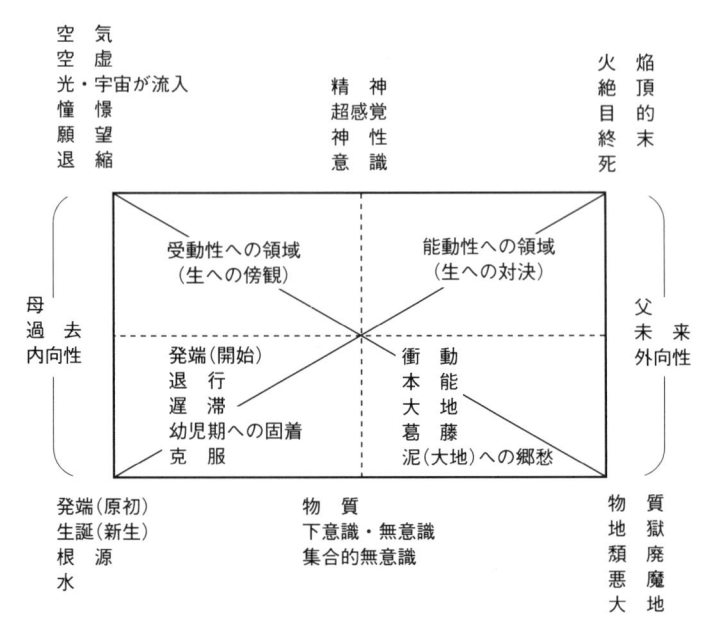

```
                空 気
                空 虚
                光・宇宙が流入      精　神           火　焰
                憧 憬           超感覚           絶　頂
                願 望           神 性           目　的
                退 縮           意 識           終　末
                                              死
        ┌─────────────────────────────────┐
        │＼   受動性への領域 │ 能動性への領域   ／│
        │  ＼  （生への傍観）│（生への対決）  ／  │
   母    │    ＼           │           ／    │   父
   過去  │      ＼         │         ／      │   未来
   内向性 │ ─ ─ ─ ─＼─ ─ ─ ─┼─ ─ ─ ─／─ ─ ─ ─│  外向性
        │    発端(開始) ＼ │ ／ 衝　動       │
        │    退 行       ＼│／  本　能       │
        │    遅 滞       ／│＼  大　地       │
        │    幼児期への固着／ │ ＼ 葛　藤       │
        │    克 服    ／   │   ＼泥(大地)への郷愁│
        └─────────────────────────────────┘
    発端(原初)        物　質             物　質
    生誕(新生)        下意識・無意識      地　獄
    根　源           集合的無意識        頽　廃
    水                               悪　魔
                                     大　地
```

図 11-2　グリュンワルドの空間象徴理論

ら書かれることから，用紙の左側がものごとの始まりと考えられ，左側は過去，発端，出生，女性性，受動性などを表し，右側はその反対で未来，終末，死，男性性，活動性などを表す。下のほうは無意識，衝動，物質などを，上のほうが意識，理性，精神などを表す，と考えられている。グラフィック・コミュニケーションとは，無意識に有している欲求，感情，葛藤などを絵によって伝達することで，切り株，枯れ木，支柱のある木など，絵に表現されたものの象徴的意味を理解していく方法である。たとえば，図 11-1 の左上の図の枯れ木は，冬枯れの木ではなく，幹が腐って枯れているような印象を受ける。これは，自分を不健全で受容できないと感じていると理解できる。

◆ **心理テストから発展してきた技法**

バウムテストの他に心理テストとして創案されたものに，アメリカのグッドイナフ（F. L. Goodenough）によって開発された，「人を一人描いて下さい。顔だけでなく全身を描いて下さい」と教示して人物を描く人物画法，アメリカのバック（J. N. Buck）の考案による家・木・人（男・女）を 1 枚ずつ，合計 4 枚描く HTP（House-Tree-Person）法，「あなたも含めて，あなたの家族の人たちが何かをしているところの絵を描いて下さい。そして，漫画とか棒状

の形をしたスティック画ではなく，人物全体を描くようにして下さい」と教示して家族を描いてもらう動的家族画法などがある。また，これらの方法は，もともとは鉛筆だけを用いるものであったが，これにクレヨンなどで彩色したり，1枚の紙に家・木・人を描き込む統合法などに応用され，絵画療法として発展してきている。

◆ **風景構成法**

中井が，河合の箱庭療法に関する講演に触発されて考案した，新しい技法である。はじめに，1枚の画用紙にセラピストがサインペンで枠づけを行なう。

コラム　癒しの曲

「音」が「楽しい」という意味をもつ音楽を心理療法に用いているのが音楽療法である。今日，音楽療法は，精神科のみならず，小児科，内科，心療内科，外科，歯科，疾病予防などの領域で積極的に取り入れられている。対象は発達障害児，精神障害者，高齢者，慢性病患者，末期ガン患者など広範囲に及んでいる。音楽療法の技法としては，独唱，斉唱，合唱などの歌唱，実演やレコードの鑑賞，カスタネットやタンバリン，ピアノやオルガンなどのさまざまな楽器の演奏，音楽に合わせて踊る舞踊，音楽を用いたゲーム，作詞，作曲などの創作などがある。現場で用いられている曲も多種多様である。音楽療法士を目指す人は童謡からクラシックまで把握しておく必要があることがわかるだろう。

表　月別のセッションで使用する推奨曲 (坂東，2001)

月	曲
1月	富士の山，雪，君が代，黒田節，北の宿から，津軽海峡・冬景色
2月	春よこい，早春賦，冬景色，カチューシャの唄，ソーラン節
3月	春の小川，北国の春，蛍の光，雛祭り，おぼろ月夜，仰げば尊し
4月	さくらさくら，花，荒城の月，花咲爺，二人は若い，青い山脈
5月	鯉のぼり，背くらべ，茶摘み，茶切節，ふるさと，旅姿三人男
6月	雨降り，てるてる坊主，夏は来ぬ，瀬戸の花嫁，会津磐梯山
7月	たなばたさま，うみ，我は海の子，椰子の実，宵待草，知床旅情
8月	東京音頭，炭鉱節，月の砂漠，君の名は，南国土佐を後にして
9月	月，うさぎ，十五夜お月さん，赤トンボ，夕焼小焼け，庭の千草
10月	虫の声，りんごの歌，旅愁，いい湯だな，鉄道唱歌，船頭小唄
11月	里の秋，もみじ，船頭小唄，村祭，たき火，山寺の和尚さん
12月	聖夜，雪の降る街を，歓喜の歌，ジングルベル，デカンショ節

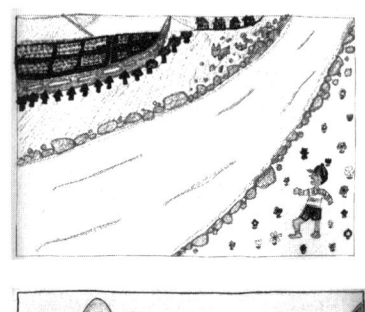

11章　自己を表現して癒す——芸術・表現療法

図11-3　風景構成法の例

次にクライエントはその画用紙にサインペンを用いて「いまから私の言うものを，一つひとつ，私が唱えるたびにこの枠の中に描き込んで，全体が一つの風景になるようにして下さい」という教示に従って，「川，山，田，道，家，木，人，花，動物，石」の10のアイテムを順に描き込む。そして，足らないと思うもの（付加物）を描き込み，風景を完成させる（図11-3）。最後にクレヨンで彩色する。作品ができあがると，完成したこと自体を評価し，クライエントとセラピストの二人で鑑賞した後，感想や絵の説明を聞いたり，季節，時刻，天候，川の流れの方向や深さ，山の高さや遠さ，人と家との関係などを尋ねてもよい。理解の方法としては，箱庭の読み方が参考にされている。図11-3の左上の図は，初夏の10時ごろ，低くてなだらかな山が左上に，川は歩いて渡れるが，深いところは深い。人は男の子が川で遊ぼうとしている。川岸の護岸（石積み）や，田の稲の描き込み，並木などから，強迫傾向の強さがうかがわれる。

◆ **なぐり描き法**

▶ **スクリブル**——ナウンバーグは，絵画療法を行なう際に，絵が上手でないというような技術的なことから生じるクライエントの抵抗を最小限にとどめ，自然な形で治療過程に導入できる方法としてなぐり描き法を考案

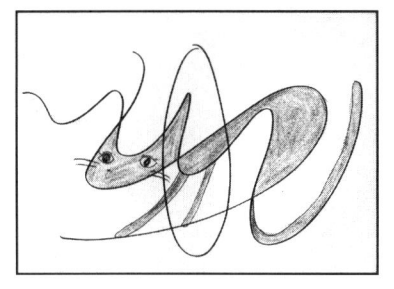

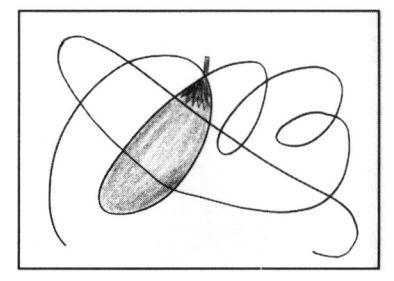

図11-4 スクリブルの例

した。これは、なぐり描きが誘発する予想外の形やシンボルの中に無意識的なものを見いだしていこうとするもので、まず、クライエントに画用紙に自由になぐり描きをしてもらう。次に、そのなぐり描きから何かものの形を探してもらい、見えたものに色を塗って仕上げる。描き終えた後に、その絵について治療的に話し合う。図11-4はスクリブルの例で、太い線の部分がスクリブルで、残りの部分はスクリブルを用いて描かれた絵である。

▶ **スクイッグル法**——これはウィニコットが子どもとの治療の際に思いついた方法で、両方が参加する相互なぐり描き法である。はじめにセラピストが紙になぐり描きをしてクライエントに渡す。クライエントはそこに見えてくるもの（投影）に彩色して返す。次は、クライエントがなぐり描きしたものをセラピストに渡し、セラピストが同じことをやる。これを何回かくり返し、描かれたものを手がかりに治療的な対話を引き出していく（図11-5）。中井によれば、治療者側がなかなか投影できない際のコツは、「大きなもの」「小さなもの」「硬いもの」「柔らかいもの」とみていくことで、理論上は16個見つかるという。たとえば図11-5の上の図では、大き

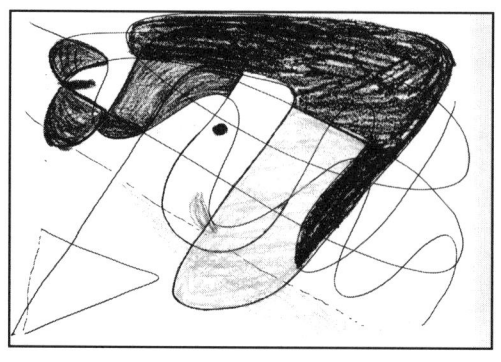

図 11-5　スクイッグルと MSSM の例

くみれば人の顔やパイプが，小さくみれば指・ちょうちょ・くつ下・アヒル・にわとりなどのようにみえる。

▶ **交互なぐり描き投影・物語統合法（MSSM）**——山中がスクリブルとスクイッグル法をさらに発展させたもので，遊びの要素と物語づくりの要素を統合した方法である。クライエントに，一枚の紙を 6～8 コマに仕切ってもらい，交互になぐりがきをして見えてくるものを彩色する。最後に描かれたすべてのものを入れ込んで物語をつくってもらう。たとえば図 11-5 の下の図では，お姫様がお化けの形をしたお城に捕われて，家来のお化けに見張られている。にわとりが唯一の友だちでなぐさめられていたところ，ロバに乗った王子様に助けられた，という物語がつくられた。

箱庭療法

◆ 箱庭療法とは

箱庭療法は，1929年，イギリスのローエンフェルト（M. Lowenfeld）が小説に出てきた「床遊び」をヒントに考案したものを，スイスのカルフがユングの分析心理学を導入して新しい解釈を下し，現在の形にしたものである。日本では，1965年に河合が原語の「Sandplay therapy」を砂遊びとせず，箱庭療法と翻訳して紹介し，急速に普及して1987年には箱庭療法学会が設立されるまでになった。

◆ 箱庭療法の実際

箱庭療法の基本材料は砂箱（縦57 cm×横72 cm×高さ7 cm）と砂，ミニチュア玩具の三つからなっている（図11-6）。砂箱の大きさは，クライエントがそばに立って全体が一度に視野に入る程度のものとして考案されている。また，箱は内側や底が青く塗られ，砂を掘ったとき，下から水が現れる感じが出るように工夫されている。玩具は箱の中という限られた空間に内的な世界に結晶している情景を表現するために用いるもので，小型のものが適している。家畜・野獣・恐竜などの動物類，大木・小木・草花などの植物類，自動車・汽車・船・飛行機などの乗り物類，大人・子ども・兵士などの人間類，学校・病院・その他の建物・橋などの建物類の5種類に分け，できるだけたくさんの種類を用意する。玩具の色は，赤，黄，青，緑などの原色に近いものが無意識の中の動きを刺激し，表現を活発にするのによいと考えられている。

箱庭を始めるにあたっては，「この砂と玩具を使って，何でもいいからつく

図11-6　箱庭療法の材料を設置した部屋　ミニチュアが並んだ棚の前に，湿った砂と乾いた砂を入れた箱庭が置いてある。

図11-7 強迫神経症の女児の箱庭 左下に病院が置かれ、こころの手当てを求めている様子がうかがわれる。

って下さい」と教示し、クライエントから質問があれば、「好きなように」と許容的に応答する。クライエントが作品をつくっている間、セラピストはクライエントのそばに立ち、制作過程を見守りながらクライエントのこころの動きをともに体験していく。クライエントの希望があれば、制作を手伝ったり、ともに会話を交わしながら作業を続けてもかまわない。作品が完成した後は、クライエントとともにそれを味わい、簡単な質問をしたり、その情景を物語のように話してもらうこともあるが、クライエントが話したがらない場合は、無理に聞き出すことはしない。

記録は、インスタントカメラで真上から撮っておくのが一番正確である。記録用紙に記入する場合は、クライエントが立っている方向から見た平面図を描き、玩具の位置や色、数などを記入し、全体の構図がわかるようにする。製作中の会話や玩具を置く順序なども記録しておくことが望ましい。

◆ **作品の見方**

作品は、何よりもまず、自由にそのものをよく味わうことが大切であるが、基本的な理解の仕方を身につけておくと、クライエントの気持ちや心理状態をよりよく理解するための助けとなるので、ここでは基本的な作品の見方について触れておく（図11-7参照）。

まず、できあがった作品を見て、「さみしい感じ」「ばらばらな感じ」「危なっかしい感じ」などといった全体的な印象をつかむことが大切である。次に、玩具の置かれている場所や進む方向に注目する。箱庭では、グリュンワルトの空間象徴理論（図11-2）を参考にしていて、向かって左をこころの内的世界、右をこころの外的世界をと考え、左上隅は精神的・宗教的、左下隅は根源的・衝動的、右上隅は社会的・機能的、右下隅は家庭的・感情的な場所と考えられ

ている。左上隅に玩具が集中的に置かれているときは，そのクライエントの関心が精神的な問題や宗教的な事柄に向けられていて，現実的なことにはなかなか目が向けられない状態であると考えられる。また，右下に争っている動物が置かれているとすると，両親の不和ときょうだいの葛藤が推測されたりする。置かれた玩具の象徴的意味に注目しながら作品を見ていくことも大切である。たとえば，水は無意識とか未分化を象徴し，山は権威を，ヘビは再生を，トラは否定的な母親像を象徴しているというように。一般に玩具の象徴的な意味を考える手がかりとしては，自然界ではどのような現れ方をしているか，その生態や生物学的な属性はどうかに注目することである。作品のもう一つの理解の方法は，系列的理解である。何回か箱庭療法をくり返しているうちに，一つの主題をもった物語があることに注意を向けることも大切である。

◆ 治療過程

カルフは箱庭療法による治療過程を次の3段階に分けている。第1段階は，無意識にある本能的・衝動的・自律的なものが投影されて作品になったとする動物的・植物的段階で，動物や植物の玩具が多く用いられる。第2段階は戦いの段階で，戦争や怪獣との戦いなどの場面がつくられる。この段階では，クライエントに活動的でエネルギッシュなものが回復し，新たな平衡への動きが出てきたことがうかがわれる。第3段階は，集団への適応段階で，作品としては田舎や街などがつくられ，こころの中に新たなまとまりができ，外界へ適応できるようになったことを示す。実際の事例では必ずしもこのようにきれいに各段階が出現するわけではないが，大筋としてこのような経過を経て治療が終結される。

11-4　芸術・表現療法の特徴

芸術・表現療法の特徴は，心理療法に非言語的な手段が用いられることにあり，言語的な交流に障害のあるクライエントにも有用であり，適応対象は，子どもから老人まで，障害の軽い者から重い者までと，広範囲である。

多くの心理療法は，セラピストとクライエントの二者関係からなるが，芸術・表現療法は，たとえば画用紙やクレヨンといった表現のための道具や作品がこの二者関係の媒介として存在する。このような媒介が存在することが，二者関係を苦手とするクライエントの救いとなる。また，どちらかの強弱，当否が問題となりやすい二者関係の危険をいくぶん和らげ，セラピストとクライエ

ントの関係を安全なものにする助けとなっている。

　芸術・表現療法においても，転移や行動化は生じるが，治療場面の枠内，作品制作の枠内で象徴的に行なわれることで済む場合が少なくない。解釈は，作品が完成されたときにクライエントの中におのずとできあがることが多く，言語による解釈のいらない場合が多い。

　芸術療法においては，動機は「語られるよりも示されるべき事柄」とされ，「なぜそうなのか」と因果関係を追及しクライエントを不安に陥れる必要もなくなる。

11-5　サイコセラピー練習
□ 絵画療法を試してみよう

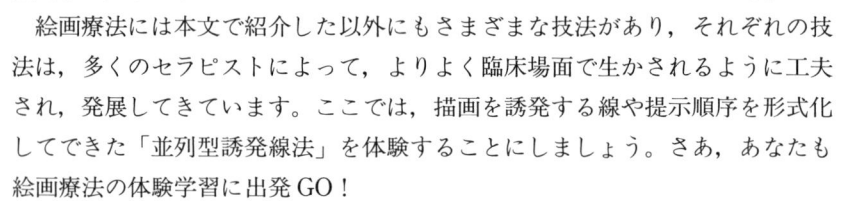

　絵画療法には本文で紹介した以外にもさまざまな技法があり，それぞれの技法は，多くのセラピストによって，よりよく臨床場面で生かされるように工夫され，発展してきています。ここでは，描画を誘発する線や提示順序を形式化してできた「並列型誘発線法」を体験することにしましょう。さあ，あなたも絵画療法の体験学習に出発GO！

1. 色鉛筆，サインペン，マジック，クレヨンなどを用いて，図11-8の図形の枠を自分の好きな色で塗りましょう。
2. 鉛筆やサインペンなどで，それぞれの刺激図形の線を用いて好きなものを描きましょう。
3. できあがったものに色を塗りましょう。
4. それぞれにタイトルをつけましょう。
5. 隣の人と絵を見せ合い，簡単な説明をしたり，一番好きなものと一番嫌いなものを選んだりしましょう。

　図11-9は，並列型誘発線法を用いて学生が描いた描画です。自分の描画と比べてみましょう。たとえば，図11-9のaの爆発寸前などは内的緊張感の強さがうかがわれます。また，秘密の扉からは好奇心の強さがかいま見られます。図11-9のbの肺と気管支からは身体への関心の強さがうかがわれます。図11-9のcのケーキをねらうムシ，ワニと人，ネズミとねこからは，攻撃的な傾向がうかがわれます。しかし，絵だけを見て勝手に解釈するのではなく，絵を材料にクライエントとよく話し合うことが大切です。

11-5 サイコセラピー練習

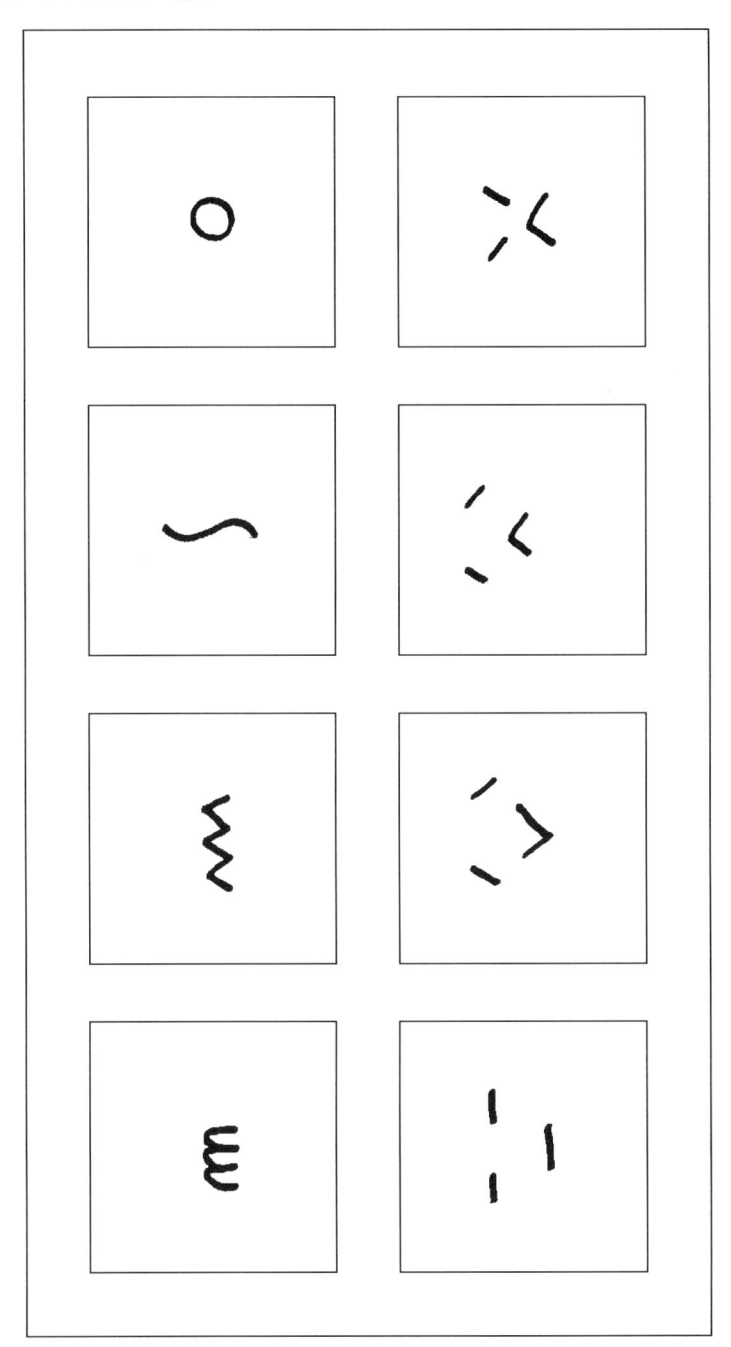

図11-8 並列型誘発線法（寺沢, 2000）

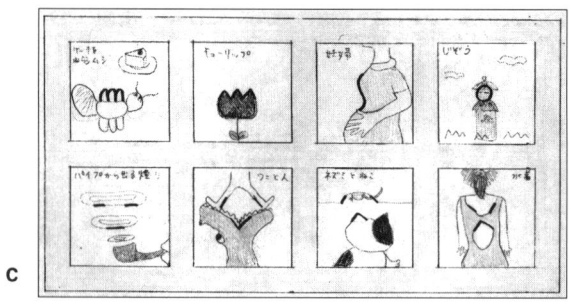

図11-9 並列型誘発線法の例

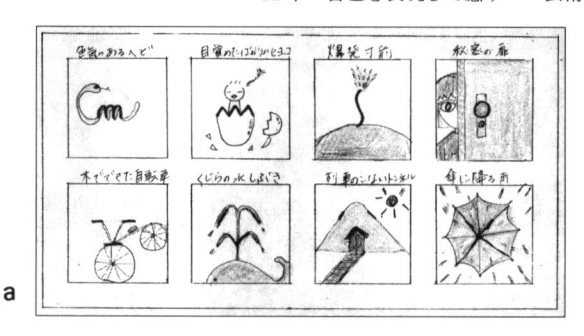

◆◇◆◇◆ 11章の引用・参考文献 ◆◇◆◇◆

秋山達子　1978　『箱庭療法』　日本総合教育研究会.

林　勝造・空井健三・山中康裕　1992　「描画法」　安香　宏・大塚義孝・村瀬孝雄 編　『人格の理解2』（臨床心理学大系6）　金子書房.

皆藤　章　1994　『風景構成法――その基礎と実践』　誠信書房.

岡田康伸　1989　「箱庭療法」　河合隼雄・水島恵一・村瀬孝雄 編　『心理療法3』（臨床心理学大系9）　金子書房.

篠田知璋 監修　2001　『新しい音楽療法』　音楽の友社.

高橋雅春　1974　『描画テスト入門』　文教書院.

福西勇夫・菊池道子 編　2000　『心の病の治療と描画法』（現代のエスプリ No. 390）　至文堂.

徳田良仁・大森健一・飯森眞喜雄・中井久夫・山中康裕 監修　1998　『芸術療法1』　岩崎学術出版社.

徳田良仁・大森健一・飯森眞喜雄・中井久夫・山中康裕 監修　1998　『芸術療法2』　岩崎学術出版社.

山中康裕　1990　「芸術・表現療法」　上里一郎・鑪幹八郎・前田重治 編　『心理療法2』（臨床心理学大系8）　金子書房.

山中康裕　1999　『心理臨床と表現療法』　金剛出版.

山中康裕 編　1984　『風景構成法』（中井久夫著作集・精神医学の基礎 別巻1）　岩崎学術出版社.

12章

日本で生まれた心理療法（1）

森田療法

　私たちのこころは社会や文化の影響を受けながら成長していく。したがって，こころの病を理解するとき，その個人が生活している社会や時代背景のみならず，そこで暮らす人々のこころの奥底に何世紀にもわたって綿々と受け継がれてきている文化や伝統，人間観や自然観などの精神的なものを抜きにしては語れない。精神分析や来談者中心療法をはじめとし，今日，日本で盛んに用いられている心理療法の多くは西欧の社会から導入されたものであり，それは，過酷な自然環境の中で，自然を人間と対立するものとする西欧的な考え方を背景に生み出されたものである。明治以降，わが国には西欧の文化が急激に流入し，私たちの暮らしは洋風になり，ものの考え方も西欧的な思想の影響を大きく受けてきている。しかし，それでもなおかつ日本人のこころの底流には，自然の恵みを受け入れ自然と融和しようとしてきた日本的な心性が脈々と流れている。

　この章では，日本的な文化や思想を背景に日本で生まれたわが国独自の心理療法の一つである森田療法について学ぶことにしよう。

12-1　森田療法とは

　アメリカから精神分析が導入され，日本国内に華やかに展開されていった1920年ごろ，わが国特有の心理療法が森田正馬（まさたけ）によって創始された。森田療法では，神経質症（森田療法の治療の対象となる神経症のこと）の人が抱く不安や葛藤は異常なものでも不可解なものでもなく，普通の人々の抱く不安や葛藤の連続線上にあるものであり，了解可能な性質のものと考える。たとえば，

コラム　森田正馬の生涯

　森田正馬（1874-1938）は，高知県香美郡富家村（現在の野市町）で生まれた。幼少時，村の寺で極彩色の地獄絵を見て以来，死のことが念頭から離れなくなったといい，森田自身，神経質の素質をもっていたようである。中学時代は，迷信や占い，哲学や宗教に興味をもち，学業には関心が向かわず成績はよくなかった。また，東京で自活することを思い立ち家出をしている。東京で当時，非常に恐れられていた脚気という病気にかかり，やむなく地元に戻ったものの，ここでも死亡率の高い腸チフスにかかり九死に一生を得ている。さらに，チフスの回復期に自転車を乗りまわしたため，心悸亢進，震えなどの不安発作を生じ，死の恐怖に陥る経験をしている。結局5年課程の中学校を卒業するのに8年もかかってしまったのである。その後，高等学校に進み，25歳のときに，東京帝国大学医科大学に入学したが，そこでもしばしば不安発作に襲われ，自分の身体のことばかりに注意が向いてしまい講義に身が入らないでいる。大学2年時，貧困にも悩まされ自棄的になり，服薬をすべてやめ，寝ずに勉強に専念した。すると，不思議なことに，教科書やノートの内容が実に頭によく入り，成績が上がった。また，これまで悩まされ続けてきた脚気，神経衰弱の症状，慢性の頭痛はうそのように消失してしまった。ここで得た「必死必生の体験」が，必死の覚悟でやれば必ず活路が開かれるという森田療法の原型となっていくのである。

　29歳で医科大を卒業した森田は，当時変人が行くところとみなされていた精神科に進み，呉秀三の門下生となりやがて研究と実践の両面において活躍するようになる。しかし，私生活では，弟を日露戦争で亡くす，結婚後15年目にしてようやく授かった息子を結核で亡くす，妻に先立たれるなど大きな不幸に見舞われている。また，自らも神経症的な症状を克服した後も64歳の生涯を閉じるまで，腸チフスの後遺症で苦しめられ，肺結核にかかり喀血するなど病気から解放された時期はほとんどなかった。しかし「人生は諸行無常であって，常に不安心であるという心に常住していればそこに安心がある」という森田療法の精神を実践し，病を受け入れそれを手てなずけ，よりよく生きていこうとし，何重もの病苦を背負いながら最後まで講演活動を続けたのである。

試験のとき胸がドキドキしたり鉛筆を持つ手が震える，人前で発表するときは声がうわずったり顔が熱くなる，というようなことは，日常生活において誰もが経験することである。神経質症はこのように，誰もがたまたま何かの拍子に経験するようなことに対するとらわれから生じると考えるのである。したがって，症状はなくそうとしてもなくならないし，なくす必要はないと考えられ，治療は症状をありのままに受け入れ，いまやらなければならないことをやるという「目的本位」の生き方を実行することにあるとされている。

12-2 基礎理論

　森田は，神経質症になりやすい人とそうでない人との相違点として，素質としての「過敏性」と，不快気分や病気，死などについて気に病んで取り越し苦労をする精神傾向としての「ヒポコンドリー性基調」をあげている。このヒポコンドリー性基調には，自己内省が強く完全欲が旺盛で，自覚的には自己不全感に悩む傾向や，自己の心身の状態が生存上不利であると思う不安気分が含まれている。つまり人は誰でも，より健康でありたいし，よりよい人生を過ごしたいと望み，その反対に不健康であったり，自分がみじめな状態になることを恐れるが，神経質症の人は，生まれつきこのような傾向が強いのである。よりよく生きたいという「生の欲望」が強ければ強いほど，よりよく生きられなかったらどうしようという不安が強くなってくる。また，人一倍健康でありたいと願えば願うほど，自分が病気になったらどうしようという不安が大きくなってしまうのである。

　症状が発生し固定していくメカニズムは「精神交互作用」と名づけられ，次のように説明される（図12-1）。たとえば，人前で発表するときたまたま心臓がドキドキしているのに気づき，それを異常と判断して不安に感じると，よけいに動悸が激しくなり，ますます不安が強くなることがある。このように，何かのきっかけで（不安や恐怖などの感情体験を伴うことが多い），症状に注意が向けられるとその症状を人一倍敏感に察知するようになり，ますます注意がそれに集中するという悪循環に陥ってしまうのである。もし，過敏素質でなければ，心悸亢進がそれほど強くは起こらないであろうし，ヒポコンドリー性基調がなければ，心悸亢進が起こってもそれほど不安を感じることはなく，精神交互作用も進まないであろう。したがって，過敏素質とヒポコンドリー性基調が助長し合って症状が発展していくと考えられるのである。

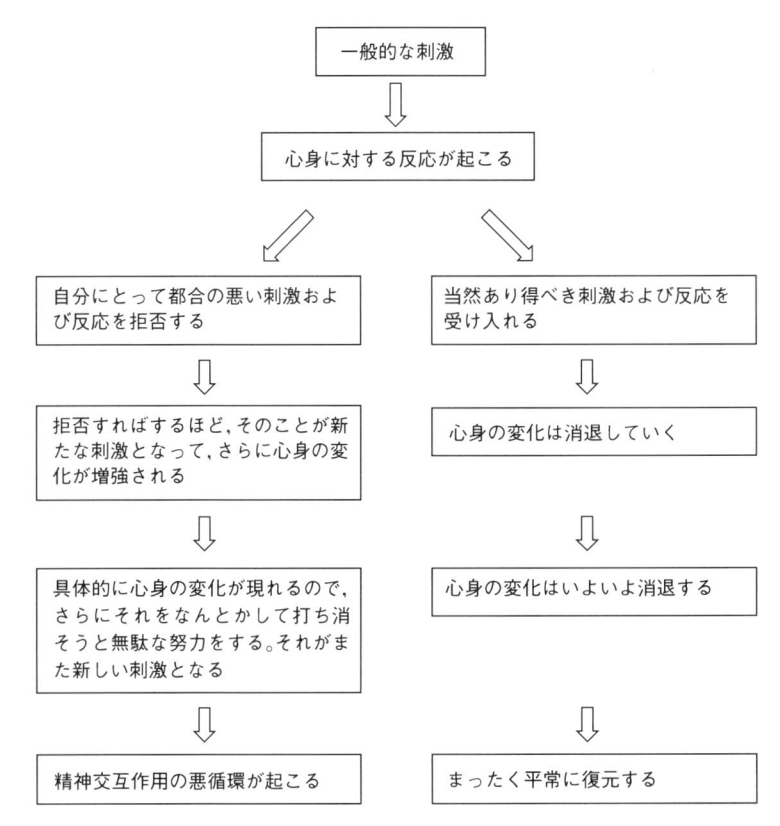

```
                  ┌──────────────┐
                  │  一般的な刺激  │
                  └──────┬───────┘
                         ▽
                ┌──────────────────┐
                │ 心身に対する反応が起こる │
                └────┬─────────┬───┘
                     ▽         ▽
     ┌──────────────────┐   ┌──────────────────┐
     │ 自分にとって都合の悪い刺激およ │   │ 当然あり得べき刺激および反応を │
     │ び反応を拒否する        │   │ 受け入れる          │
     └────────┬─────────┘   └────────┬─────────┘
              ▽                      ▽
     ┌──────────────────┐   ┌──────────────────┐
     │ 拒否すればするほど,そのことが新 │   │ 心身の変化は消退していく   │
     │ たな刺激となって,さらに心身の変 │   │                  │
     │ 化が増強される         │   │                  │
     └────────┬─────────┘   └────────┬─────────┘
              ▽                      ▽
     ┌──────────────────┐   ┌──────────────────┐
     │ 具体的に心身の変化が現れるので, │   │ 心身の変化はいよいよ消退する │
     │ さらにそれをなんとかして打ち消 │   │                  │
     │ そうと無駄な努力をする。それがま │   │                  │
     │ た新しい刺激となる       │   │                  │
     └────────┬─────────┘   └────────┬─────────┘
              ▽                      ▽
     ┌──────────────────┐   ┌──────────────────┐
     │ 精神交互作用の悪循環が起こる  │   │ まったく平常に復元する    │
     └──────────────────┘   └──────────────────┘
```

図12-1　精神交互作用のメカニズム（岩井，1986）

12-3 治療理論

　森田療法では，まず，クライエントが，症状の発生と固着のからくりについて理解することが重要であるとされている。自分の症状が本来病的なものではなく，ヒポコンドリー性基調に基づく心因性のものであることがわかるだけで症状から解放される人も出てくる。しかし，たいていの場合，真の自己理解には知的理解だけではなく体験的な理解が必要になる。生活態度，心構え，行動様式，考え方などについての指導を通して実生活で新しい体験をし，症状の本質についての自覚や洞察を深めていくことが重要となる。

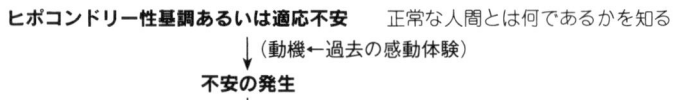

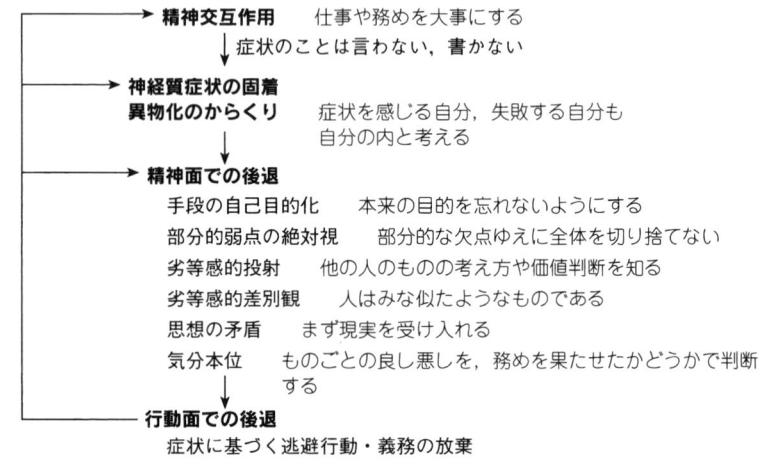

```
ヒポコンドリー性基調あるいは適応不安    正常な人間とは何であるかを知る
            ↓（動機←過去の感動体験）
          不安の発生
生理的不安を病的と誤想→↓←見せかけの防衛単純化    生活全般に注意を払う
    ┌→精神交互作用    仕事や務めを大事にする
    │      ↓症状のことは言わない，書かない
    ├→神経質症状の固着
    │  異物化のからくり    症状を感じる自分，失敗する自分も
    │              自分の内と考える
    ├→精神面での後退
    │      手段の自己目的化    本来の目的を忘れないようにする
    │      部分的弱点の絶対視    部分的な欠点ゆえに全体を切り捨てない
    │      劣等感的投射    他の人のものの考え方や価値判断を知る
    │      劣等感的差別観    人はみな似たようなものである
    │      思想の矛盾    まず現実を受け入れる
    │      気分本位    ものごとの良し悪しを，務めを果たせたかどうかで判断
    │              する
    │      ↓
    └→行動面での後退
            症状に基づく逃避行動・義務の放棄
            治すための誤った努力
                仕事・義務を大切にし，苦しいからといって逃げない
                森田療法に賭ける
```

図12-2 神経質症の発症と治し方のポイント（森岡，2000）

治療のポイントを図12-2にしたがってみていくことにする。

◆ **手段の自己目的化**

症状をなくすことばかり考えてしまい，何のためにそうしているかという本来の目的を忘れてしまうことをいう。このような考えに対しては，作業や仕事に際して，本来の目的を見失わないようにはたらきかけていく。

◆ **部分的弱点の絶対視**

この症状さえなければ自分は幸せになれる，これがあるから自分はもうだめだといった考え方をいう。このような考えに対して，人間は誰でも長所も短所ももち合わせている存在であることに気づかせていく。

◆ **劣等感的投射**

たとえば，他の人も自分と同じように赤面するのはみっともないことだと考えている，と思い込んでいるようなことをさす。他人の話をよく聞き，さまざまな価値観があることを知ることが大切である。

◆ 劣等的差別観

こんな症状の人は他にはいない，自分だけが苦しんでいる，自分だけが特別であると思い込んでいることをいう。このような考え方に対しては，自分に起こることは他の人にも起きるということに気づかせていく。

◆ 思想の矛盾

人前で緊張すべきでないと構えていると逆に緊張してしまうように，自分でこうでなくてはならないと思っていると，現実には望むことと反対になる傾向をさす。このような考え方に対しては，人前で緊張するのはあたり前だという現実を認め，緊張したままで自分の務めを果たすことを考えさせる。

◆ 気分本位

気分がよいとか悪いとかでものごとを判断することをいう。常に気分がよいことを願い，それが思うようにならないのを悩み，不快な気分に陥ることが多い。気分は環境の変化に応じてよかったり悪かったりすることや，不快な感情も時とともに薄れることを理解し，不安，苦痛をあるがままにして，自分の務めを果たしたかどうか，その日の仕事ははかどったかどうかなどを判断基準にしていくようにはたらきかける。

◆ 作　業

森田療法では常に何かをしている，特に手足を動かす仕事をしていることが重視されている。症状があってもそのまま作業が続けられる体験をすることによって，次のような効果が得られる。

  ▶ やればできるという自信が生まれる。
  ▶ 人間は本来活動するようにできているので，活動するのが自然なことであり，作業という建設的な意味合いのある行動に健康な喜びを感じることができる。
  ▶ 自己中心的な患者の関心を外界の事物に転向させることができる。
  ▶ 興味のあるなしにかかわらず，仕事をすることが気分本位を打破するのに役立つ。

12-4　森田療法の実際

❏ 入院療法

実際の治療は入院を原則としており，40日間程度の入院期間内に，次のような四つの段階を進むようになっている。

◆ 第1期——絶対臥褥(がじょく)(静かに寝ていること)の時期

一切の運動，作業，談話，読書，気晴らしが禁じられ，食事や排泄など人間にとって基本的な生活行動を除いて，一日中ベッドに横たわるという方法が1週間続けられる。この方法により，はじめは，それまでもち続けてきた不安に直面し，煩悶・葛藤に苦しむが，しだいに蓄えられてきたエネルギーと，解放された不安状態と，抑えられていた「生の欲望」が一緒になり，早く起き上がって日常生活に戻りたいという気持ちがわいてくるようになる。

◆ 第2期——軽作業期

この時期も隔離療法が中心であるが，臥褥は夜間だけになり，昼間は古典などの音読や戸外での草取り，掃除などの作業に従事するようになる。また，日記をつけるよう求められ，セラピストはそれに簡単なコメントを加え，指導を行なう。このような体験を通して精神の自発活動をしだいに復活させていくのである。

◆ 第3期——重作業期

隔離療法を終え，台所の仕事，配膳，ふき掃除，畑仕事やスポーツ・ゲームなどのレクレーション活動を行ない，日常と変わりない生活が営まれる。クライエントはこの期間も自分の症状に悩み苦しんでいるのであるが，症状を理由に対人接触や作業から逃避せず，不安・葛藤があってもより積極的に人と接し，日常の仕事を積極的に進めていくことが期待される。

◆ 第4期——生活訓練期

外出，買い物，訪問，病院からの通学，通勤などを行ない，社会生活に復帰する準備をする。この時期は対人関係の緊張からくる不安を抱いたまま，それをそのまま受けとめ，学校や会社で人並みに行動したいという「生の欲望」を大事にし，よい行動を習慣化していくのである。

❏ 外来療法

森田療法の基本は入院療法であるが，クライエントの質的変化，時代・社会条件の変化などに応じて，外来のクライエントに対してもさまざまな森田療法的試みがなされている。これには自宅で生活しながら，入院療法と同じように絶対臥褥−軽作業−重作業−生活訓練を行ない，日記によって指導する場合や，普通の社会生活を営みながら，症状の成り立ちについての理解，生活態度の矯正，正しい生き方の習得を主目標とした説得によって治療を行なう場合などがある。

治療上の注意点

実際の治療で注意しなければならないのは次の点である。

▶ 臥褥や作業そのものに意味があるのではなく，それらが症状そのものへのとらわれを除去し，健康な欲求，感情を発動させ，健康な心構え，生活態度を培う契機となることに意味がある。

▶ 読書は娯楽的なものではなく，古典や自然科学書など実際的，叙述的なものが望ましい。読み方は，手当たり次第に読むのが最もよく，理解や記憶をする必要はなく，ただ，スラスラ黙読していくほうがよい。

▶ 外出は気晴らしとしてではなく，何か用事を果たすための外出が重要である。

▶ 日記指導は，日記に記された考えや誤り，悩みなどに対してごく簡潔な指導，注釈を加えるにとどめ，理屈を並べないようにする。

▶ 治療中は素朴で純粋な心構えを育てることに努め以下の点に留意する。
　　症状はあるがままに任せる／常に何かをしている／まず形を正しくする／気分本位はいけない／愚痴を言わない／病気の中に逃げ込まない／完全欲にとらわれない／自信がなくても自信がないままに我慢してやる／事実を正しく認め，事実に従順していく

12-5　森田療法の特色

他の精神療法と比較した場合，森田療法の特色としては次のようなことがあげられる。

▶ 無意識を分析しない。
▶ 症状の内容を解釈しない。
▶ 欲望を肯定，是認する。
▶ 過去を問題にせず，現在だけを問題とする。
▶ 自然への随順を尊ぶ。
▶ 作業を重視する。

12-6　サイコセラピー練習

森田療法の日記指導にチャレンジしてみよう

森田療法では，クライエントは第1期の臥褥を終わってから，毎日日誌を書くように指導されます。セラピストはそれに対して適当なアドバイスを記入し

ていきます。ここでは，森田療法の立場に立ってクライエントの日記にアドバイスを書いてみましょう。さあ，あなたも森田療法の日記指導の体験学習に出発GO！

1. 最近，だいぶよくなったように感じます。今日，庭の掃除をしていたとき，外を通りがかった人と視線が合ってしまいましたが，少しも緊張しませんでした。これも先生のおかげと，とてもうれしく思います。

   ── アドバイス ──

2. 今日初めて外出した。バスに乗ると少し心臓がドキドキしてきたが，無事帰りつくことができた。早く，完璧に症状をなくせるようがんばろう。

   ── アドバイス ──

3. 今日，草取りをした。日差しが強くてかなり疲れてしまった。花を見るのは好きだが，どうも草取りは気がのらない。すぐに嫌になってしまう。

   ── アドバイス ──

4. 花屋さんの前を通りかかったら，きれいなシクラメンの鉢が目についたので買ってきた。苦しかったころはどんな立派なお花をいただいても美しいとは思えなかったのに，最近は，すぐにきれいな花に目がいってしまいます。

   ── アドバイス ──

5. 昨晩は一睡もできず，今朝は頭が重く，体もだるい。具合が悪くなるといけないので，できることなら今日の作業は休みたいと思った。

```
―― アドバイス ――


```

　セラピストは，日誌を通してクライエントの生活態度や関心事，症状の変化を理解することができ，クライエントは直接には口で言いにくいことも告白できるし，反省の機会にもなります。したがって，森田療法では日誌指導はかなり重要なものとなっています。はじめのころの日誌には症状に関することが多く書かれますが，症状に関するコメントは簡単にして，仕事に関するコメントに重点をおきましょう。したがって，症状はあってあたり前，症状は成り行きにまかせて，いまやらなければならないことに取り組むよう，指導していきましょう。

◆◇◆◇◆ 12章の引用・参考文献 ◆◇◆◇◆

岩井　寛　1986　『森田療法』　講談社（講談社現代新書）．
森岡　洋　2000　『よくわかる森田療法』　白揚社．
新福尚武　1966　「心理療法（五）」　井村恒郎 編　『心理療法』（異常心理学講座3）　みすず書房．
鈴木　龍　1989　「森田療法」　河合隼雄・水島恵一・村瀬孝雄 編　『心理療法3』（臨床心理学大系9）　金子書房．
高良武久　2000　『新版 森田療法のすすめ』　白揚社．
氏原　寛・小川捷之・東山紘久・村瀬孝雄・山中康裕 編　1992　『心理臨床大事典』　培風館．
渡辺利夫　1996　『神経症の時代』　TBSブリタニカ．

13章

日本で生まれた心理療法（2）

内観療法

　「人」という字は「人」と「人」とが支え合っている様子を表しているように，人は親やきょうだいなど周囲の親しい人々からだけではなく，自分とは無縁と思っているような社会の多くの人たちや自然の恵に助けられ，支えられて生きている。しかし，私たちはものごとが順調にいっている間は，自分の実力だと慢心し，障害にぶつかると，「もっと違う境遇に生まれたかった」などと両親を責めたり，まわりの人が自分の期待に応えてくれないと「親のくせに……」「友だちだと思っていたのに……」などと一方的に腹を立て，恨んでしまうことが多い。これはあまりにも一方的で，自己本位な考え方といわざるをえない。

　この章では，このような自己本位なものの見方を捨て，冷静に過去から現在までの自分を振り返る作業を中心とする内観療法について学ぶことにしよう。

13-1　内観療法とは

　内観とは，自分の生育史において重要な意味をもつと思われる，両親やきょうだいなどの親しい人たちについて「していただいたこと」「してあげたこと」「迷惑をかけたこと」の三つのテーマにしぼって過去から現在までの自分を振り返る作業である。その際，うれしかったこと，悲しかったこと，つらかったことなど自分の感情的な体験を思い出すのではなく，自分が映っているビデオを眺めるような，自分とは別の視点から冷静に具体的に過去を振り返るのである。このような作業を通して，「多くの世話を受けていた自分」「してあげたことの少ない自分」「多くの迷惑をかけていた自分」に対面することになる。そ

して，まわりの人たちから自分に注がれてきた愛情や友情の深さに気づき，自分が根底から受け入れられたという安心感が得られる。また，周囲に迷惑ばかりかけ自己本位だったこれまでの自分への気づきから，他の人々の立場を共感的に理解できるようになり，周囲への感謝と謝罪の気持ちが生み出される。愛の再発見や自己中心性の自覚がなされるのである。そして，否定的な自己像や他者像が新しい肯定的なものに再構成され，前向きに生きる意欲が生じる。

13-2　内観療法の歴史

　内観療法の創始者は吉本伊信という実業家である。吉本は，妹の死をきっかけに仏教活動を始めた母の影響を受け，仏教への関心を深めた。21歳のときに浄土真宗の一派に伝わる「身調べ」という修業を始め，何度か挫折をくり返した後，悟りを開くに至った。その後，「身調べ」からしだいに宗教色を取り去り，一般人の自己修養法として内観療法を開発し，1960年代後半に現在の形ができあがった。1978年に日本内観学会が設立され，内観療法の心理機制や技法，適応対象などについての理論化が進んだ。現在，日本国内での実践が普及しているのみならず，欧米やアジア諸国など世界的に広がりをみせるようになっている。

13-3　内観療法の実際

　内観の基本的な方法としては，集中内観と日常内観の2種類がある。集中内観は1週間連続して集中的に行なうもので，日常内観は集中内観の実習後，日常生活の中で毎日一定時間（30分〜2時間）内観をする。最近では　集中内観をするゆとりのない人のために，いろいろな形態の内観が開発されている。1日内観，2泊3日の短期内観，家庭や学校で行なう記録内観（2か月の記録内観が1週間の集中内観に匹敵するといわれている）などもある。ここでは，集中内観の基本的なやり方を具体的にみていくことにする。手続きは次のとおりである。

　　▶ 日常的な人間関係や仕事から離れた静かな場所で（多くは市街地を離れた内観研究所），部屋の隅に二面開きの屏風を立て，その中に座る（姿勢は楽な姿勢でよい）。

　　▶ 朝6時から夜9時まで，1日15時間，1週間座って自分を見つめる作

業をする。この間,外部との面会は禁止され,セラピスト以外の人と話してはならないことになっている。また,読書,新聞,ラジオ,テレビなどの気晴らし行為は禁止されている。食事も原則として屛風の中でとることになっている。

▶ 母親は子どもの人格形成に大きな影響を与えていると考えられるので,はじめは,無理のない限り母(または母代わりの養育者)についての自分の行ないとこころについて,「していただいたこと」「してあげたこと」「迷惑をかけたこと」の三つのテーマについて調べる。時間配分としては,2時間を一つの区切りとして,「していただいたこと」「してあげたこと」にそれぞれ30分,「迷惑をかけたこと」に60分をあてる。母の次は父,きょうだい,友だち……と自分とかかわりの深かった人について,かかわりの深い順に調べる。

▶ 調べる順序は幼年時代から現在に到るまでをおおむね3~5年ごとに区切る。大学生の場合は次のように区切るとよいであろう。

　　小学校入学以前／小学校低学年のころ／小学校高学年のころ／中学校時代／高校時代／現在まで

▶ セラピストは2時間おきに訪れ,3~5分程度,クライエントの報告を聞く。まずセラピストが「この時間,どなたに対するいつの時代のご自分について調べて下さいましたか」と問い,クライエントが3項目について順番に話すことを聴く。ただし,面接時間は,クライエントの想起の流れを中断し妨害しないよう短めに切り上げるのが好ましいとされている。面接の最後に「次はどなたのいつの時代について調べていただけますか」と次の内観の課題を確認する。クライエントの話が大雑把であったり具体性に乏しい場合は,「いつ」「どんな状況で」「どんなことをしてもらったか」をできるだけ具体的に調べるように助言する。内容がテーマに沿っていないときはそれを指摘するが(表13-1),面接者の意見を押しつけることは慎まねばならない。

13-4 内観療法の効果

内観療法は,精神医学とも心理学とも関係のない民間人によって始められたため,これまで実践に重きがおかれて理論は軽視されがちであった。しかし,近年,内観療法を国際的にも通用する心理療法にするための理論化の試みがさ

表 13-1　基本的留意点（村瀬，1989）

基本的に留意すべきこと（調べ方）		
○調べます	△思い出します	△考えます
○何歳から何歳まで	△何歳前後	△その頃は
○母に対する自分を	△母を	△母と家族に対して
○迷惑をかけました	△迷惑をかけたかも知れません	
	△もしかしたら迷惑をかけたことと思います	
○してもらったことは	遠足のときおにぎりを作っていただきました	
○して返したことは	肩を叩いて上げました	
○迷惑をかけたことは	寝小便をして始末をしていただきました	
△してもらったことは	運動会で1等になったので弁当を持ってきてくれました	
△して返したことは	一生懸命勉強してお母さんに誉められました	
△迷惑をかけたことは	受検に失敗して母の期待に添えませんでした	
△してもらったことは	母はいつも優しく親切に明るく接して下さいました	
△して返したことは	私は時々いろいろ手伝いをしました	
△迷惑をかけたことは	母に対して大変悪いことばかりして非常に迷惑をかけました	

注：○印は適切な内観，△印は不適切な内観を示す。

まざまな立場からなされている。

　集中内観を体験する過程をみていくと，特徴的な心的変化が生じることがわかる。まず，内観を始めた直後（導入期）は，内観の手続きに対して不満を抱いたり，突き放されたような気持ちを抱きやすい。1，2日目ごろ（初期）は，まだ状況や課題になじめず，座っていることが苦痛になったり，雑念がわいてきて集中できなくなる。また，年代をひとまとめにしてしまったり，「調べる」ではなく「思い出」になるなど，課題を自分流に歪めてしまうことも生じる。やがて，3～6日目ごろ（中期）になると内観は深まっていくが，それとともに苦しさも本格的になる。それを乗り越えて内観が進むと，自分が本当に愛されて，慈しまれていたことを身にしみて感じ，自己の存在を根底から受け入れられていたことを実感するようになる。内観が終わりに近づくと（終結期），自己変容の体験を味わい直したり，自分のまわりの人たちへのかかわり方や今後の生活について考え始めるようになる。

　このような変化は，はじめのうちに生じる自己変容に対する抵抗を乗り越えることによって，自分がまわりに迷惑をかけてきたことに気づき，そのような自分にもかかわらず受け入れられてきたという根源的安心感を追体験し，自己洞察が深まる過程と考えられる。また，追体験の過程には退行的な意味ととも

に，自分の醜さや弱さを直視し意識化することにより自己中心的な立場から脱し大人としての自分を自覚する，という漸進的な意味があると考えられる。このように，内観の課題を遂行する過程は退行と前進を同時に行なっていることになり，それが治療的変化につながっていると考えられる。

13-5 内観療法の特徴

　内観療法はもともと一般人の自己修養法として開発されたので，こころの問題で悩む人々に対する心理療法としてだけでなく，一般人の自己発見，自己啓発としての機能をもち，適応対象は広い。症状や問題行動に焦点をあてて治療を進める行動療法などとは対照的で，症状は特に取り上げず，内観によって得られる自己洞察によって問題が解決していくと考えられている。テーマの的を絞り，集中的に行なうことで1週間という短期間で成果をあげることができ，時間的，経済的な節約が図れる。ただし，きまじめで熱心なクライエントの場合，無理をしすぎてパニック状態になるという事例もあるので，副作用に気をつけなければならない。

13-6 サイコセラピー練習

❏ 内観を試してみよう

　就職活動の時期になると，自分史をつくり，自分が何に向いているのかを見つける作業に忙しくなります。このように，私たちは人生の分かれ道に立ったとき，いったん立ち止まって過去を振り返ることを通して，今後自分が進む道を探していきます。内観療法も，これからよりよく生きていくための自分探しの作業といえるでしょう。内観療法の基本は1週間の集中内観ですが，集中内観に挑戦する前にここでちょっと内観の雰囲気を味わうことにしましょう。さあ，あなたも内観療法の体験学習に出発GO！

1. 小学校入学以前の母（あるいは母代わりの人）に対する自分を調べてみましょう。
    ▶ 目を閉じ，まず，そのころ自分が住んでいた町の様子，家の近所の様子等を思い浮かべましょう。
    ▶ 自分の家の外観や台所，居間，自分の部屋などを思い浮かべましょう。
    ▶ 母に「していただいたこと」「してあげたこと」「迷惑をかけたこと」

の三つのテーマについてできるだけ具体的に調べ，その結果を記録してみましょう（特別何も思い出さないという人は，生まれてから今日まで私たちはお母さんに何回食事をつくってもらったか，何回お洗濯をしてもらったかなど，日ごろあまりにもあたり前と思っていたことも考えてみましょう）。

―― 母にしていただいたこと ――
（記入欄）

―― 母にしてあげたいこと ――
（記入欄）

―― 母に迷惑をかけたこと ――
（記入欄）

2. 表13-2を参考にして，両親が自分のためにどれくらいのお金を使ってくれたかを調べてみましょう。

今日の体験で，内観に関心をもった人は家庭での記録内観に挑戦してみましょう。母に対して1日一つの期間，常に三つのテーマについて調べ，それを記録します。現在まで調べ終わったら，同様のことを父に対しても行ないます。父と母に対する内観が終わったら，再び母に対する内観に戻り，2か月の間に，父母に対する内観をそれぞれ4回ずつ行ないます。記録したものは後で先生にみていただきましょう。一人で記録内観を行なうのはそれほど難しいことではありません。しかし，先生に記録を読んでもらうことは，きっと励みとなるでしょう。

◆◇◆◇◆ 13章の引用・参考文献 ◆◇◆◇◆

波多野二三彦　1998　『内観法はなぜ効くか』　信山社.
石井　光　2000　『やすら樹』（別冊）　自己発見の会.
川原隆造 編　1998　『内観療法の臨床――理論とその応用』　新興医学出版社.

表 13-2　養育費の集計（横山・長島，1997）

19歳専門学校男子学生（現在の物価高に換算して計算）

食費	日 1,500×30 日×12 カ月×20 年	10,800,000
住宅	月 60,000÷4 人×12 カ月×20 年	3,600,000
光熱費他	月 5,000×12 カ月×20 年	1,200,000
服飾費	年 70,000×20 年	1,400,000
家具（引越し，増築含む）		1,400,000
医療費	年 50,000×7 年＋200,000（手術代）	550,000
	小計	18,950,000 円
保育園	月 30,000×12 カ月×4 年	1,440,000
小・中学校	月 7,000×12 カ月×9 年＋40,000（支度金）	796,000
高校	月 10,000×12 カ月×3 年	360,000
専門学校	入学金他	1,300,000
教室	年 50,000×5 年＋80,000×2 年	410,000
進学塾他	年 300,000×3	900,000
交通費		37,800
	小計	5,584,000 円
おもちゃ	年 20,000×12 年	240,000
ペット	年 20,000×7 年	140,000
こづかい	小学校月 1,000×12 カ月×6 年＋中学校 月 3,000×12 カ月×3 年＋高校月 5,000×12 カ月 ×3 年＋専門学校 10,000×12 カ月×2 年	600,000
旅行	年 50,000×6 年	300,000
借金		200,000
	総額	26,014,000 円

真栄城輝明　2001　『心理臨床からみた心のふしぎ』　朱鷺書房．
三木善彦　1976　『内観療法入門』　創元社．
村瀬孝雄・伊藤研一　1989　「内観療法」　河合隼雄・水島恵一・村瀬孝雄 編　『心理療法 3』（臨床心理学大系 9）　金子書房．
氏原　寛・小川捷之・東山紘久・村瀬孝雄・山中康裕 編　1992　『心理臨床大事典』　培風館．
吉武光世・久富節子　2001　『じょうずに聴いてじょうずに話そう』　学文社．

14章

人の集まりを考える

集団心理療法

　人間は，何らかの集団に所属することによってのみ生存可能な存在であるといわれている。それゆえ，人間は基本的に集団場面の中で生きていかざるをえない。いったん集団が形成されると，いつのまにか何らかの特性や機能が生まれ，そこに所属している人間にある種の影響を与える。それらを積極的に活用して，心理的な成長・訓練・治療を図るのが集団心理療法である。

　集団心理療法は，カウンセリング場面のように密室で1対1での面接をして援助していくやり方と比べて，人の集まりである集団を用いるという意味でより現実場面に近い。それだけに，集団心理療法における体験は実際的・直面的なものとなる。したがって，集団心理療法の対象や場面設定などには細心の注意が必要である。このように，集団心理療法は個人的な援助と共通の治療的効果だけでなく，集団療法特有の効果が期待できるものである。また集団心理療法は，一度に複数のメンバーを対象にできるということが可能であり，担当者の時間的・労力的な観点からいっても効率的である。メンバーの側面からすると，経済的負担も1対1の面接と比べて少なくてすむという利点もある。

　この章では，以上のような集団心理療法について，その代表的なものといえる精神分析的集団精神療法と心理劇について学んでみよう。なお，集団心理療法の一つであるエンカウンター・グループについては5章を参照してほしい。

14-1　さまざまな集団心理療法

□ 集団心理療法とは

　集団心理療法といっても，わが国では，グループセラピー，集団精神療法，集団療法，グループ・カウンセリングなどとよばれ，立場によって名称がまち

まちである。立場によって理論的な枠組みが異なるため，その内容に混乱がみられるのが現状である。ここでは，まず「日本集団精神療法学会」の定義に従って，集団心理療法という用語について整理することから始めてみよう。

グループセラピーは集団療法（group therapy）の英語をそのまま使用したものであり，一般に集団療法とは集団を媒介とする治療的活動全般をさす。すなわち集団療法とは，集団精神療法（狭義の集団療法）とその残りのさまざまな方式の集団活動を包含する治療法の総称を意味している。その中で心理学的機能媒体（言語的，または芸術・作業・レクリエーション・遊びなど主として行動的，言語的な伝達方式を用いて行なう，治療的集団行動）を用いる手法の全般をさして集団心理療法という。集団心理療法のうち，集団精神療法とは，井村恒郎の精神療法（心理療法）に関する定義から「言語を媒体とする伝達方式，主として話し合いを介して何らかの心理的影響を患者に与えその性格や症状の改善をはかる」精神療法を，10人前後の患者に適用する治療法をいう。

またグループ・カウンセリングとは，わが国では比較的健康なクライエント群やその家族，特に母親への集団的援助法として用いられていることが多い。

❏ さまざまな集団心理療法

集団心理療法の起源は，1905年にボストンの内科医プラット（J. H. Pratt）が肺結核患者の教育と指導のために「結核患者学級」という名の治療グループを行なったことに始まるといわれている。当初は，複数の患者を同時に治療することによって，治療時間を節約することが目的であった。その後，参加した患者は，しない他の患者に比べると症状の改善がみられることが明らかになった。定期的な集まりが同じ病気に罹っているという連帯感を生み，患者どうしのよい仲間関係が築かれることによるメンバー間の情緒的相互作用が治療的効果をもつと認識されるようになったのである。

その後，さまざまな領域で集団心理療法の立場が起こってきた。しかし，ひと言で集団心理療法といっても種類や様態は多彩で，理論的背景や立場によってその分類の仕方も異なるので，ここでは代表的なものを以下にあげる。

◆ 心 理 劇

モレノ（J. L. Moreno）が1910年に始めたもので，即興的な劇を演じさせることによって自己理解や自己洞察をもたらすことを目指したもの。個人に焦点をあてる「サイコドラマ」，集団の課題に焦点をあてる「ソシオドラマ」，役割機能の発展を目指す「ロールトレーニング」などが含まれる。

◆ **精神分析的集団精神療法**
1930年代にスラブソン（S. R. Slavson）が精神分析の理論を集団療法にとり入れ，発展させたもの。

◆ **自助グループ**
1934年にアルコール依存症のために入院していたビル（V. Bill）によって始められたアルコール症匿名会（Alcoholics Anonymous; AA），麻薬依存者のためのシナノンなどがある。

◆ **成長グループ**
集団療法を教育や心理的成長のために用いたもので，Tグループ，ラボラトリーグループ，感受性訓練などである。

◆ **ベーシック・エンカウンター・グループ**
1946年にロジャーズらがカウンセラー養成のために始めた集中的ワークショップ。

◆ **人間性回復のためのグループ**
1960年代以降，アメリカで人間性回復運動の中，多くの形態のグループが行なわれるようになった。「課題達成グループ」「創造性ワークショップ」「ゲシュタルト・グループ」などがある。

14-2　精神分析的集団精神療法

❏ 精神分析的集団精神療法の始まり

前述したように，集団精神療法の起源はプラットの結核患者学級にあるとされている。その後，心理劇をはじめとして多くの集団心理療法が創始されていく。1930年代に創始された精神分析的集団精神療法の中心人物の一人が，アメリカのスラブソンであった。彼が中心となって，1943年に米国集団精神療法学会（AGPA）が設立されている。また，精神分析的集団精神療法におけるもう一人の代表者は，イギリスのビオン（W. R. Bion）であるといわれている。いずれにしても，精神分析的という以上，精神分析を創始したフロイトの理論を基盤にしていることはいうまでもない。フロイトの臨床的実践の多くは集団精神療法に向いていないが，プラットが「結核患者学級」を創設する前に集団のもつ意味について次のような考察をフロイトは加えている。彼は「集団心理学と自我の分析」という論文において，集団と個人との心理に共通性があることを指摘し，両者には共通のメカニズムが存在しているはずであると主

張した。そこにはリーダーシップの問題があることを述べ，さらに集団帰属性は人間にとって本能的であることを主張し，集団本能を提唱したのである。

これに対して実践における先駆者としては，プラット以後，患者集団に講義後，討論させる方法を用いたラゼル（E. W. Lazell），1931年に激励と訓戒を中心とした集団運営を行なったマーシュ（L. C. Marsh）などがいる。精神分析理論に基づく集団精神療法を初めて行なったのは，バロウ（T. Burrow）であった。彼は学生集団の精神分析的研究を行ない，人間の社会行動の分析的価値を説き，group analysis というグループに対する解釈とを行なっている。その後，シルダー（P. Schilder）が集団に夢解釈や自由連想を取り入れてその解釈を行ない，集団力動について「集団がまとまるには目的がある。それは強力なリーダーを求めるということであり，その役がアナリストに回ってくる」という考えを示した。このような彼の洞察は，その後のビオンやヤーロム（I. D. Yalom）に影響を与え，現代の集団精神療法の先駆けとなった。

❏ 集団精神療法——アメリカでの流れ

前述の集団精神療法における先駆者たちの実践は，残念ながら後継者をみることなく孤立したまま終わっていった。それに対して，現代の集団精神療法を確立していくうえで大きな位置を占めるのが，心理劇の創始者であるモレノと精神分析的集団精神療法を発展させたスラブソンである。ウィーンでの前衛演劇運動の経験から得たアイディアをもとに心理劇を始めたモレノは，その実践の場として新大陸アメリカを選び，そこへ移住するのである。1925年のアメリカ精神医学会（APA）において，モレノは，精神科治療に用いる手段として初めて集団精神療法という用語を用いて紹介し，集団精神療法が公認されるようになった。その後，彼は集団精神療法として心理劇を広め，集団であることの治療的な意義について明確にしていき，集団精神療法の歴史のうえでモレノは重要な存在となっていった。

そのモレノに対立する形で，独自に青少年に集団精神療法を行ない，その重要性を主張していったのがスラブソンである。彼は精神分析医（精神科医の資格が必要）ではなく臨床心理学者であったが，精神分析理論に基づく活動療法（activity group therapy）という集団精神療法を思春期の青少年に行なって効果を上げていった。また，もう一つモレノと対立していった理由は，スラブソンの行なった活動療法は集団の許容度を重視しており，集団の許容的な雰囲気に支えられて自己表現や劇を演じるというモレノの心理劇と非常に似通ったも

のであったことがあげられる。考え方の基本には精神分析があり，集団内で各個人は対人関係において転移状況を再現すると考え，集団内で誰が誰にどのような転移を向けるかを観察し，それを解釈していった。この考え方は，現在の集団精神療法のヤーロムへとつながっている。

スラブソンとモレノは集団精神療法の主導権争いを激しく行なったが，スラブソンが中心となってアメリカ集団精神療法学会（American Group Psychotherapy Association）が設立された。

❏ イギリスでの新しい集団精神療法の流れ──ビオンとフークスの考え

アメリカで，激しい対立が起こっているころ，イギリスでは新しい流れが起こってきた。第2次大戦後，ビオンは戦争神経症の治療に，兵士集団に集団決定権をゆだねるという画期的な試みを行ない，大きな成果を上げた。

フロイトが指導者への同一化を中心に集団を考察したのに対して，ビオンは指導者不在の集団心性に注目した。その結果，集団は単なる個人の集団ではなく，集団それ自体に無意識を有し，その無意識に個々のメンバーが影響を受けると主張した。そして，彼は集団の意識的な状態を作業集団，無意識的な状態を基礎仮定集団と名づけて，この両者との間を力動的に行き来するのが現実の集団であるとした。その特色として，集団全体が感じる無構造ゆえの破壊への不安を解消するための「依存」「闘争-逃避」「つがい」という3種類の基本的な集団過程によって分類した。その第1は集団の外の対象に依存しようとする基礎仮定であり，第2は外敵を設定し戦うか逃げるかしようとする闘争-逃避の基礎仮定，第3は二人のメンバーがペアをつくり救世主の出現を待ち望むつがい形成の基礎過程である。それぞれは，クライン派精神分析の概念であるほぼ抑うつポジション，妄想分裂ポジション，躁的防衛に対応している。

ビオンの概念を発展させて，集団分析に新たな視点を導入したのがフークス（S. H. Foulkes）である。フークスは精神分析家として表面化している集団現象をすべてその背景にある事象との関連においてみることを強調した。その関連性を分析するうえで彼が提出した三つの視点は，「患者個人の問題」「集団内の問題」「生活背景としての社会の問題」である。これらを背景にして彼は，集団内のさまざまな水準で交流が起こることで，集団全体が進歩していくというのである。フークスが集団のリーダーをコンダクター（指揮者）とよぶのは，治療者は集団に解釈を加えるばかりでなく，むしろ集団全体のバランスを図りながら，集団の言語的・非言語的な交流を促進するという作用を果たすと

いう意味からである。フークスの考え方は，それまでの集団精神療法におけるさまざまな考え方を統合するものであり，現在に至って集団精神療法の流れとして確立してきている。

☐ 実際の集団精神療法

　グループを形成する場合，まず何のための集団精神療法であるのかというねらいや目標の設定によって，グループの大きさや場所，時間，頻度，メンバー構成などが決まってくる。たとえば，社会生活に必要な知恵・情報とその理解を高めることを目的とした場合は，教育的集団精神療法の枠組みをとり，セラピストが社会生活についての示唆を与えるような討論にもっていくだろう。この手法であれば，あまり個人のことが問題にならない中集団（20人程度）が適当となる。それに対して，必要な情報の知的理解よりもメンバーの性格そのものの理解や再構成を目的にするのであれば，グループプロセスの中に個人が浮かび上がってくる必要があるので小集団をとることになる。普通，グループの大きさ（サイズ）は7±2人が適切なサイズといわれる。時間は，メンバー間の相互作用や内的過程の両方が話し合われ，かつ必要以上に入り込まないために，90分が適切な時間の標準となっている。頻度は，メンバーの内的過程の連続性を保つために週1，2回が必要とされる。

☐ 集団精神療法の効果

　集団精神療法に効果があるということは体験的に明らかであったが，どのような要因がはたらいているのかということを明らかにしたのは，現代集団精神療法の大御所といわれるヤーロムである。彼は「いま，ここで」起こっている集団における交流を通して治療的な変化が起こると考え，次のような11の基本的因子をあげた。

　　▶ **希望の注入**——集団精神療法に信頼をおくこと自体に効果があり，特にメンバーがそのことに高い期待をもち，リーダー自身もその効果を信じている場合に大きな希望をもたらすことができる。

　　▶ **普遍性**——個々のメンバーの問題が，自分一人だけの問題ではないと気づくことによって大きな安心感を得ることができる。

　　▶ **情報の伝達**——グループ内でのさまざまな情報伝達や情報交換が効果を生む。

　　▶ **愛他主義**——集団精神療法では，メンバーにとって他の人の存在自体

が役立つということである．自分が他のメンバーのために役立つという体験は，驚くほど価値がある．
▶ **社会適応技術の発達**——メンバーとの関係を通して，適応的な人間関係を学ぶことができる．
▶ **模倣行動**——メンバーの行動を観察することで，同様のふるまいや自己表現などの新しい方法を身につけることができる
▶ **カタルシス**——集団精神療法の場では，激しい感情を表現しても批判されることはなく，その気持ちが受け入れられ，共有され，吟味される．その結果，固定化し歪曲した感情反応の修正に役立つ．
▶ **原初的家族関係の修正的反復**——幼少期の家庭内における人間関係を再現し，問題を明らかにして，その修正の機会となる．
▶ **実存的因子**——避けることのできない苦しみや死といったことを認識することで，厳しい現実とも折り合いをつけることができるようになる．
▶ **グループの凝集性**——集団から受け入れられるということと集団がまとまるということは深い関係がある．集団のまとまりをよくすることが集団療法の成功につながる．
▶ **対人学習**——集団精神療法の場は，人間関係のもち方に対する反省，練習，実行の機会となる．

14-3 心理劇（サイコドラマ）

❏ 心理劇の始まり

　心理劇は，ブカレスト生まれのユダヤ人モレノ（1889-1974）によって考案された，ドラマ形式の集団心理療法である．モレノは，精神科医である一方で演劇に熱中していたが，既存の演劇に満足できず，自ら劇団を率いて実験的な演劇活動を試みていた．彼は，演劇は最初に演じられたときが創造であると考え，それ以後にくり返して演じることには意味を見いださなかった．彼の劇団では，同じシナリオをくり返し上演することはなく，舞台が始まる前にその日の新聞記事を読み上げ，観客が気に入った事件を俳優が即興的に上演するというものであった．このような実験的な演劇活動が心理劇という集団心理療法に発展するには，次のようなの発想の転換が必要であった．
　あるときモレノは，清純な乙女役として人気のあった妻が，家庭内では舞台とは反対に野蛮で怒りっぽくて困っているという相談を一人の劇団員から受け

たのである。そこで，モレノは彼女にそれまでとは反対の役をやらせてみることを思いつき，売春婦，あばずれ女，じゃじゃ馬娘といった役をやらせてみた。その迫真の演技が観客から熱狂的に支持されるにつれて，彼女の家庭での問題行動は減少し，その変化に彼女自身も驚くということが起こった。そこで次に，モレノは新聞記事を題材にした上演をやめ，その彼女と劇団員の夫を舞台に乗せ，二人の家庭内のドラマを演じさせることにした。その結果，二人は舞台の上で自分たちの問題を解決し，よい夫婦関係に戻ったのである。また，それまでの新聞記事を題材としたドラマよりも，個人の日常におけるドラマのほうがはるかに観客の共感を得ることができ，観客も増えていった。以上のような経過を経て，集団心理療法としての心理劇が誕生していったのである。

❏ 心理劇の要素

心理劇は状況や対象などによってさまざまな技法が用いられるが，どのような技法の心理劇においても次の五つの構成要素からなる。

◆ 監　　督

監督は劇全体の責任者である。監督の設定する場面を参加者が演じる形で劇が進められていく。監督は舞台の外に立ち，主役にとって必要な状況をつくり出すために，舞台で生じる事件を理解し，冷静で情念に巻き込まれない，冷めた目が必要となる。そのうえで，参加者の欲求や自発性に対応して，場面を変化させていく決断力や包容力が求められる。監督は操作的，指示的，保護的ともいえる。

◆ 主演者（主役）

中心的な役割を演じる人。監督が選ぶときもあれば，自分から志願することもある。監督との話し合いを通じて，ドラマをつくっていく。

◆ 補助自我（相手役）

観客の中から主役に選ばせたり，主役にとって重要な役割と考えられる場合には監督の他に参加している治療者が演じることもある。主役の自我の足らないところを補うという意味で補助自我とよぶ。補助自我は，主演者が最初は演じやすいように相手になるが，むしろ自発的に主演者と相対することが重要となる。

◆ 観　　客

心理劇では，参加者は単なる観客だけではなく，演者になってドラマに参加することもある。心理劇における受容とは，観客が演者に同一化し，ともに喜

び，悲しむといった主演者のドラマを共通に体験することから生まれる。すなわち，演者は観客という大勢の参加者に受容されたという体験をもつことになるのである。

◆ 舞　台

モレノが心理劇を行なったビーコンハウスの舞台は，3段階からなる円形舞台で，そのうえにバルコニーがあったという。特に舞台は必要というわけではないが，観客席と区別するものと，バルコニーに匹敵する高い場所があると演じやすいといわれている。舞台では何を演じても自由で，そのうえ監督が保護し，観客に見られることで支えられるという保証のある安全な場である。

心理劇の技法

◆ 役割交換

主役を演じていた演者が，役割を交換して相手役を演じるというように役割の交換を行なう技法である。このことにより，相手の立場から自分を見つめることができる。場面がうまく展開していかないようなとき，この技法を用いることによって新たな進展が生まれることが多い。

◆ ダブル（二重自我）

主演者に，ダブルという「もう一人の自分」を演じる補助自我を参加者の中から選んでもらい，二人で自分のこころの中を話し合うような状況をつくる技法をいう。ダブルは，監督の意図を直接演者に伝えたり，主役のある側面の誇張や否定をしたりしながら主役の自己理解を助けるはたらきをする。また，複数の自分が登場して，それぞれの一面を表現してみせる場合もある。

◆ 鏡

本人の代わりに，自分を他者に演じてもらい，あたかも鏡に映る自分を観察できるようにする技法である。そのことによって，自分への気づきを獲得することができる。

14-4　サイコセラピー練習

心理劇をやってみよう

心理劇は集団による心理療法という意図から生まれたものですが，現在では臨床領域にとどまらず，わが国では教育，発達・矯正領域でも広く行なわれ，効果を上げています。グループのサイズは，通常8～12名くらいが適当です

が，30名以上で行なうことも可能です。心理劇の1セッションは，「ウォーミングアップ」「ドラマ」「シェアリング」の3段階からなります。「ウォーミングアップ」は，舞台に上がり，ドラマを演じる前の身体とこころの緊張を緩和するための準備体操をいいます。「ドラマ」は，あらかじめ監督が用意したテーマでドラマを行なう場合や，ウォーミングアップを発展させてドラマにする場合もあります。「シェアリング」は，参加者各自がドラマを見て感じたことを分かち合い，感想を述べ合います。

さあ，以上のことを頭に入れて，心理劇を体験してみましょう。あなたも心理劇の世界へ出発GO！

❏ ウォーミングアップのための心理劇

まず，ウォーミングアップのために「始まり」の心理劇の例をやってみましょう。これは参加者の自己紹介を意図しており，現在の自分について語るなかで互いの個性を知り，人間関係展開の基盤づくりを目指したものです。

◆ **練習1**：参加者に「○年×月の私」を語ってもらうことで心理劇のウォーミングアップを行なってみましょう。

▶ **このウォーミングアップの目的と留意点**　○年×月（現在）という期日を設定することにより，そのときの季節や社会の動き，日常生活などとのかかわりと，いま生きている自己が浮き彫りになり，新たなその人の発見を目指します。自己紹介の最後に「今日の心理劇でしてみたいことと自分の課題」について，ひと言でもよいので必ず語ってもらいましょう。それを聞いて監督は，参加者の個々の課題や期待を把握し，それらに関連するような心理劇の企画を考えます。時には参加者が相談し合う企画タイムを設け，監督・補助自我チームの役割を参加者に担ってもらってもよいでしょう。

▶ **展開の仕方**
① 参加者にいすをまるく並べてもらい，好きなところに腰掛けてもらう。
② 監督の誘導で，一人ずつ「○年×月の私は……」と自己紹介してもらった後，この心理劇への課題や希望を述べてもらう。その際，監督または補助自我がデモンストレーションを行ない，その後は隣の人に回していくか発言者が次の人を決めてもよい。

◆ **ま と め**
実際にやってみて，いかがだったでしょうか？　参加者の話から笑いや共感

の声が上がって雰囲気が和んだでしょうか。このウォーミングアップでは，期日を限定してちょっと立ち止まり，自分の生活や生き方を見つめて意識化してみると，こころに残る出来事やそのときの体験が鮮やかに浮かび上がり，思いがけない発見や課題がみえてきます。また，新たな自分を発見したことで，これからの生き方への洞察が得られることもあります。

❏ ウォーミングアップからドラマへ

ドラマを開始するにあたって，ウォーミングアップで出てきた課題をドラマ化していってもよいですし，あらかじめ監督が用意したドラマを行なってもかまいませんが，いずれにしろ，監督はウォーミングアップで和み，盛り上がった雰囲気を利用して，演技への参加意欲を高めていきましょう。

ここでは，「女性の生き方・三世代」という心理劇を紹介します。

◆ **練習2**：「女性の生き方」を主題に，10代（思春期），30代，50代を想定して，世代ごとにそれぞれの身近な人との出会いを演じてみましょう。

▶ **このドラマの目的と留意点**　このドラマは，女性の三世代にわたる生涯の主要な人間関係における人生の転換期が明らかになり，「女性の生き方」について多面的に考察することが目的です。また，身近にいる複数の相手とのかかわり合いから，演者の生活や人とのかかわり方が重層的にみえてくるような相手を役割として選ぶと効果的です。

▶ **展開の仕方**
① 監督が簡単にこの劇の目的と方法を説明し，参加者の中から3人の演者A, B, Cを募る。
② 演者が自分の生き方と重ねながら，どんな女性の生き方を演じるかを相談し，身近な人との出会いを各世代ごとに2, 3例あげてもらう。
　10代の出会いの例：母親，父親，友人，先生，先輩，きょうだい，恋人との出会いなど
　30代の出会いの例：夫，子ども，近所の主婦，生き方の異なる友人，上司など
　50代の出会いの例：姑，サークルの仲間，嫁，その他，離婚，病気，再就職など身近な生活上での人とのかかわりなど
③ 監督が誘導して，各演者の相手・補助自我的演者になる協力者を参加者から募り，それぞれ10代，30代，50代の心理を劇にして演じてもらう。

④監督はドラマの進行状態をみて，ストップをかける（ストップは，早すぎると参加者の自発性を弱め，遅すぎると気分がだらけるので注意が必要です）。

◆ まとめ

心理劇では，人間の一生を縮図的に演じることが可能です。10代，30代，50代と間をおいて三世代に限定してみると，人間関係のありさまが各世代で確実に変わっていくことが明らかになります。その変化のきっかけは，自分から，人から，ある出来事からとさまざまですが，演者が人との関係における自分自身の課題に気づき，その結果，何らかの生き方への修正につながるものになります。

❏ シェアリング

心理劇の最後の段階で，参加者が自分自身を振り返る時間として，全体の話し合いおよび参加者全体で各自の感想を表明し，まとめをするのがシェアリングです。

◆ 練習3：演者，観客の順に感想を話し合ってみましょう。

◆ まとめ

話し合いの中で，特に主演者の体験を参加者各自が分かち合い，自分なりの感想を述べます。その話し合いから新たな課題が生じ，次の心理劇へのつながっていくこともあります。いずれにしても，心理劇のもつ創造性，行動を通して表現される隠された側面の発見，人間関係の改善など，心理劇の効果は大きなものです。

◆◇◆◇◆ 14章の引用・参考文献 ◆◇◆◇◆

ビオン，W.R. 1978／福本 修訳 1999 『精神分析の方法Ⅰ』（りぶらりあ選書） 法政大学出版会.

磯田雄二郎 1995 「集団精神療法総論 絡みあう三すじの糸—Moreno, Slavson, Bion」 集団精神療法，**11**, 103-111.

小谷英文 1998 「集団心理療法」 小此木啓吾・成瀬悟策・福島 章編 『心理療法1』（臨床心理学大系7） 金子書房.

窪内節子 1995 「学生相談における個人面接を補完する日常的グループの試み」 山梨英和短期大学紀要，**30**, 148-164.

黒田淑子 1989 『心理劇の創造』 学献社.

増野　肇　1984　『サイコドラマ』（精神の科学9）　岩波書店.

増野　肇　1989　『心理劇とその世界』　金剛出版.

野島一彦 編　1999　『グループアプローチ』（現代のエスプリ No. 385）　至文堂.

髙良　聖　1998　「サイコドラマ」　平木典子・黒岩秀章 編著　『カウンセリングの実習』　北樹出版.

田中熊次郎　1990　『グループセラピー』（講座・サイコセラピー 10）　日本文化科学社.

山口　隆　1983　『グループ療法の力動』（精神の科学8）　岩波書店.

山口　隆　1989　「集団精神療法」　伊藤隆二 編『心理治療法ハンドブック』　福村出版.

ヤーロム, I. D.・ヴィノグラードフ, S.　1989／川室　優 訳　1991　『グループサイコセラピー』　金剛出版.

吉松和哉　1987　「日本における集団精神療法の現状——過去・現在・未来」　集団精神療法, **3**, 101-109.

索　引

人名索引

アドラー (A. Adler)　19, 47
アブラハム (K. Abraham)　56
イェーツ (A. J. Yates)　108
ウィニコット (D. W. Winnicott)
　　61, 163, 169
ウオルピ (J. Wolpe)　108, 110
エリクソン (M. H. Erickson)　151
エリス (A. Ellis)　131
カルフ (D. M. Kalff)　163, 171, 173
河合隼雄　163
グッドイナフ (F. L. Goodenough)　166
クライン (M. Klein)　56
グリュンワルド (M. Grunwald)
　　164, 172
コーネル (A. W. Cornell)　100
コッホ (K. Koch)　164
サティア (V. Satir)　149
ジェンドリン (E. Gendlin)　99
ジャクソン (D. D. Jackson)　148
シャルコー (J. M. Charcot)　17
シュルツ (J. H. Schultz)　120
スキナー (B. F. Skinner)　107
スラブソン (S. R. Slavson)　197
ダラード (J. Dallard)　107
ドゥ・シェイザー (S. de Shazer)
　　149, 155
ナウンバーグ (M. Naumburg)
　　163, 168
中井久夫　163, 167
バーン (E. Berne)　67
パヴロフ (I. P. Pavlov)　107
バック (J. N. Buck)　166
バンデューラ (A. Bandura)
　　109, 113, 130

ビオン (W. R. Bion)　197
ビル (V. Bill)　197
フークス (S. H. Foulkes)　199
フェアバーン (D. Fairbairn)　56
フェレンツィ (S. Ferenczi)　56
フォークト (O. Vogt)　119
プラット (J. H. Pratt)　196
ブリュッケ (E. W. Brucke)　16
ブロイエル (J. Breuer)　16
フロイト (S. Freud)　1, 14, 148
ベイトソン (G. Bateson)　148, 150
ヘイリー (J. Haley)　148, 151
ベック (A. T. Beck)　133
ベラタランフィ (L. Bertalanffy)　152
ボウエン (M. Bowen)　149
ホワイト (M. White)　149
マイケンバウム (D. Michenbaum)
　　137
マウラー (O. H. Mowrer)　107
マウラー (W. M. Mowrer)　107
ミニューチン (S. Minuchin)　149, 151
ミラー (N. E. Miller)　107
森田正馬　178
モレノ (J. L. Moreno)　196
山中康裕　163
ユング (C. G. Jung)　19, 47, 162
吉本伊信　189
ラザラス (A. A. Lazarus)　108
ラング (P. Lang)　130
ルーテ (W. Luthe)　120
ローエンフェルト (M. Lowenfeld)　171
ロジャーズ (C. R. Rogers)　2, 83, 197
ロンブローゾ (C. Lombroso)　163
ワトソン (J. B. Watson)　107

事項索引

◆ あ 行

ああそうだった体験　38
愛他主義　200
相手役　202
悪循環　76
Adult　69
あなたのせいで，こんなになったんだ　75
あやし　62
移行対象　63
意識　20, 29
医師としての分別　341
日内観　189
一致　90
一般システム理論　148, 152
イド　29
イラショナル・ビリーフ　132
陰性エディプス・コンプレックス　27
陰性転移　37
運動反応　112
HTP法　166
AC　70
A-B-C理論　131
ABC図式　133
エゴグラム　71
SUD　111
エディプス・コンプレックス　15, 27
NP　69
FC　70
MSSM　170
エレクトラ・コンプレックス　27
エンカウンター・グループ

88
円環的因果律　152, 157
オペラント反応　109
オペラント法　112
終わりある分析と終わりなき分析　38

◆ か 行

絵画療法　163
解決志向短期療法　149, 155
外顕的自己教示　138
外顕的他者教示　138
外向的　50
解釈　37
解除反応　112
鏡　203
拡充法　53
学習理論　108, 129
拡大解釈と過小評価　135
額部冷涼感　122
家族システム　148
家族システム理論　149
家族ホメオスタシス　148
家族療法　147
課題画法　164
カタルシス　201
カタルシス療法　17
活動スケジュール　135
葛藤誘導　151
活動療法　198
過度の一般化　135
過敏症　180
感覚　50
観客　202

観察学習　109, 113
感情　50
感情の反映　96
感情の明瞭化　96
完全主義的・二分法的思考　135
監督　202
キック・ミー　74
機能不全　151
気分本位　183
希望の注入　200
基本的な構え　76
逆制止　110
逆制止法　108
逆転移　37
脚本　68
脚本分析　77
客観性　2
強化子　113
共感的理解　90
局所論　29
去勢不安　27
記録内観　189
空間感覚練習　120
空間象徴理論　164, 172
クライエント　1
クライエント中心療法　2, 83
グラフィック・コミュニケーション　166
クリアリング・ア・スペース　102
くり返し　98
グループ・プロセス　94
グループの凝集性　201
軽作業期　184
芸術・表現療法　162
系統的脱感作法　110,

索　引

114
系統的理解　173
ゲームの公式　76
ゲーム分析　74
ゲシュタルト療法　140
結核患者学級　196
検閲　21
元型　53
言語連想検査　48
顕在夢　21
原初的家族関係の修正的反復　201
交互なぐり描き投影・物語統合法　170
交叉的交流　72
口唇期　25
口唇性格　26
構造派家族療法　150
構造分析　70
構造論　19
合同家族面接　149
行動主義者　107
行動的技法　135
行動反応　112
行動療法　107, 129
肛門期　26
合理的思考　136
合理的信念　132
交流分析　67
コーピング・クエスチョン　156
呼吸調節練習　122
呼吸反応　112
こころの補償理論　50
個人心理学　47
個人的無意識　48
個人に対する尊重　2
個人法　164
古典的条件づけ　107
コミュニケーション理論　150
根源的安心感　191

◆さ　行

再構造化　151
サイコドラマ　201
サイバネティックス理論　148
催眠療法　151
作業同盟　34
錯覚　63
サバイバル・クエスチョン　156
サブシステム　151
恣意的な推論　135
CP　68
シェーピング　109, 113, 116
資格　7
自覚的障害単位　111
自我状態　68
自我心理学　19
弛緩反応　111
刺激統制法　109
刺激-反応理論　131
自己　52
思考　50
自己開示　98
自己関連づけ　135
自己効力期待の理論　131
自己催眠　120
自己実現　5, 52
自己モニタリング　135
自己理解　2
四肢温感練習　122
四肢重感練習　121
自助グループ　197
システム論　157

思想の矛盾　183
下向き矢印法　136
実験神経症　107
失錯行為　20, 23
実存的因子　201
自動思考　134
児童分析　57
自問法　135
社会適応技術の発達　201
社会的学習理論　130
社交的段階　154
自由画法　164
集合的無意識　48
重作業期　184
集団心理療法　195
集中内観　189
集団への適応段階　173
集団法　164
十分に機能する人　92
自由連想法　17
主演者　202
主機能　50
手段の自己目的化　182
主張反応　111
受動的注意集中　111, 125
守秘義務　6
樹木画　164
主役　202
ジョイニング　151
消去動作　122
消去の理論　112
症状の処方　153
承認-再保障　97
情報の伝達　200
除外学習　113
初回面接　4
初回面接公式課題　156
自律訓練法　111, 119

自律性中和法　120	摂食反応　111	中心期　5
自律性状態　125	絶対臥褥　184	中性的催眠状態　119
神経質症　178,180	セラピスト　1	超自我　28
心臓調節練習　122	セラピストの3条件　93	直線的因果律　152
人物画法　166	セルフ・モニタリング　117	直観　50
心理学的知識　2	セルフ・コントロール　125	治療構造論　33
心理劇　196,201	セルフ・コントロール法　124	治療的パーソナリティ変化の必要にして十分な条件　90
心理・生理学的訓練法　119	前意識　20,29	治療前の変化を見つける質問　156
心理的距離　3	潜在思考　21	抵抗　5,36
心理的ゲーム　76	前性器期　28	徹底操作　38
心理療法　1	選択的注目　135	転移　5,37
スーパービジョン　3	潜伏期　28	転移神経症　37
スキーマ・ワーク　136	戦略派家族療法　149,151	Do Something Different　157
スキナーの問題箱　109	相互決定主義　131	Do More　157
スクイッグル・ゲーム　64	相互作用段階　154	動的家族画法　167
スクイッグル法　163,169	相補的交流　72	動物的・植物的段階　173
スクリブル　168		トークンエコノミー　109,113
スケーリング・クエスチョン　156	◆ た　行	
ストランズ　87	体験過程理論　86	◆ な　行
砂遊び療法　163	対象関係学派　56	内観療法　188
スモールステップ　113	対象呈示　62	内向的　50
3システムズ・モデル　130	対人学習　201	内潜的自己教示　138
生活訓練期　184	タイプ論　50	内的プロセス　130
性器期　28	タイムアウト　113	なぐり描き法　168
性器的　24	戦いの段階　173	二者関係　173
精神交互作用　180	脱感作　110,112	二重拘束　148
精神分析的集団精神療法　197	脱感作法　109	二重自我　203
精神分析的方法　164	抱っこ　62	日常内観　189
成長グループ　197	脱錯覚　63	人間性回復のためのグループ　197
正の強化・負の強化法　109	ダブル　203	認知行動療法　129
正の強化法　113	ダブル・バインド　148	認知心理学　129
生の欲望　180	短期内観　189	認知的技法　135
性反応　111	男根期　26	
	男根優位　27	
	Child　69	

認知モデリング　138
認知療法　129, 133
認知理論　131

◆ は　行

パーソン・センタード・アプローチ　88
背景公式　121
バウムテスト　164
箱庭療法　163, 171
パッケージ療法　139
場面構成　3
パラドックス　153, 155
ハンドル　101
非機能的思考記録　136, 143
非合理的信念　132
非指示的アプローチ　84
非指示的リード　98
ヒポコンドリー性基調　180
標準学習　120
ファシリテーター　93
不安階層表　111
不安制止反応　111
フィードバック　98
風景構成法　167
フェイディング　138
フェルト・センス　100
フェレンチ的態度　34
フォーカサー　100
フォーカシング　99
腹部温感練習　122
分析の隠れ身　35
舞台　203
負の練習　108
部分対象　60
部分対象関係　59
部分的弱点の絶対視

　182
普遍性　200
普遍的無意識　48
フラッディング法　109
ブリーフ・ファミリー・セラピー・センター　155
ブリーフセラピー　149
ブリーフセラピー・センター　149
プリテンド・ミラクル・ハプンド　157
フロイト的態度　34
プロンプティング　109
分析心理学　52, 171
分析的中立性　35
Parent　68
並列型誘発線法　174
ベーシック・エンカウンター・グループ　93, 197
防衛機制　31
法廷　75
補助自我　202
母性的かかわり　61
ほどよい母親　62

◆ ま　行

マイム　151
ミラクル・クエスチョン　156
無意識　20, 29
無条件の肯定的配慮　90
瞑想練習　125
メタサイコロジー　19
メタファー　153
面接構造　33
妄想分裂ポジション　59
目的本位　180

目標設定段階　154
モデリング　110, 113, 131
模倣行動　201
森田療法　178
問題確認段階　154

◆ や　行

役割交換　203
遊戯療法　57-58
夢の「仕事」　21
よい対象　60
陽性　27
陽性転移　37
抑うつスキーマ　133, 136
抑うつ認知の三大徴候　134
抑うつへの脆弱性　133
抑うつポジション　59
抑制　153
予想の課題　157
予防的休息　120

◆ ら　行

ラショナル・ビリーフ　132
リスニング　102
リビドーの発達段階　25
リフレーミング　153
裏面的交流　72
リラクセーション　111
例外を見つける質問　156
レスポンデント条件づけ　107-108
劣等感的投射　182
劣等機能　50

劣等的差別観　183
論駁法　133, 141
論理情動療法　131, 133

◆ わ　行

悪い対象　60

著者略歴

窪内 節子
（くぼうち せつこ）

執筆担当：1～6, 14章

- 1981年　国際基督教大学大学院教育学研究科（教育心理専攻）博士前期課程修了
- 2006年　名古屋大学大学院教育発達科学研究科（心理発達科学専攻）博士後期課程修了　博士（心理学）取得
- 2002～2020年　山梨英和大学・大学院教授
- 現　在　山梨英和大学名誉教授
  青山メンタルヘルス代表
  臨床心理士・公認心理師
  日本学生相談学会監査

主要著書

生徒理解と教育相談（単著，玉川大学通信学部）
楽しく学ぶこころのワークブック
　　　　　　　　　　　　（編著，学術図書）
メンタルヘルスと心理学（共著，学術図書）
学生のための心理相談（分担執筆，培風館）
バチェラー：結婚しない男の心理
　　　　　　　　　　　　（監訳，世織書房）

吉武 光世
（よしたけ みつよ）

執筆担当：0, 7～13章

- 1970年　東京大学文学部心理学科卒業
- 2002～2013年　東洋学園大学教授
- 現　在　臨床心理士

主要著書

現代心理学（共著，学術図書）
メンタルヘルスと心理学（共著，学術図書）
楽しく学ぶこころのワークブック
　　　　　　　　　　　　（共著，学術図書）
じょうずに聴いてじょうずに話そう
　　　　　　　　　　　　（共著，学文社）
はじめて学ぶメンタルヘルスと心理学
　　　　　　　　　　　　（編著，学文社）

© 窪内節子・吉武光世　2003

2003年 4 月30日　初 版 発 行
2025年 4 月10日　初版第26刷発行

やさしく学べる心理療法の基礎

著　者　窪内節子
　　　　吉武光世
発行者　山本　格
発行所　株式会社　培風館
東京都千代田区九段南4-3-12・郵便番号102-8260
電話(03)3262-5256(代表)・振替00140-7-44725

港北メディアサービス・牧 製本
PRINTED IN JAPAN

ISBN978-4-563-05669-8　C3011